权威·前沿·原创

皮书系列为
“十二五”“十三五”国家重点图书出版规划项目

中国社会科学院创新工程学术出版资助项目
本书获河南省社会科学院哲学社会科学创新工程试点经费资助

河南法治发展报告（2019）

ANNUAL REPORT ON RULE OF LAW DEVELOPMENT OF HENAN (2019)

依法治省与科学立法

主　　编／周　立　张林海
执行主编／李宏伟　王运慧

社会科学文献出版社
SOCIAL SCIENCES ACADEMIC PRESS (CHINA)

图书在版编目(CIP)数据

河南法治发展报告. 2019：依法治省与科学立法 / 周立，张林海主编. --北京：社会科学文献出版社，2019.6（2020.7重印）
（河南蓝皮书）
ISBN 978-7-5201-5010-1

Ⅰ.①河… Ⅱ.①周… ②张… Ⅲ.①社会主义法制-研究报告-河南-2019 Ⅳ.①D927.61

中国版本图书馆CIP数据核字（2019）第107071号

河南蓝皮书
河南法治发展报告（2019）
——依法治省与科学立法

主　　编 / 周　立　张林海
执行主编 / 李宏伟　王运慧

出 版 人 / 谢寿光
责任编辑 / 王玉霞　李艳芳
文稿编辑 / 刘如东

出　　版 / 社会科学文献出版社·城市和绿色发展分社（010）59367143
地址：北京市北三环中路甲29号院华龙大厦　邮编：100029
网址：www.ssap.com.cn
发　　行 / 市场营销中心（010）59367081　59367083
印　　装 / 三河市东方印刷有限公司

规　　格 / 开　本：787mm×1092mm　1/16
印　张：16.25　字　数：241千字
版　　次 / 2019年6月第1版　2020年7月第2次印刷
书　　号 / ISBN 978-7-5201-5010-1
定　　价 / 98.00元

本书如有印装质量问题，请与读者服务中心（010-59367028）联系

《河南法治发展报告（2019）》
课　题　组

组　　　长　周　立

副　组　长　张林海　李宏伟

课题组成员　（排名不分先后）

吴云峰　杨朝兴　王运慧　王圭宇　程相镖
刘　旭　祁雪瑞　赵新河　栗　阳　李浩东
郭少飞　文　泉　任妍妍　高　腾　郭　栋
李　可　冀明武　吴云才　周欣宇　李宏伟
张江涛　李文德　赵慧英　李大可　苏　杭

主要编撰者简介

周　立　河南省社会科学院党委副书记，研究员。河南省科技文化研究会常务理事，中国生态经济学会理事，华北水利水电大学硕士研究生导师。长期从事决策咨询研究和社科研究工作，主要研究领域为农村经济、区域经济和科技创新等方面。先后获得河南省科技进步奖、河南省发展研究奖（河南省实用社会科学研究成果奖）、中国发展研究奖等省部级以上科研奖励20多项，其中省级一等奖5项；先后发表论著100多篇（部），完成包括河南省社会科学规划项目、河南省软科学计划项目、河南省政府决策研究招标课题和河南省政府责任目标课题等重大研究项目150多项；承担完成省委、省政府领导交办的重大调研课题30多项，有多项研究成果提交省委、省政府后得到省领导的批示并被省委、省政府决策时采纳，产生了良好的经济与社会效益。

张林海　河南省社会科学院法学研究所所长，副研究员。中国法学会会员，河南省法学会经济法学研究会副会长，河南省第十二届人大常委会立法咨询专家，郑州市人大常委会法律咨询委员会委员，郑州市人民政府法律专家咨询团委员。主要从事经济法和区域法治建设方面研究。担任《法治的衡量与实现》主编及《法治河南热点问题研究》《平安河南建设研究》《河南法治蓝皮书》《中原崛起与中国特色社会主义河南实践研究》的副主编，获河南社科优秀成果三等奖以上奖励3项，主持或参与省部级以上课题5项。

李宏伟　河南省社会科学院法学研究所副所长，副研究员，中国社会科学院法学研究所法治指数（河南）协同创新基地办公室执行主任。郑州市委、市政府民商事专家咨询委员，中共孟津市委专家咨询委员，中共登封市委专家咨询委员，郑州市中级人民法院特邀咨询专家组成员，郑州市管城区人民法院民商事案件专家咨询委员，河南省法学会破产法学研究会常务副会长，河南省法学会商法学研究会副会长，河南省法学会航空港区政策法律研究会副会长。主要从事公司法学、破产法学、金融法学和区域法治建设研究。近年来，公开发表论文30余篇，主持或参与完成省部级以上课题14项，合著或参编著作10余部，获省级三等奖以上奖项5项。

王运慧　河南省社会科学院法学研究所副研究员，民商法学硕士，农业与农村法治研究中心主任。中国法学会立法学研究会会员，河南省民法学研究会常务理事、河南省农业与农村法治研究会理事。主要从事民商法学、农业与农村法治建设研究。独立公开发表论文20余篇，合著10余部，参与完成国家及省部级课题多项，参与或独自撰写的对策建议多次得到省领导的批示肯定。获河南省政府发展研究奖三等奖以上奖励2项，获河南社科优秀成果三等奖2项。

摘 要

2018 年，在中国特色社会主义法治道路引领下，河南的法治建设坚持“以人民为中心”，再接再厉，取得了显著成效。立法方面，为了满足人民群众对美好生活的向往，一系列高质量立法更加贴近民心；执法方面，河南对黑恶势力绝不手软，努力为人民群众营造风清气正的生活环境；司法方面，严格履行公正审判职责，让人民群众感受到更多公平正义；法治宣传取得了良好的法律效果和社会效果，法学研究进一步繁荣。法治是法律之治、良法之治。习近平总书记强调，要以良法促发展、保善治。这既是要求我们要提高立法质量，也是引导我们要全面认识良法的重要作用。为此，《河南法治发展报告（2019）》的主题确定为“依法治省与科学立法”，借此总结 2018 年河南进行科学立法的先进做法和有益经验，提高河南对新时代良法需求的认识，发挥河南地方立法对经济社会发展繁荣的推动作用。

《河南法治发展报告（2019）》共分五个部分，即总报告、立法实施篇、立法监督篇、立法保障篇、立法创新篇。总报告 1，以《河南法治发展：成效与展望（2019）》为题，分析了河南法治发展的总体状况，介绍了河南法治发展一年来取得的成效与存在的问题，从科学立法、严格执法、公正司法、全民守法四个方面有针对性地提出了对策和建议，并对 2019 年河南法治建设的特点和趋势进行了展望。鉴于社会各界对本书“河南十大法治热点”的关注度不断提高，本年度首次将其列为总报告 2，希望能为读者提供更广阔的法治视角。立法实施篇共包括 7 篇报告，主要是对“生态立法”“网络食品安全立法”“设区的市立法”等热点问题进行深入研究。立法监督篇共包括 3 篇报告，主要是对“立法视角下地方金融监管”“行政处罚的立法规范”等方面进行详细分析。立法保障篇共包括 4 篇报告，主要探讨

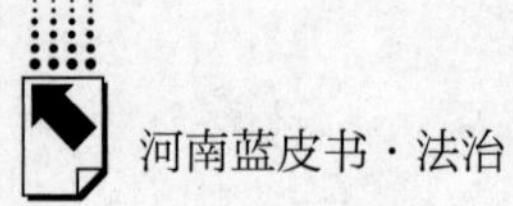

了“金融控股公司立法”“政府支持养老业立法”“社会主义核心价值观融入立法”等问题。立法创新篇共包括3篇报告，主要介绍了“我国省级党委制定党内法规”“河南创新立法机制”“郑州市创新立法机制”等方面的经验和启示。五个部分的报告虽各有侧重，但都体现了习近平总书记“法治建设要为了人民、依靠人民、造福人民、保护人民”的重要思想，凸显了“以人民为中心”的价值取向。

“志之所趋，无远弗届，穷山距海，不能限也。”2019年，我们将迎来新中国成立70周年，站在这一新的历史节点，河南法治建设将与时代同步伐，以人民为中心，牢牢把握社会公平正义这一法治价值追求，努力让人民群众在每一项法律制度、每一个执法决定、每一宗司法案件中都感受到公平正义。坚持良法保障善治，护航中原更加出彩！

关键词： 河南　法治建设　依法治省　科学立法

目录

Ⅰ 总报告

Ⅱ　立法实施篇

Ⅲ　立法监督篇

Ⅳ 立法保障篇

Ⅴ 立法创新篇

皮书数据库阅读使用指南

总 报 告

General Reports

B.1 河南法治发展：成效与展望（2019）

河南省社会科学院课题组*

摘　要： 2018年，在中国特色社会主义法治道路引领下，河南的法治建设坚持“以人民为中心”，再接再厉，取得了显著成效。立法方面，为了满足人民群众对美好生活的向往，一系列高质量立法更加贴近民心；执法方面，河南对黑恶势力绝不手软，努力为人民群众营造风清气正的生活环境；司法方面，严格履行公正审判职责，让人民群众感受到更多公平正义；法治宣传取得了良好的法律效果和社会效果，法学研究进一步繁荣。2019年，河南的法治建设肩负着更加光荣的使命和担当，将在科学立法、严格执法、公正司法、全面守法方面进行完善和拓展，为了让人民群众有更多的法治获得感而披

* 课题组组长：张林海，河南省社会科学院法学研究所所长；副组长：李宏伟，河南省社会科学院法学研究所副所长；执笔：李宏伟、王运慧（河南省社会科学院法学研究所副研究员）。

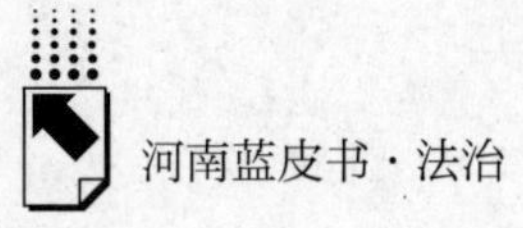

荆斩棘，迎难而上。

关键词：　法治河南　法治建设　科学立法

2018年，我们迎来了改革开放四十周年，这一年，河南的法治建设步伐走得很坚定，也很稳健。从立法到守法，无论是执法还是司法，每一个层面都敢于直面问题，都坚持以人民为中心。

一　科学立法

真正的法治追求的是良法善治，而良法的提供依靠科学立法。地方立法是全面依法治国的重要组成部分，也是引领地方全面深化改革的法治标尺。2018年，河南立法更加凸显重点，更加注重细节，更加贴近民心。

（一）恪守立法为民，着力提高立法质量

1. 加强生态文明立法

习近平总书记强调，要保持加强生态文明建设的战略定力，不动摇，不松劲，不开口。生态文明建设是关系中华民族永续发展的根本大计，也是统筹推进“五位一体”总体布局的重要方面。2018年，河南紧紧围绕污染防治攻坚战大局，扎实开展环境保护立法。为了规范气候资源的保护与开发利用，促进经济社会绿色可持续发展，在《河南省气候资源保护与开发利用条例》制定过程中，做到了以下五个方面的创新：一是将党的十九大报告中提出的关于生态环境保护和绿色发展理念、全国生态环境保护大会会议精神贯彻到法规的修改制订中；二是坚持总体国家安全观，明确在气候资源探测资料的收集、审核、处理以及开发利用等方面要符合国家安全管理规定；三是实现了处理好气候资源保护与促进经济社会发展之间关系的立法目的；四是明确政府和气象主管机构在气候资源保护工作中应承担的职责，理顺了

气候资源保护与利用工作的领导管理体制和工作机制；五是把对增加农民收入有积极促进作用的农产品气候品质认证体现到法条当中。

习近平总书记指出：“山水林田湖是一个生命共同体，人的命脉在田，田的命脉在水，水的命脉在山，山的命脉在土，土的命脉在树。”水资源保护在这个生命共同体健康良好运行中起着非常关键的作用。正是认识到了水体保护的重要性，《河南省水污染防治条例（草案）》得到了高度重视，在研究过程中，立法工作人员始终坚持人与自然和谐共生理念，强化水源地保护、水岸管理和水运输渠道保护，明确管理体系和考核办法，规范水资源的分配调度等制度保障，严格防治措施、落实主体责任、做好应急处置等重点内容，细化了工业水污染防治、城镇水污染防治、农业水污染防治等方面的具体规定。

2. 完善社会民生立法

习近平总书记在 2019 年春节团拜会上指出，我国已经进入老龄化社会，要让老年人老有所养、老有所依、老有所乐、老有所安，这关系到社会的和谐稳定。河南作为人口大省，人口老龄化问题日益突出，人民群众对养老预期也随着经济社会的发展有所提高。为了贯彻党的十九大精神，了解掌握人民群众对养老事业的真实诉求，《河南省老年人权益保障条例》的立法工作人员多途径广泛征求意见，赴省外多地学习考察老年人权益保障方面的立法经验，在省内进行了广泛深入的调研，实地走访基层养老机构，并召开多市相关部门和养老机构、医养结合的机构负责人参加的座谈会，把调研考察得到的信息和各方面提出的意见建议进行汇总，结合河南省养老工作实际情况对草案进行认真研究、反复修改。该条例的出台从医养结合、日常生活、法律援助、居住环境等多个方面规定了对老年人的优先待遇，特别是在乡镇人民政府和基层自治组织职责、养老服务设施配建等社会关注的焦点问题上做出了具有较强针对性和可操作性的规定，解决了当前老年人权益保障中的突出问题。

交通安全关乎千家万户的幸福与安宁。河南地处中部枢纽，货运车辆超限超载成为省内公路的“第一杀手”。为了治理货物运输车辆超限、超载现象，明确执法主体、运输物品及车辆规格，规范执法程序和车辆通行管理，河南在制定治理货物运输车辆超限超载条例时，注重强化政府及有关部门的治超主体责任，强化源头单位治理责任，完善了多部门联合执法、提升科技治超水平的有关规定，增加了责任倒查追究机制，细化了法律责任。同时，条例解决了治超工作长期存在的执法主体不明确、执法手段不得力、执法责任不落实等一系列难题。该条例的颁布，不仅从立法层面起到了为经济发展保驾护航的作用，而且为全面加强和规范治超工作、保障公路桥梁安全畅通、维护人民群众生命财产安全提供了立法依据。

3. 推进信用体系立法

现代市场经济条件下，信用不仅代表着个人的品行与德尚，更关乎经济的有序发展和社会的稳定和谐。为了推进河南社会信用体系建设，提高社会信用水平，规范社会信用信息记录、归集、共享、披露和查询，并且为了对信用联合奖惩和信用主体权益保护相关活动提供支持，2018 年 5 月，河南省人大法工委会同省发改委开展了河南信用条例的起草调研工作。6～8 月，调研组先后赴湖北、河北等地考察，并在漯河、周口、南阳等地调研座谈，经充分调研后调研组邀请相关法学专家，共同研究起草了《河南省信用条例（草案）》。草案明确了社会信用及信用信息的定义，规定了信用体系、政府职能和大数据运用方法，规范了信息使用程序，也界定了奖惩、权益保障机制和行业发展自律等内容，为数字经济时代河南诚信社会的建设提供了立法上的支持。

（二）坚持急需先立，结合实际需求立法

为适应新时期我国财政预算管理改革的不断深入和人大预算审查监督工作不断加强和深化，进一步规范预算的审查批准、预算调整的审查批准程序，明确预算审查的对象及范围，增强政府部门责任意识，河南在修订省预算审查监督条例时，增加了政府及其有关部门严禁在预算项目列入上弄虚作假，明确了非经本级人大常委会批准不得调整预算，规范了政府向人大提请

决算草案的时限，同时增加了有关人员的预算违法行为的责任追究机制。条例进一步规范了预算审查监督各项程序管理，有利于提高依法监督预算的工作水平，也为提请河南省人民代表大会审议省预算审查监督条例奠定了良好的基础。

（三）特色与质量并举，积极开展设区市立法

赋予设区的市立法权后，河南各地设区的市人大常委会立法积极性普遍高涨。2018 年，河南省人大法工委对设区的市“城乡建设与管理、环境保护、历史文化保护”三个方面立法权限严格把关；采取“一对一帮扶，面对面指导”的工作方法，加强与设区的市人大常委会的沟通与协调；针对设区的市立法工作需求，专门邀请立法方面的专家就立法法、地方立法实务和立法技术规范进行授课培训。2018 年，河南省人大常委会审查批准的 39 部设区的市法规、决定涵盖多个主题，凸显了各个地市的不同特色。这些法规从立法体例、条文内容、立法技术等方面都经过了省人大法工委的层层把关，立法质量上确保能立得住、行得通、真管用，切实推动了各地市的良法善治。

与此同时，按照全国人大常委会的要求，河南设区的市有序开展了法规清理工作。郑州市对 10 部法规进行打包修改，具体涉及条款 32 条。开封、洛阳、安阳、鹤壁等 15 市对现行有效法规中涉及生态环保的内容进行全面清理，对 26 部法规进行打包修改，具体涉及条款 74 条。地方性法规既不能朝令夕改，也不能停滞不前，因此，法规清理工作既维护了法制统一，也保证了法制的与时俱进。

二　严格执法

法律的生命力贵在实施，法律的权威也依赖于法律的有效实施。严格执法是法律实施的重要途径，坚持严格执法是地方法治建设的重点也是难点。2018 年，河南的执法工作贴民心而行，把维护人民权益落到实处。

（一）感知人民呼声，依法严厉打击黑恶势力犯罪

平安是老百姓实现温饱后的首要精神需求，也是最基本的社会发展环境。2018 年，针对老百姓的平安需求，河南严厉打击各类黑社会性质组织和恶势力团伙，取得了显著成效，用实际行动践行了执法为民的根本宗旨（见表 1）。①

表 1　河南省公安机关 2018 年依法严厉打击黑恶势力犯罪取得的成效

打掉黑社会性质犯罪组织	93 个
打掉恶势力犯罪集团和恶势力团伙	558 个
抓获涉黑涉恶犯罪嫌疑人	26620 人
侦破案件	24314 起
查扣涉案资产	47.38 亿元
全省检察机关共提起涉黑涉恶公诉案件	570 个 4147 人
全省法院受理黑恶案件	446 个 4403 人
做出生效判决	106 个 1536 人

习近平总书记强调："黑恶势力是社会毒瘤，严重破坏经济社会秩序。"过去一年，河南公安机关深挖彻查，以专项斗争的高压态势，下大功夫查处了一批涉黑涉恶腐败问题和"保护伞"。民有所呼，必有所应。黑恶势力与腐败现象都为老百姓所深恶痛绝，2018 年，河南为了取得更好的社会效果，进一步强化重点行业领域监管治理，例如，河南省水利厅会同公安机关开展为期 4 个月的专项整治，共查处刑事行政案件 196 起，取缔非法采砂场 686 个，销毁采砂设备 2030 台（套）。"一切为了人民，一切依靠人民"，通过整治，河南社会治安状况较以往有明显好转，老百姓的安全感和幸福感也得到了较大提升。

① 《2019 年河南省政府工作报告》。

（二）保护民生福祉，依法严格治理环境污染

河南作为发展中省份，推动经济高质量发展是一项艰巨的任务，尤其是要协调好经济增长与污染防治的关系。良好的生态环境是最大的民生福祉，而蓝天白云更是百姓最平常的期盼。为此，河南积极实施污染防治攻坚战三年行动计划，把大气污染防治作为各项污染治理的重头戏紧抓不放，实行依法科学严格治污，强调全民参与治污防污，坚持全省上下一盘棋、精准发力重管控。经过努力，河南的大气污染防治工作建立了长效机制，取得了明显的成效。2018 年，河南的 PM2.5、PM10 平均浓度分别下降 1.6%、2.8%。此外，河南在依法治污道路上不断创新，对于水资源保护，全面推行河长制、湖长制，河道采砂实行综合治理。尤其是实施了水资源、水生态、水环境、水灾害的“四水同治”，启动十项重大水利工程，这项措施受到国务院通报表扬。在过去的一年里，河南通过蓝天、碧水、净土保卫战的扎实推进，全省生态环境保护取得很大进展，环境质量改善有了新的突破。但是，全省生态环境保护和污染防治中还存在很多问题和不足，打好打赢污染防治攻坚战的时间紧、任务重，依法保护生态环境、严格治理环境污染的力度还需加大。

（三）提升执法能力，优化法治营商环境

习近平总书记提出：“法治化环境最能聚人聚财，最有利于发展。”2018 年，河南下大力气努力消除经济发展与法治运行之间的不协调、不平衡现象，全面营造法治化营商环境，为经济高质量发展提供了重要支撑和坚强保障。2018 年，河南省委、省政府印发了《河南省优化营商环境三年行动方案（2018～2020 年）》，这是全省第一个全面优化营商环境的综合性指导文件，其中明确了全面优化营商环境的时间表、路线图和优先序。紧随其后，河南省国土资源厅党组印发《关于进一步优化营商环境服务高质量发展的实施意见》，就如何进行“放管服”改革推动营商环境优化、助推高质量发展做出有针对性的部署。该《意见》强调，要在“一网通办”条件下

深入推进“最多跑一次”改革，全省自然资源系统要建立统一的审批服务标准，而且要编制审批服务标准化工作规程，审批服务事项的办事指南也要进一步优化完善。“一件事”办事流程得到优化再造，使得审批时限较法定时限减少50%以上，申请材料也减少30%以上。继续推动不动产登记改革，窗口设置进一步整合，促进不动产交易、税费缴纳、登记“一窗受理、集成服务”，严格确保不动产交易登记事项从受理申请到办结实现“只进一扇门、最多跑一次”，7个工作日内办结一般业务，3个工作日内办结抵押类登记业务。通过推出一系列服务措施，河南着力提升了政务服务的标准化、网络化、智慧化水平，执法行为更加规范，执法能力得到提升，企业和群众感受到了实实在在的服务便利，为优化营商环境创造了切实有力的法治环境。

三 公正司法

随着社会发展，人民群众的司法需求也越来越高，公正司法在增强人民群众的获得感、幸福感和安全感方面发挥着越来越重要的作用。2018年，河南司法机关践行“人民司法为人民”的宗旨和理念，认真填写着“司法为民”这张考卷，推动“努力让人民群众在每一个司法案件中感受到公平正义”的目标一步步变为现实。

（一）严格履行公正审判职责

刑事审判方面，2018年，河南法院自觉担负起扫黑除恶重大政治责任，审结案件432件，判处罪犯3355人。黑恶势力首要分子、骨干成员以及“保护伞”得到从重惩处，1109人被判处五年有期徒刑以上刑罚，1935人受到并处罚金、没收个人财产。其中李昊烨、李磊作为67人涉黑团伙主犯，和长期把持基层政权、欺压百姓的罪犯狄治民，都受到依法严惩。营造扫黑除恶强大声势，先后分3批对87案707人集中公开宣判、同步对外发布，震慑不法分子，提振群众信心。民商事审判方面，2018年，河南法院积极致力于为打造法治化营商环境提供司法保障。河南省高院坚决落实中央、省委保护产权政策，制定《优化营商法治环境服务中原更加出彩的指导意见》，会同省检察院为保障民营企业合法权益出台了30条措施，公布了保护非公有制经济十大典型案例，体现了平等公正对待各种所有制企业的鲜明态度。强化司法裁判对市场规则的引领作用，依法保护守约者、制裁违约者，审结公司、金融、买卖等各类合同纠纷、不正当竞争案件512611件，引导市场主体恪守契约精神，维护诚实守信、公平竞争的市场秩序。树立谦抑、审慎、善意、文明、规范办案理念，慎用查封、扣押、冻结等强制措施，严格区分合同违约、民事欺诈与经济犯罪，严格区分违法所得与合法财产，严格区分企业财产与个人财产，切实增强企业家人身和财产财富安全感，稳定市场主体预期和信心。行政审判方面，2018年，河南法院为转变政府职能提供好的服务以及推动“放管服”改革，切实保护行政相对人合法权益，坚持做到依法裁判和协调化解并重，力争行政争议实质化解，21737件行政诉讼案件得以一审审结，同比上升5.1%。强化司法与行政良性互动，开展联合调研、专题研讨569次，应邀培训授课398场，发出司法建议614份，助力提升行政执法水平。[①]

（二）强力推行执行工作

2018年，河南“基本解决执行难”工作取得突破性进展，整体进入冲刺阶段。信息化手段在河南法院系统得以充分运用，执行效率大大提高，主要财产“一键查询控制”效果呈现，累计网上冻结存款261.8亿元、证券107.4亿股，查封房产2.9万套。集中开展“涉民生案件执行”“涉特殊主体案件清理”“强制腾房”等专项活动，罚款8884万元，搜查1.1万人次，拘留3.2万人，以拒执罪判处刑罚2149人，汇聚打击逃避执行的强大声势，形成“遵法诚信者畅行天下、违法失信者寸步难行”的氛围。通过“基本

① 《2019年河南省高级人民法院工作报告》，人民法治网，http://www.rmfz.org.cn/dfzcontents/184/186753.html。

解决执行难”工作的不断推进，河南法院执行人员的执行行为更加规范。消极执行、执行乱问题由来已久，为解决这一难题，河南法院系统全面推行案件全流程网上办理，实现执行行为全程留痕，实时监控执行过程，确保有财产可供执行案件能够及时执行完毕。“终本”案件更加严格管理，只要是未穷尽执行手段、未采取限制高消费措施的案件，一律不得终结执行。“一案一账一号”案款管理系统的上线，保障了280.7亿元执行款及时发放到位。2018年，网络司法拍卖在河南法院得到全面实施，累计网拍9.9万次，成交率77.2%，成交额202.4亿元，促进财产处置更加公开高效。经过一年接续奋战，河南法院“基本解决执行难”取得重大进展，全年执结案件513106件，执行到位实物、现金共计727.4亿元，较好完成了最高法院提出的“三个90%、一个80%”的基本解决执行难核心指标。①

（三）持续深化司法体制改革

司法体制改革是一场关乎社会公平正义和法治中国建设的重大改革。2018年，河南的司法体制改革逐步推进。司法责任制改革方面，河南法院系统落实“让审理者裁判、由裁判者负责”，98%以上的案件由独任法官和合议庭自主定案。基本完成人员分类管理，建立“有进有出”的法官员额动态调控机制，增补员额法官842人，退出328人，现实有员额法官7316人，占总编制的36.1%；在省委政法委领导和组织、人社、财政等部门支持下，员额法官职业保障逐步落实，法官助理、书记员职务序列改革扎实推进。完善考核机制，科学评价法官业绩，形成向审判执行主业聚焦、凭办案实绩论英雄的工作导向，激发员额法官办案积极性，人均结案269件。

为了进一步完善权力运行监督和制约机制，河南法院全面推行网上办案，开庭、合议、送达、期限变更等主要节点全部由流程管理系统智能控制，促进法官严格按照规程办案，实现人盯人、人盯案向自动化、静默化管

① 《2019年河南省高级人民法院工作报告》，人民法治网，http://www.rmfz.org.cn/dfzcontents/184/186753.html。

理转变。强化审判态势分析，对关键指标出现异常的法院及时提醒纠偏，防止数据“注水”、指标“美容”。严格审限管理，集中整治迟滞立案、拖延办案等问题，上诉案件法定期限内移转率由 44.5% 上升到 92.6%，平均审限缩短 12.5 天。涉诉信访明显减少，进京访、到最高法院第四巡回法庭访、赴省访同比分别下降 19.4%、36.3%、20.8%。除此之外，河南法院统筹抓好综合配套改革，全力支持配合全省监察体制改革，加强与监察机关的有效衔接和通力协作。积极落实以审判为中心的刑事诉讼制度改革，完善证人、鉴定人、侦查人员出庭作证机制，与省司法厅共同推进律师辩护全覆盖，试点地区律师辩护率达 90.5%。

（四）检察监督制度进一步完善

2018 年，河南检察机关积极探索审判违法行为监督方式。积极支持和监督法院基本解决“执行难”问题，出台“10 条意见”，公布典型案例，依法起诉拒不执行法院判决、裁定犯罪嫌疑人 923 人，营造“依法办事、诚信为本”的社会氛围。持续推进虚假诉讼监督，发现线索 126 件，提出再审检察建议 85 件，法院采纳 78 件，提起抗诉 11 件，切实维护司法公信。强化行政检察工作，采取有力措施着力扭转被动局面，相关做法受到最高检肯定。聚焦重点领域，依法办理生效裁判监督案件 394 件；扎实开展非诉执行专项监督，依法办理行政非诉执行监督案件 482 件。

2018 年，河南省检察机关进一步完善公益诉讼制度，率先在全国成立了公益诉讼研究院，希望借此研究力量探索建立内部协作机制和外部支持体系。[①] 2018 年，共有 1531 件公益诉讼案件得到立案，1301 件通过诉前程序办理，102 件提起诉讼，5.97 亿元直接损失通过办案成功挽回。陆续办理了一批有影响的公益诉讼案件，促进了依法行政，推动相关部门加快完善机制和解决问题的步伐。同时，公益诉讼案件的办理督促 887 亩耕地实现复垦，1790 亩林地得以收回，506 公里河道得到清理，4590 亩水域成功治理。

---

① 周晓伟：《法治力量保障中原出彩新时代》，《公民与法》2019 年第 1 期。

四 法治宣传

法治宣传教育是推进地方法治建设的一项重要基础性工作，是提高全民法治意识、培养积淀法治文化的重要途径。2018 年，河南法治宣传全面推进，纵向深入，让全省老百姓有了实实在在的法治获得感。

（一）各地市积极开展宪法主题宣传教育活动

宪法是“一张写着人民权利的纸”，全面贯彻实施宪法是建设社会主义法治国家的首要任务和基础性工作。为了弘扬宪法精神，增强宪法意识，2018 年，河南各地市先后积极开展“尊崇宪法、学习宪法、遵守宪法、维护宪法、运用宪法”的主题宣传教育活动，在全省上下营造学习宣传宪法的浓厚氛围。

洛阳市组织普法志愿者深入乡镇、街道、社区、学校等开展宪法宣讲辅导活动，共开展宪法知识讲座 20 余场，发放宪法读本等宣传资料 51000 余份，摆放版面 2000 余块，悬挂条幅 900 余条，接受咨询 10000 余人次。洛龙区、老城区将宪法元素有机融入法治文化长廊的更新提升中，着力弘扬宪法精神。

新乡市把宪法作为法律考试主要内容，融入 2018 年度全市领导干部、国家工作人员普法无纸化（纸质）考试；深化“新时代法治校园”创建活动，在全市中小学校广泛开展宪法晨读、法治漫画、法治征文、法治班会等活动。

平顶山市实施“互联网 + 法治宣传”模式，开设宪法知识专栏，提升宪法宣传教育的渗透力。注重法治文化阵地建设，利用法治文化建设重点项目，在公园、市区小游园以名言警句、漫画等形式，图文并茂、通俗易懂诠释宪法精神，让群众在生活中切实感受到法治文化的吸引力和感染力。新华区、卫东区、舞钢市组织开展“送宪法进社区、进校园、进乡村”和宪法专题讲座活动；组织开展“加强法治宣传教育，弘扬法治精神”“弘扬宪法精神，推进法治建设”等系列宪法宣传活动，向群众解读宪法，播放宪法音频，发放各类《宪法》宣传资料，解答群众咨询，引导广大群众自觉学习宪法知识，增强宪法意识。

（二）河南法学会陆续开展系列法治宣传活动[①]

1. 创办“河南法治大讲堂”

豫籍法学家在全国法学研究领域人数较多，且影响较大。为充分利用这一宝贵资源，经中国法学会同意，河南省法学会从 2018 年 3 月开设“河南法治大讲堂”，目的是借智借脑，通过邀请法学家，特别是豫籍法学家亲自宣讲授课，为全省法治建设进行理论指导，对省内高校法学教育和人才培养建言献策。2018 年 4 月 7 日，南阳成功举行了河南法治大讲堂的特聘专家仪式，张文显、张苏军、刘海年、樊崇义、王新清、付子堂等 31 名豫籍法学家被聘为特聘专家。目前，“河南法治大讲堂”已经成功举办 9 场报告会，西南政法大学校长付子堂、西北政法大学原副校长王瀚等先后做报告。

2. 强力推进“百名法学家百场报告会”法治宣讲活动

在宣讲活动中，强调突出习近平新时代中国特色社会主义思想、宪法修改的重大意义和主要内容、国家监察体制改革与监察法治建设等重点。2018 年，全省共举办宣讲活动 146 场，其中省直 41 场（省委理论学习中心组 1 场），市县 105 场，累计受众达 8.4 万人，增强了干部群众法治意识，提高了运用法治思维和法治方式解决实际问题的能力和水平，营造了办事依法、遇事找法、解决问题用法、化解矛盾靠法的良好氛围，取得了良好的法律效果和社会效果。

3. 深入开展“青年普法志愿者法治文化基层行”活动

一年一度的“基层行”活动进一步向纵深发展，2018 年 6 月，“基层行”活动启动仪式在商丘睢阳区成功举办，仪式由河南省法学会主办，省司法厅、团省委共同参与，目的在于推广经验做法，推动宣传方式的革新，

① 作者根据河南省法学会 2018 年度工作总结整理而得。

争取为各地开展活动树立样板、提供思路。2018 年“基层行”活动数量与质量并举，取得了良好的社会反响（见表 2）。

表 2　2018 年“青年普法志愿者法治文化基层行”活动成效

举办法治讲座	6000 余场
开展普法宣传活动	8000 余次
发放各类普法资料	1000 余万份
举办模拟法庭	1000 余场
参与活动普法志愿者	67000 名
提供法律服务对象	1000 余万人
进行法律服务	1 万余次

4. 倾力打造宣传媒介体系

努力提高《公民与法》（综合版）杂志的办刊质量，发挥“会长访谈”“法学会巡礼”“法学家风采”等栏目作用，充分展示各地各研究会和会员的良好形象。与《河南法制报》联合开设“河南法学会”专版，成立通讯员队伍。关注“法治中原”微信公众号的粉丝量持续增加到 6 万余人，并成功注册“法治中原”大河号、知乎号、搜狐号等自有媒体。对河南法学网软硬件环境进行升级改版，“一网双微一端”四矩阵系统成功形成，整体上与省政法单位形成了自媒体发布内容互转、互推、互动机制。

（三）河南民政法治宣传更加深化和拓展

2018 年是河南省第二十个民政法治宣传周，也是党的十九大后第一个民政法治宣传周。河南省民政厅紧紧围绕“学习宣传和贯彻实施宪法，唱响全面依法治国主旋律”的主题，全面落实国家机关“谁执法谁普法”责任制要求，把深入宣传《宪法》《国家监察法》《民法总则》，深入宣传规范行政行为的法律法规，深入宣传保障和改善民生的法律法规，深入宣传创新社会管理的法律法规，深入宣传服务军队和国防现代化建设的法律法规作为宣传重点，于 4 月 23 ~ 27 日在全省范围内集中开展法治宣传活动。全省共组织和举办了40场广场法治宣传、法治宣传一条街等活动，悬挂1950条宣传横幅，制作1980块宣传展板，发放11.8万份宣传资料，为5.8万人次提供现场咨询。濮阳、三门峡、驻马店等市民政局通过在报纸、广播、电视等新闻媒体上刊播专题、开辟专栏等方式开展宣传，扩大法治宣传的覆盖面。各地民政局组织开展法治论坛、知识竞赛、法治讲座等活动，这些活动在开封、洛阳、许昌、南阳、信阳、巩义、鹿邑等地明显起到了提高民政干部职工的依法行政能力和法律素养的效果。南阳市卧龙区民政局采取法治宣传与业务工作有机结合的方法，进村入户对民政政策法规进行宣传和解释，加强了法治宣传者与服务对象的互动交流。巩义市民政局积极拓宽普法渠道，充分利用公交车的载体优势进行法治宣传。本次宣传周活动拓展了法治宣传教育的广度和深度，受到群众普遍好评，收到了良好的宣传效果。

五　法学研究

习近平总书记强调："一切有价值、有意义的文艺创作和学术研究，都应该反映现实，观照现实，都应该有利于解决现实问题、回答现实课题。"法学研究是法治建设的理论支撑，只有着眼于社会实际问题和人民群众的现实需要，才能真正助推法治中国建设。2018年，河南的法学研究继续发力，学术交流精彩纷呈，科研成果质量攀升。

（一）河南法学会积极开展法学研究与对外交流

1. 充分运用法学研究课题的激励效应

2018年，河南法学会收到申报材料共285项，其中50项得到正式立项，对"党在新时代如何加强对政法工作的领导""监察体制改革创新中的协调衔接机制""扫黑除恶专项斗争中适用宽严相济刑事政策问题""防范与化解金融风险系列法律问题""河南如何开展律师行业税收改革问题"等相关热点重点问题开展应用对策研究。

2. 积极组织和举办高质量法学研讨活动

继续认真组织中国法学会“董必武青年法学成果奖”“中国法学家论坛”“中国法学青年论坛”等征文活动。分别以“自贸区建设法治研究”“乡村振兴战略的法治保障”为主题，举办了第三届“法治河南青年论坛”和第三届“法治河南乡村论坛”。

3. 深入开展调研和交流活动

为进一步推动河南法学研究繁荣发展，河南省法学会多次召开学科建设座谈会，探讨学科建设规划，提高法学研究、法学教育能力与水平。组织带领郑州大学、河南大学、河南师范大学、河南财经政法大学、河南警察学院等有关校领导和法学院院长一行到西北政法大学、武汉大学法学院考察，交流科研、学科建设、人才培养等方面工作经验；率领调研组先后赴湖北武汉市，广西北海市、崇左市、南宁市，就法学会法律服务、法治教育、法治宣传等工作进行调研。同时，与来河南进行考察的江西、浙江、海南等省法学会相互交流经验，在交流中相互提高。

4. 加强与有关高校院所的交流与合作

河南省法学会与中国社会科学院法学研究所在原有战略合作框架协议基础上签订补充协议，建立常态化合作机制。为促进河南省律师事业发展，加强河南法学学科建设，提高科研和培训水平，河南省法学会律师学研究会、中国人民大学律师学院、河南财经政法大学律师学院签署三方战略合作协议书，三方共同组建中国人民大学律师学院河南培训教学科研基地等。

5. 积极参加涉外交流活动

参加中国法学会组织的出访团、出国培训以及在国内外举办的涉外研讨会等对外交流活动，参与河南台办组织的交流活动，拓宽国际视野。先后组织会员赴俄罗斯（第八届圣彼得堡国际法律论坛）、白俄罗斯（第六届国际科学和实践会议）、美国（“法律群团参与矛盾纠纷多元化解机制”专题研修）、澳大利亚（“健全司法人员职业保障”专题研修培训）和北京（中国外交部与中国法学会联合举办的“一带一路”法治合作国际论坛）参加相关交流活动，推荐河南 7 名优秀法学法律工作者加入亚太法协“带路委员会”。

（二）高校法学院系科研成果质量显著提高

2018 年，河南省高校法学教育充分借力国家和省委、省政府扩大人才引进的重大机遇，积极选拔、引进优秀法学人才。各高校法学院系以人才兴院为导向，牢固确立法学学科建设的龙头地位，坚持突出科研创新在学科建设中的支撑作用，有效提升了学科实力和科研发展水平。以科研成果中发表在核心期刊上的论文为例，2018 年，河南各高校法学院系公开发表在核心期刊上的论文数量显著增加，郑州大学法学院发表在核心期刊上的论文由 2017 年的 10 篇增长到 40 篇，河南大学法学院核心期刊论文比 2017 年增加 9 篇，河南财经政法大学法学院增加 12 篇，河南师范大学法学院增加 8 篇，河南工业大学法学院和华北水利水电大学法学与公共管理学院的核心期刊论文数量也都有明显提升（见表 3）。[①]

表 3　2018 年河南省各高校法学院部分科研成果统计

单位：篇，次

单位 \ 科研成果	公开发表论文	法学类核心	引用转载率
郑州大学法学院	237	40	55
河南大学法学院	49	12	19
河南财经政法大学法学院系[②]	89	20	11
河南师范大学法学院	81	9	9
河南工业大学法学院	27	4	4
华北水利水电大学法学与公共管理学院	18	3	6

① 作者根据中国知网数据库整理而成。

② 河南财经政法大学法学院系包括法学院、民商经济法学院、刑事司法学院。

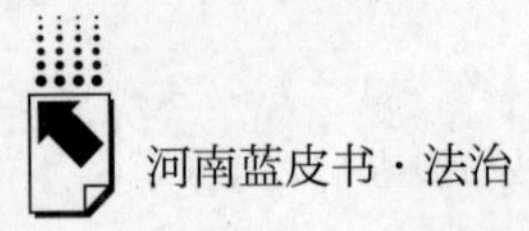

六 2019年展望

2018 年，我们亲自见证了河南法治建设的力量与成效，也敢于直面法治建设中依然存在的短板与不足。习近平总书记强调："必须坚持人民主体地位，坚持法治为了人民、依靠人民、造福人民、保护人民。" 2019 年，河南的法治建设将一如既往坚持"以人民为中心"，把保护人民权益放在最高位置，弥补短缺，臻于完善，努力把增加人民福祉落实到法治河南建设的方方面面，用法治的力量保障人民群众对美好生活的向往和追求。

（一）立法更加精准，更加体现社会主义核心价值观

十九大报告强调，"以良法促进发展，保障善治"。这既是对提高立法质量的要求，也是对良法作用的精准阐释。2019 年，河南将进一步推进精准立法，坚持立法计划落实与中央、省委的重大决策相结合，主动适应改革发展需要，围绕"加强生态环境领域地方立法、将社会主义核心价值观融入地方立法、加强民生领域地方立法"，坚持急需先立，突出保障全省重大国家战略规划的实施和民生改善。重点统筹好河南省社会信用条例、水污染防治条例、科技成果转化条例、宗教事务条例、郑洛新国家自主创新示范区条例、河南省郑州航空港经济综合实验区条例、中国（河南）自由贸易试验区条例、安全生产条例、实施《中医药法》办法、旅游条例、电信条例等立法项目的推进工作。积极致力于制定出具备公开、明确、稳定、可预期、无内在矛盾、可遵循、具有统一性的品质之法。①

（二）执法更加规范，更加符合法治政府建设要求

行政执法公示、执法全过程记录、重大执法决定法制审核三项制度是党

① 刘锐：《良法善治引领美好生活》，《人民日报》2018 年 1 月 30 日。

的十八届四中全会部署的重要改革任务和河南省委九届九次全会部署的全面推进依法治省的重要举措。2018 年底，国务院办公厅印发《关于全面推行行政执法公示制度执法全过程记录制度重大执法决定法制审核制度的指导意见》，2019 年初，河南省司法厅对《河南省全面推行行政执法公示制度执法全过程记录制度重大执法决定法制审核制度实施方案（征求意见稿）》《河南省行政执法公示办法（征求意见稿）》《河南省行政执法全过程记录办法（征求意见稿）》和《河南省重大执法决定法制审核办法（征求意见稿）》进行了广泛研究讨论。可以预见，2019 年，河南将全面推行执法全过程记录等三项制度，确保规范化的执法行为更加符合法治政府建设的要求，切实维护人民群众的合法权益。

（三）司法更加高效，更加让人民群众感受到公正

2019 年，河南将全面加强智慧法院建设，推进信息化与法院工作深度融合，加大电子卷宗随案同步生成、审判质量效率评估、庭审和文书质量巡查等系统运用，实现全业务网上办理、全流程可视可控。打造智能辅助办案平台，为法官提供类案推送、裁判偏离度预警、文书纠错等服务，提高办案质效。充分利用司法大数据，密切跟踪分析审判执行质效态势，及时做出有效应对，确保司法工作更加公正和高效，努力让人民群众在每一个司法案件中感受到公平正义。

2019 年，深化司法体制改革任务重、时间紧。河南将严格落实司法责任制，构建权责一致的审判权运行机制，做到有权必有责、失责必追究。深入推进以审判为中心的刑事诉讼制度改革，全面贯彻《人民陪审员法》，推动员额法官按期晋升、择优选升、逐级遴选，加快基层法院内设机构改革，发挥好改革的效能。大力推进跨域立案改革，推动诉讼事项跨区域远程办理、跨层级联动办理，为群众提供便捷高效、智能精准的诉讼服务。探索送达等司法辅助事务市场化、社会化办理，让法官专注于开庭、裁判等核心事务，为法官减负。创新发展“枫桥经验”，健全多元参与、逐层过滤的纠纷解决机制，探索婚姻家庭、劳动争议等涉民生案件调解前置，从源头上减少

诉讼增量。下大力气提高基层法院、人民法庭化解矛盾、促进和谐的能力和水平，为基层社会治理现代化贡献司法力量。

（四）守法更加自觉，更加弘扬新时代法治理念

真正的法律，刻在人民的心中。法治的真谛在于人民对法律的真诚信仰和忠实践行。经过多年的法治宣传和实践，河南民众的法治观念在潜移默化中逐渐增强，守法、尊法的意识普遍提高，法律权威在人民心中有了越来越高的地位，遇事找法、依法维权的风气愈加强烈。2019 年，河南法治建设的步伐更加坚实有力，身在其中的每一个人，都是责无旁贷的参与者和推动者。我们期望，法治为人民披荆斩棘，人民守法律自觉坦然，中国特色社会主义法治新理念在中原大地扎根厚土，枝繁叶茂。

“志之所趋，无远弗届，穷山距海，不能限也。”2019 年，我们将迎来新中国成立 70 周年，站在这一新的历史节点，河南法治建设将与时代同步伐，以人民为中心，坚持良法善治，护航逐梦中原！

参考文献

张文显：《法治中国的理论建构》，法律出版社，2016。

张林海、李宏伟主编《河南全面推进依法治省研究》，社会科学文献出版社，2016。

马岳君等：《信仰，因为我们看得见》，《法制日报》2018 年 12 月 31 日。

周晓伟：《法治力量保障中原出彩新时代》，《公民与法》2019 年第 2 期。

河南省发改委：《〈河南省优化营商环境三年行动方案（2018 ~ 2010 年）〉政策解读》，河南省人民政府门户网站，https：//www. henan. gov. cn/2018/09 - 07/690563. html。

《中共中央关于全面推进依法治国若干重大问题的决定》，2014 年 10 月。

《中共河南省委关于深入学习贯彻党的十九大精神决胜全面建成小康社会　开启新时代河南全面建设社会主义现代化新征程的意见》，2017 年 11 月。

B.2

2018年度河南十大法治热点分析报告

河南省社会科学院课题组*

摘　要： 党的十九大以来，坚持全面依法治国成为坚持和发展中国特色社会主义的基本方略之一。河南各个领域、各个环节的工作均在法治的轨道上有序推进。目前处于战略机遇期和矛盾凸显期，需要正确看待和解决发展过程中一些深层次的矛盾与问题，需要找准全省法治建设中的薄弱环节。本文对2018年度发生在河南省的法治热点进行甄选，选取了人民群众关心和热议的10大法治热点。这10大法治热点涉及司法改革、监察体制改革、依法监管网约车、人性化执法、恶性刑事案件、生态环保法治、非机动车依法治理等与老百姓生产、生活息息相关的领域。通过对这10大法治热点的分析与解读，以此来弘扬法治精神，彰显公平正义，推动全面依法治省。

关键词： 依法治省　法治热点　法治河南

2018年，河南在推进新时代全面依法治国战略的进程中，不断提高依法治省水平，着力加强全省法治建设工作，取得了明显成效。河南省社会科学院课题组参考国内主要平面媒体和网络媒体对法治事件的报道，重点关注

---

* 课题组组长：张林海；副组长：李宏伟；执笔：栗阳，河南省社会科学院法学研究所助理研究员。

民生、民意，同时听取省内相关法律部门及法学专家的意见，甄选出具有典型性、启发性的十大法治热点，并分析、解读其法治意义，旨在为贯彻落实全面依法治国战略、全面推进法治河南建设提供有益的借鉴，为在全省弘扬法治精神、法治原则，把法治信仰融入、渗透社会治理和人民生活各个领域发挥积极的作用。

一　空姐乘“滴滴”顺风车被害案——亟须加强对网约车市场依法监管

热点概况：2018 年 5 月 5 日晚间，某航空公司年仅 21 岁的空姐李某珠，在执行完航班任务后，回到驻地郑州航空港区沃金大酒店。接近夜里 12 点时，她用“滴滴”叫了一辆网约车，乘坐该车欲赶往市区火车站回老家参加亲戚的婚礼。李某珠在乘车过程中受到了司机的性骚扰，并最终惨遭司机杀害。后来警察找到了她的尸体，可谓惨不忍睹。其下身赤裸，两条颈动脉被割断，心肺受致命伤，全身多处有刀口，累计中刀二三十处。2018 年 5 月 10 日晚，“滴滴”发布了百万悬赏通告，通告中给出了顺风车司机刘某华的照片和身份信息。案发后，警方全力破案，查看案发地一带的监控，发现嫌疑人可能在作案后跳河。后经全力搜寻，警方在一河渠里打捞出一具尸体，通过 DNA 检测与比对，确认为刘某华遗体，案件告破。[①] 2018 年 5 月 11 日，滴滴公司对外发布了针对该案件的自查进展。该公司了解到嫌疑人使用的接单账号是嫌疑人父亲的，该账号通过了滴滴顺风车注册所要求的一系列安全措施，包括三证验真、犯罪背景调查、人脸识别。本案嫌疑人违规借用其父顺风车账号接单，且有交通肇事前科，几年前曾因交通肇事把别人撞成植物人而负债 40 多万元。[②]

法理评析：网约车平台作为一种建立在计算机网络基础之上，以现代信

① 张香梅、马金凤：《空姐搭顺风车遇害警方锁定嫌犯》，《北京青年报》2018 年 5 月 11 日。

② 陈维城：《空姐乘车遇害后续：滴滴宣布顺风车平台业务全国停业整改一周》，新京报网，http：//www. bjnews. com. cn/finance/2018/05/11/486610. html。

息技术为核心的新的经济形态，以极快的速度影响与渗透人们的生活。新事物通常有一段野蛮生长期，存在法律监管漏洞。本案中，滴滴公司作为网约车平台为大众提供居间服务，没有完全尽到审核管理责任，对于借用、冒用他人资格的行为没有有效管控，对惨案的发生负有不可推卸的第三方责任。尽管工信部等部门已经颁布了《网络预约出租汽车经营服务管理暂行办法》，对平台的审核责任做了规定，但是还存在监管漏洞。第一，在资质审查方面漏洞大。本案犯罪嫌疑人能如此随意冒用他人账号，那么滴滴依据现有法规对车主关键资质的审核并没有发挥预期的作用。澎湃新闻记者曾经做过一个实验，用他人证件、照片上传后，滴滴平台并未识别出身份不一致。也就是说，依照案发时的平台审核机制，即使你上传了别人的驾驶证和行驶证照片也可通过审核。由此看来，成功注册为一名滴滴顺风车司机简直容易到超乎想象。至于平台对申请人交通肇事记录、犯罪记录等关键因素的审核具体应该在多少个工作日内通过什么部门进行则更无法律做出明确规定。第二，平台对司机的事中监管缺乏法律依据。当一个司机做出了不符合职业规范，甚至做出违法行为危害了乘客的安全，平台该如何介入处理尚处于管控盲区。有关法规需要明确平台监管的内容，明确平台监管失误应该承担什么样的法律责任。另外，平台存在对投诉处理不力的情况。滴滴公司在自查声明中承认，杀害空姐的嫌疑人曾经被乘客投诉过语言性骚扰。滴滴平台客服为此联系了嫌疑人 5 次，但是没联系上，于是就未对投诉做进一步处理。第三，对网约车平台的评价系统缺乏监管。平台提供的让司机给乘客做出评价的标签选项内容有许多和乘车无关，却和外貌相关，比如安静美少女、年轻无极限、颜值爆表等。这均暴露出网约车平台依据现有的法律法规还难以成为一个负有责任的提供乘车信息服务的严肃工作平台，也表明缺乏依法监管的新兴网络经济业态极易存在安全隐患。平台和消费者之间也是一种契约关系，平台提供居间服务也应该受到合同法的约束。为了规范这一新兴业态，亟须加强依法监管，制定更加周密严格的行业规范，有必要依法对那些不守规矩的司机和平台均处以重罚。唯有如此，才能规范网约车市场秩序，彰显法律之尊严。

二　城管抽梯案——执法的人性化有待增强

热点概况：2018 年 1 月 23 日，两名工人（系师徒关系）在楼顶安装广告牌，因广告牌的主人鑫港校车服务有限公司没有取得安装许可证，属违规施工。下午 4 点半左右，郑州航空港区综合执法局执法人员来到现场要求立即拆除已经挂了一部分的广告牌。负责安装广告牌的图文广告店老板在执法人员的要求下，让工人拆除广告牌。在还没有拆完的时候，用于拆卸广告牌的切割机坏了，老板去买砂轮片。为此，城管等待了一会儿，认为是施工方以工具坏了为借口故意拖延时间，于是把施工用的梯子拿走了，并且其中一名执法人员说他们不拆完就别想下来。时值寒冬，天气寒冷，工人在楼顶时间长了全身冻僵，师傅想下去休息一会儿，但是却没有梯子。于是就从三楼顺着安全绳向下滑，但是在下滑过程中不慎坠亡。徒弟在楼顶见状大哭，想下去看师傅没有梯子下不去。其间 120 和 110 均来到现场，徒弟一直在楼顶受冻，直到晚上 9 点钟，才被消防员用消防云梯接下来。事后，几位执法人员被免职、停职，同时涉嫌玩忽职守被移送到纪检监察机关。涉嫌造成重大责任事故的图文广告店负责人刘某被刑拘。①

法理评析：该案件与之前一些明目张胆的暴力执法不同，执法人员采用非人性化的冷暴力方式执法，造成的后果并不亚于暴力执法。执法为民是社会主义法治的本质要求，执法缺乏人性化最根本的原因是心中没有人民，没有把人民群众的事情当成自己的事情。本案中，城管执法人员仅仅拿相对人违法说事儿，心中无视为民服务的前提。在寒风凛冽、气温极低的冬天撤走梯子，将两个工人丢在楼顶长达几个小时，虽然是严格执法，但是却背离了执法为民的初衷。纠正违章违规是法律赋予执法人员的权力，但是执法的最终目的是为了人民群众安居乐业。因此，执法不但要有尺度，也要有温度。执法相对人应该得到起码的尊重和安全保障。这体现的不仅是执法者的人心

① 霍宇昂：《郑州抽梯事件当事人》，《新京报》2018 年 1 月 29 日。

之善，也表明执法者对手中权力的敬畏。如果能够心中有人民，将执法理念提高到符合人性化的水平，则悲剧可以避免。此外，从程序上讲，《中华人民共和国行政强制法》明确规定，扣押设施前须经行政机关负责人批准、需要听取当事人的陈述和申辩。本案中，执法人员在实施扣押时，是否履行了必要的法律程序有待进一步调查。执法人员冷漠执法、不当执法，是后续悲剧发生的主要原因。依据刑法对于渎职类犯罪的有关规定，按照多因一果认定模式，认定本案执法人员涉嫌玩忽职守罪是有法律依据的。

三　沁阳捕捉野生无蹼壁虎案——生态环保法律意识有待加强

热点概况：2018 年 9 月 6 日，沁阳市人民法院在案发地沁阳市柏香镇新村开庭审理并当场宣判被告人任某霞、魏某波因非法捕猎无蹼壁虎犯非法狩猎罪，判处有期徒刑一年，缓期两年执行。无蹼壁虎是属于国家保护的“三有”（有重要生态、科学和社会价值）野生动物，具有较高的药用价值，在多方面都有疗效。于是，近年来收购价格不断攀升，从以前的十几元一千克上涨到现在的 50 元一千克。因此，引得越来越多的人捕捉、贩卖无蹼壁虎。两位被告人作案时，被巡逻人员当场查获。二人骑两轮摩托车，携带头灯、粘杆、桶等工具，一个晚上猎捕无蹼壁虎 347 只。

法理评析：此案反映出目前还有相当一部分人生态环保法律意识非常薄弱。他们认为，猎杀、贩卖几只野生动物不会造成什么严重后果，顶多被批评教育一下，他们认为自己的行为和违法犯罪远远沾不上边儿。这种态度和认识是对生态环保的漠视，是对生态环保法治的无知。保护生物多样性和食物链完整性对人类的生存和发展有重大作用，这已经成为人们的共识。破坏生态环境的行为早就已经不仅仅局限于道德层面，而且成为一个严肃的法律问题。违反生态环保法律达到相当程度的行为已经不是一般行为，而有可能成为违法犯罪行为，法律对此规定有明确的定罪、量刑标准，将会给予严厉惩处。人类赖以生存的生态环境是否健康、是否可持续，是关系人类生死存亡的大事。具体到本案，无蹼壁虎在生态链中起到遏制蚊蝇等害虫无序增殖的作用，这将间接有助于我们人类预防疾病。大量非法猎捕无蹼壁虎，可以使这一种群快速减少甚至灭绝。如果没有野生动物保护法，减少、灭绝的物种达到相当的数量，最终将会威胁我们人类的生存和发展。本案审理采用了到地头田间去开庭宣判的方式，普法教育意义更加凸显。从两被告获缓刑的角度看，其所犯罪行比起杀人放火等罪行相对来说轻一些，但是通过对本案的公开审判，向社会公众表明了生态环保的重要性，是对野生动物保护法和生态环境保护法的一次很好的宣传和普及。

四　河南省监察委员会挂牌成立——河南监察体制改革取得重要阶段性成果

热点概况：2018 年 2 月 1 日，河南省监察委员会正式挂牌成立。省委书记、省人大常委会主任、省深化监察体制改革试点工作小组组长谢伏瞻，省委常委、省纪委书记、省监察委员会主任任正晓共同为省监察委员会揭牌。截至当天，河南省已经有 18 个省辖市、147 个县区的监察委员会组建挂牌并启动工作。

法理评析：河南省监察委员会挂牌成立是对党中央重大战略决策的贯彻落实，标志着河南省监察体制改革进入新里程。在党中央的统一部署下，河南省委高度重视监察体制改革试点工作，坚决维护党中央权威和集中统一领导，坚决同党中央保持高度一致。本次改革，河南省委克服各种困难，保证机构、职数、编制三方面都不增加的前提下组建起监察委员会。河南省纪委监察委员会增加了 4 个内设机构，涉及人员调整的转隶人员共 69 人，均坚决服从组织安排，已经全部到新岗位履职。目前，河南省纪委监察委把工作力量向监督、调查等主要业务倾斜，在监察一线工作的人员共计 148 人，超过了全体人员的半数以上。通过监察体制改革，有效整合了全省行政监察机关和检察机关的职能，集中加强了过去较为分散的反腐力量，有效解决了以往存在的党纪国法衔接不畅等问题，把党内监督和国家监察有机统一起来，把依规治党和依法治国结合起来。通过监察体制改革，全省上下进一步推动了反腐败工作的法治化水平，巩固和扩大了反腐败斗争的成果。

五　洛宁纵火案——琐事引发令人痛心的恶性刑事案件

热点概况：河南洛宁某村村民薛某和邻居卫某因宅基地纠纷曾经多次发生争执。薛某认为卫某每次和自己过不去都是因为卫某的姐夫吉某在幕后指使。因此，一直以来薛某就对吉某怀恨在心。2018 年 7 月 15 日凌晨 3 时许，薛某趁着夜深人静，利用口罩等物品进行乔装打扮，对相隔不远处吉某家经营的五金店实施纵火。薛某用工具撬开卷闸门并倒入燃油后点燃。该纵火行为造成了 6 人死亡的严重后果，吉某的两个儿媳妇、三个孙子女和一个亲戚家的孩子共 6 人死亡。2018 年 7 月 21 日，薛某被警方抓获。

法理评析：由邻里琐事、宅基地纠纷引发的恶性刑事案件起因都不是什么不可调和的大矛盾，但是后果却很严重。本案中犯罪行为造成一家 6 人死亡，其中还包括 4 个未成年人，实在是令人扼腕叹息。本案的凶手无视法律，无视邻里乡亲的情谊，视人命如草芥，采用纵火的危险方法，放任被害人及其家属可能死亡的严重后果，构成了故意杀人罪，其行为实属罪大恶极，造成的社会影响也极其恶劣。宅基地纠纷在基层农村是三大多发案件种类之一，每年都有大量类似的案件发生。像本案这样做出极端犯罪行为，造成这么严重后果的案件则更加发人深思、引人警醒。这也充分提示我们，需要重视和谐社会建设，努力打造邻里有爱、社会和谐的环境。另外，我们需要进一步加强基层社会治理，及时发现矛盾、化解矛盾，防止此类悲剧重演。同时，需要重视基层普法宣传工作，村村设立普法工作室，形成遇事学法、尊法、守法、用法的法治环境，有效遏制同类恶性刑事案件再发生。

六 河南省委全面依法治省委员会办公室挂牌——依法治省工作进入新阶段

热点概况：2018 年 11 月 29 日，中共河南省委全面依法治省委员会办公室正式挂牌。省委副书记、政法委书记喻红秋出席仪式并揭牌。根据《河南省机构改革方案》，组建省委全面依法治省委员会，作为省委议事协调机构，省委全面依法治省委员会办公室设在省司法厅。同时，将省司法厅、省政府法制办公室的职责整合，重新组建省司法厅，作为省政府组成部门。

法理评析：此次挂牌，是河南对中央全面推进依法治国战略部署的贯彻执行。党的十八届四中全会首次以全会的形式专题研究部署了全面推进依法治国这一基本治国方略，提出全面推进依法治国，其总目标是建设中国特色社会主义法治体系，建设社会主义法治国家。党的十八大以来，以习近平同志为核心的党中央从关系党和国家前途命运的战略全局高度出发，把全面依法治国纳入“四个全面”战略布局，做出一系列重大决策部署，开启了法治中国建设的新时代。中共河南省委全面依法治省委员会办公室挂牌以及省司法厅的重新组建，标志着省司法厅以新的职能、新的姿态走上新的舞台，承担起法治河南建设的新使命。

七 郑州知识产权法庭成立——河南知识产权审判翻开了崭新篇章

热点概况：2018 年 3 月 2 日，经最高人民法院批复同意，河南首家知识产权审判专门机构——郑州知识产权法庭正式设立。郑州知识产权法庭收案范围包括：发生在河南省辖区内有关专利、植物新品种、集成电路布图设计、技术秘密、计算机软件、涉及驰名商标认定及垄断纠纷的第一审知识产权民事和行政案件；发生在郑州市辖区内除基层人民法院管辖范围之外的第一审知识产权民事、行政和刑事案件；不服郑州市辖区内基层人民法院审理的第一审知识产权民事、行政和刑事案件的上诉案件。①

法理评析：最高人民法院批复同意设立郑州知识产权法庭，是对河南知识产权审判工作的一种肯定。该法庭的设立标志着郑州市乃至河南省知识产权审判事业达到了一定的高度、翻开了崭新的篇章。知识产权审判工作是一项专业化要求很高的工作，之前河南的知识产权审判工作主要由郑州中院知识产权综合审判庭承担。此次组建郑州知识产权专门法庭，依然是在郑州中院知识产权综合审判庭的基础上进行，配备了具有专业审判业务水平的人员。目前，郑州知识产权法庭组建了 4 个办案团队，共有审判人员 40 人，其中员额法官 14 人，法官助理、书记员等 26 人。全部办案人员都有大学本科以上学历，14 名员额法官当中有 9 名具有硕士学历。该专门法庭的设立有利于促进河南知识产权审判体系和审判能力现代化，对于助推郑州创新驱动发展，保障与服务郑洛新自主创新示范区以及河南自贸区的发展具有重要意义。

八　生态环保立法数量最多、分量最重——关注民生推动经济社会高质量发展

热点概况：2018 年是河南省人大常委会历年来有关生态环境保护立法数量最多、分量最重的一年。省人大常委会在生态文明建设立法方面持续发力，制定了气候资源保护与开发利用条例，打包修改了固体废物污染环境防治条例等 13 部省本级法规，对其中禁止性行为列举不全、行政许可和行政处罚规定与上位法不一致的条款做出了修改。审议了水污染防治条例修订草案，审查批准了河南小秦岭国家级自然保护区条例等 15 部生态环境保护领域的市级法规。一揽子批准修改了设区的市有关大气和水污染防治、饮用水

① 《河南首家知识产权审判专门机构郑州知识产权法庭成立了》，郑州市中级人民法院网，http：//zzfy. hncourt. gov. cn/public/detail. php？ id =25534。

源保护、河湖水系保护、城市绿化等生态环境保护方面的法规。①

法理评析：新时代，我国社会主要矛盾发生了转化，人民群众对生态环保的需求不断增长。针对人民群众这种迫切需要，河南省人大常委会突出急需先立，坚持科学立法、民主立法，在2018年制定了一大批关注民生、符合实际、顺应新时代经济社会发展要求的地方生态环保法规，创下了历年最高纪录。要打好污染防治攻坚战，必须立法先行。当前，重污染天气、垃圾围城、农村环境问题等已成为民心之痛、民生之患，严重影响了人民群众的生产生活。通过在这些领域立法，可以用最严格的法律制度和最严密的法治守护河南人民的碧水蓝天与净土。河南省人大常委会立法为民，紧跟党中央节奏，贴近人民群众重大关切，务实开展工作，彰显了推动生态文明建设的强烈责任担当，为推动河南经济社会高质量发展提供了更加坚实的法治保障，为寻求经济发展与环境保护做出了立法方面的有益探索。

九　省检察院检察长首次列席省高级人民法院审委会——法检合力维护司法公正

热点概况：2018年11月7日，河南省人民检察院检察长顾雪飞依照法律规定列席河南省高级人民法院审判委员会2018年第67次会议，并就审判委员会讨论的案件发表意见。这是河南省检察院检察长首次列席省法院审委会会议，本次会议由省高级人民法院院长胡道才主持召开。

法理评析：检察长列席同级人民法院审判委员会，是检察机关依法履行法律监督职能的一种方式。法检两院同属于法律职业共同体，分工不同，但是目的一致，都是为了维护宪法法律的权威，保障法律的正确实施。通过法检两院的通力合作，可以最大限度地保障司法公正，让人民群众在每一个司法案件中感受到公平正义。检察机关列席法院审委会履行监督职责的法律依据是《中华人民共和国人民法院组织法》第10条。该条规定，各级人民法

① 《去年共修改13部涉及生态环境保护的法规》，《河南商报》2019年1月19日。

院审判委员会会议由院长主持，本级人民检察院检察长可以列席。由于该条规定比较原则性，为了便于操作，“两高”于2010年3月联合发布了《关于人民检察院检察长列席人民法院审判委员会会议的实施意见》，明确了四种检察长列席同级法院审判委员会会议的案件或者议题：一是可能判处被告人无罪的公诉案件，二是可能判处被告人死刑的案件，三是人民检察院提出抗诉的案件，四是与检察工作有关的其他议题。可以说，进入人民法院审判委员会讨论的案件通常属于重大、疑难案件。这些案件社会影响力较大，裁判结果关系到社会公众对司法公正的看法，关系到当事人的生命、人身自由或者重大财产处分。因此，检察长列席同级法院审委会的核心目的在于，对这些进入法院审委会的重大、复杂、疑难案件进行监督并发表意见，从而提高审判的透明度和公正性，确保这些案件得到正确公正的裁判，保障案件当事人的合法权益，最大限度地实现社会公平正义，提高司法公信力。这项制度逐步在全国铺开，已经取得了显著成效。同时，任何制度创新都不是一蹴而就的，需要结合实践中遇到的问题，不断改进和完善。针对该项监督制度，有关部门有必要更加细化检察监督的程序和内容，让这项监督制度在充分发挥作用的同时，不逾越权限和程序，保障法院客观公正审理案件。①

十　郑州电动车免费上防盗备案牌——保护公民财产安全有效治理电动车交通违法

热点概况：从2018年9月中下旬开始，郑州市电动自行车免费防盗上牌登记工作全面启动。号牌分为黄、绿两种颜色，绿色牌代表符合国家标准的电动自行车，“黄牌”代表不符合国家标准的电动自行车。为了保障新国标出台前已经购车的市民的权益，给这一部分电动车留出了适当的过渡期，在过渡期内挂黄牌准许上路。本次上牌由市政府财政出资，建成了电动自行车综合防盗管理平台。2019年4月1日之前免费为市民的电动自行车安装

① 刘武俊：《检察长列席法院审委会有助审判公正透明》，《人民政协报》2018年6月19日。

号牌和电子防盗器，目的是使电动自行车盗窃案件数量大幅度减少，全市道路交通秩序有效改善。

法理评析：给电动自行车上牌是有效保护公民财产安全，大幅度降低非机动车交通违法的民生工程。随着城市的发展，郑州电动自行车保有量较大，有300多万辆，随之而来的是电动车盗窃案件数量大，电动车交通违法多，这都严重影响了人民群众的生产生活以及道路交通安全。通过给电动车上牌，可以增大被盗电动车找回的概率，大大减少盗窃电动车案件的发生。另外，近年来，电动车闯红灯、超速行驶、逆向行驶、上高架、随意穿行机动车道等引发的交通事故逐年攀升，私自改装、违法载客等问题也很突出，这已经成为当今城市交通管理和社会综合治理的难题。据郑州市交警部门的统计，由电动车引发的交通事故占全市交通事故总量的80%。目前，交通法规对于电动车交通违法行为的处罚还存在空白，电动车驾驶员依仗车辆无牌，事后难以追究责任的管控漏洞，明目张胆地不服从交警管理。更有甚者，面对交警示意停车的手势丝毫不理会，直接骑车闯过去。除此之外，由于没有号牌，电动车驾驶员肇事逃逸的也很多。通过给电动车上牌，把电动车主的信息和车辆信息登记备案，必将有效解决以上种种难题。

参考文献

张香梅、马金凤：《空姐搭顺风车遇害警方锁定嫌犯》，《北京青年报》2018年5月11日。

陈维城：《空姐乘车遇害后续：滴滴宣布顺风车平台业务全国停业整改一周》，新京报网，http：//www. bjnews. com. cn/finance/2018/05/11/486610. html。

霍宇昂：《郑州抽梯事件当事人》，《新京报》2018年1月29日。

《河南首家知识产权审判专门机构郑州知识产权法庭成立了》，郑州市中级人民法院网，http：//zzfy. hncourt. gov. cn/public/detail. php？ id＝25534。

《去年共修改13部涉及生态环境保护的法规》，《河南商报》2019年1月19日。

刘武俊：《检察长列席法院审委会有助审判公正透明》，《人民政协报》2018年6月19日。

立法实施篇

Legislative Implementation

B.3

河南林业生态安全与立法保护研究*

王运慧　杨朝兴**

摘　要： 林业是事关经济社会可持续发展的根本性问题。林业生态安全关系国家生态安全。2018年，河南实现了国土绿化提速行动和森林河南建设“开门红”。在取得成绩的同时，河南林业生态安全建设中还存在保护优先、因地制宜的思维和理念不够，公众参与和林业法治队伍需要加强等问题。立法是善治的前提，林业生态安全治理需要立法的支持和保护，2019年，河南的林业生态安全需要在多个层面加强立法保护。

关键词： 林业生态安全　立法保护　森林河南

---

* 本文系河南省社会科学院2019年度哲学社会科学创新工程试点项目“河南创新完善法治化营商环境研究（19A16）”阶段性成果。

** 王运慧，河南省社会科学院法学研究所副研究员；杨朝兴，河南省林业厅法规处处长。

森林是陆地生态系统的主体和重要资源，是人类生存和发展的重要生态屏障。林业生态建设是全面建成小康社会的重要内容，是生态文明建设的重要举措。目前，河南正在大力推进产业结构优化升级、创新驱动发展、基础能力建设和新型城镇化，通过优化林业生态环境拓展绿色发展空间是一条捷径，也是必由之路。因此，深入践行“绿水青山就是金山银山”的理念，把森林资源保护纳入依法治理轨道中，下大功夫保障林业生态安全，是解决当前经济社会发展中环境瓶颈制约问题的根本出路。

一 林业生态安全的理论界定

（一）概念

目前，学术界对“生态环境安全”的概念还没有统一的界定，2000 年 11 月 26 日，《全国生态环境保护纲要》中正式强调了生态安全的重要性，它是国家安全和社会稳定不可或缺的重要组成部分。由此得出，生态环境安全是一个国家或地区安全中基础性的构成要素，即当生态环境的状况可以维持这个国家或地区的可持续发展时，生态环境就是安全的，反之则为不安全。具体而言，生态环境安全是指在国家或区域范围内，自然生态服务功能、环境质量安全、自然资源利用等要素足以维护国家或区域的生态平衡及经济社会可持续发展、保障人民群众健康生活的状态和能力。这一含义应从两个方面理解：一是生态环境安全表现为防止生态环境不断退化构成对经济基础的危险和威胁的一种支撑能力，因为低劣的环境质量状况和逐步减少和退化的自然资源将削弱经济领域的可持续发展；二是生态环境安全还侧重防止环境受到破坏以及自然资源发生短缺后引起经济的衰退，从而影响人们的生活条件。

习近平总书记强调，在复杂的生态系统中，林业在维护国土安全和统筹山水林田湖综合治理中占有基础地位，它是事关经济社会可持续发展的根本性问题。可见，林业生态安全的保护对象不再仅仅是人类的利益，而是多样性和综合性的生态利益。林业生态问题中的利益冲突具有多层次性和多样性。首先，其关注的生态利益是与人类生死攸关的。这种关系人类生存和发展的生态利益首先是生态系统自然的健康安全，是生态系统平衡得到维护的一种状态，它是生态安全须臾不可缺少的基础。其次，这种生态利益表现为森林系统的环境容量受到尊重，以及环境自然净化的能力得到维护。最后，森林生态利益的协调需要运用法治思维和法治方式，正如党的十八大提出的“保护生态环境必须依靠制度”，法律制度是最有权威的制度，林业生态安全离不开立法的支撑和法治的保障。所以，在法治语境下，我们可以这样理解林业生态安全的定义：在生态科学以及相关理论指导下，以安全管理和风险管理理论作为出发点，通过构建系统的规范制度而形成的一个健全的森林生态系统，实现保障国家安全和人体健康、生命安全的目标，促进人类与自然的和谐发展。

（二）特点

1. 区域性与整体性

生态环境问题首先是在一定区域内发生，因此，区域性是生态安全的显著特点。可见，在林业生态安全问题的研究上，每个区域侧重研究的内容不可能完全相同，因此而得出的结果和采取的措施相应也会有差异。然而，生态安全问题又是一个有机的整体，局部生态环境受到破坏，由此蔓延很可能引发全局性环境问题，因此，整体性特点是在研究林业生态安全时必须加以考虑的。

2. 综合性与信息匮乏性

维持一个生态环境系统的安全和稳定，需要诸多因素综合发挥作用。林业生态安全包含多个层次，而每一层次又有不同的方面，不仅有生态自身方面的原因，也包括社会和经济方面的因素，这些因素彼此影响，相互作用，使得生态安全问题复杂而又多变，有明显的综合性特点；与此同时，人们对生态系统的结构层次、功能作用以及各因素彼此之间的关系缺少了解和把握，林业生态安全又具有一定的信息贫乏性。

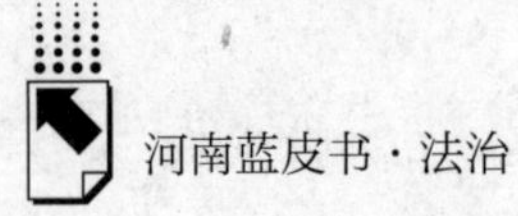

3. 隐蔽性与滞后性

隐蔽性主要是指造成生态环境灾害的各种人类活动的原因是隐蔽的，有的长时间很难发现。滞后性则是指生态环境受到污染和破坏的后果有一定的时滞性。林业生态安全问题都不是一朝一夕造成的，严重的危害后果不会立即显现或者完全表现出来，有的需要几年的潜伏期，有的甚至十几年才能有所体现。这一特性提醒我们在解决林业生态安全问题的过程中必须重视它的要素和结构以及演化发展规律，尽量克服隐蔽性和时滞性。

4. 长期性与不可逆性

生态环境受到污染后，显现出来需要一个过程，消除后果更需要漫长的时间，有的甚至要付出几代人的努力才可以慢慢恢复。生态环境各因素之间复杂微妙的因果关系决定了有些污染和破坏具有不可逆性，一旦出现这种情况，这片生态区域便贴上了“无利用价值”的标签，不再具有生态功能。因此，林业生态安全作为生态安全的一部分，也必须防患于未然，重视生态风险的预防，建立和完善生态安全评估、预警和监测机制，及时化解和消除生态危机，最大程度保障林业生态安全。

二　河南保障林业生态安全取得的成效

生态安全是一个区域协调发展的自然基础，林业生态安全又是基础中的基础。习近平总书记强调，山水林田湖是一个生命共同体，人的命脉在田，田的命脉在水，水的命脉在山，山的命脉在土，土的命脉在树。2018 年，河南造林绿化、森林河南建设迈出了重要步伐，尤其是法治的力量在保障林业生态安全中发挥越来越重要的作用。

（一）国土绿化提速行动成效显著

2018 年，《森林河南生态建设规划（2018～2027 年）》出台，为未来 10 年河南林业生态建设谋篇布局，绘就蓝图。围绕这一规划，全省实施国土绿化提速行动，经过强化部署、精心组织，抢抓冬春造林绿化有利时机，持续掀起造林绿化热潮，实现了国土绿化提速行动和森林河南建设“开门红”。一是造林绿化强力推进。据统计，2018 年全省共完成国家级省级工程营造林面积 710 万亩，其中造林 260 万亩，森林抚育改造 450 万亩。加上市县造林工程 160 万亩，全省共完成造林面积 420 万亩，全省森林覆盖率达到 24.14%，超额完成年度目标任务。根据 2018 年完成的第九次全国森林资源清查结果，河南森林覆盖率五年提高了 2.64 个百分点，增幅在中部六省中位居第一，在全国位居前八。二是全民义务植树活动深入开展。2018 年以来，省领导先后三次带头参加义务植树，全省上下形成了各级联动、部门协同、全民动手、全社会参与的大绿化格局。三是造林质量明显提升。各地在造林绿化过程中，严格按照“三增四转五统六化”要求，高起点规划、高标准投入、高质量营造，积极打造“六化”样板工程。加快林业结构调整，科学优化树种、林种和林分结构，新造林质量明显提升。洛阳市 2018 年冬天以来廊道绿化累计栽植常绿树、针叶树 300 多万株，城市及周边新造林中常绿树种、针叶树种比例达到 60%，乡村接近 40%。

（二）林业惠民富民成绩斐然

绿水青山既是自然财富，又是社会财富、经济财富。林业生态优势本身就是经济发展优势。2018 年，河南着力统筹林业生态建设与经济发展的关系，凝聚生态安全优先的共识，为全省高质量发展砌牢基础。2018 年，经过多措并举，不断探索，全省林业产值增加到 2111 亿元。一是推进特色经济林、优质林果、苗木花卉基地建设，新发展木本油料 16.97 万亩，特色经济林 15.8 万亩，优质林果 35 万亩，花卉苗木 30.37 万亩。二是大力发展森林旅游康养产业，年林业旅游休闲康养人数 1.2 亿人次。三是着力推动林业扶贫攻坚，全省已选聘建档立卡贫困人口生态护林员 2.3 万人，带动脱贫人口 7.3 万人；林业建设受益贫困人口 20.9 万人，人均获得劳务收入 2000 元左右；获国家储备林融资授信 153.45 亿元，落地贷款 23.1 亿元，林业产业和国家储备林建设受益贫困人口 21 万人。[①] 经过努力，河南森林城市和森林乡村建设成效明显，城乡人居环境逐步改善，人民群众的生态获得感和生活幸福感大大提升。

（三）森林资源得到依法保护

打好污染防治攻坚战，建设美丽河南，高效有力的生态环境执法体系必不可少。近年来，河南推行林业综合行政执法改革，不仅是加快国土绿化、建设森林河南、实现林业可持续发展的重要保障和适应政府职能转变的必然要求，更是提高林业治理能力的有效途径。2018 年，河南对标秦岭北麓违建别墅查处问题、中央环保督察回头看反馈问题，在全省范围内开展了生态风险隐患排查治理冬季行动，排查出非法占用林地、私采乱伐、偷猎盗捕等隐患线索 280 余条，并建立台账、交办整改、督促落实，切实维护林业生态资源安全。同时，组织开展了“绿盾 2018”专项行动、森林督察及中央环保督察整改工作，均取得明显成效。通过厉行法治，严格森林执法，2018 年，全省森林火灾发生起数和森林火灾受害率大幅下降，没有发生重特大森林火灾。

三　河南林业生态建设中存在的问题

2018 年，全省林业生态法治建设及服务保障能力明显增强，取得了显著成效，但仍存在一些亟待研究和解决的困难和问题。一是保护优先的法治思维不够。保护优先原则，符合我国的生态领域基本国情，符合环境污染防治规律，是我国长期以来环境保护工作的经验总结。正确履行保护优先原则，既包括思想领域的革新，又包括管理手段方式的变革。当前，河南林业生态文明建设中保护优先的理念还不够深入，事后救济多于事先预防。今后应采取政府组织、舆论导向、教育介入的形式，广泛、深入、持久地开展宣

① 数据由作者根据河南省林业厅提供的相关资料整理而得。

传，唤起全社会保护优先的林业生态文明建设意识，大力营造保护环境人人有责、提前预防惠及后代的生态文明建设氛围。二是因地制宜的建设理念不够。河南地域宽广，林业生态条件复杂多样，各个地区的地理、气候、林业资源状况都有所差异。但在具体实践中，各地林业生态建设存在趋同化模式，针对性不强。今后应立足本地的实际情况，扎根于自身的经济基础，制定有针对性和实用性的实施办法，确定工作重点，分清主次，因地制宜推动林业生态建设有条不紊地进行。三是公众参与力度不够。坚持公众参与的原则，有助于公众合理表达对生态环境法治建设的需求和建议，也可以切实提高公众的生态文明法治意识。但目前河南在林业法治建设方面，公众参与范围还不够，参与途径亟须拓展。四是林业法治队伍不强。目前，全省各市县林业法治业务衔接困难。主要原因是各地林业法治队伍不完备，从事林业法治工作的大多是兼职人员，力量薄弱，遇到任务应接不暇。

四　河南保障林业生态安全的立法建议

法治是治国理政的基本方式，科学立法，构建适应的法律体系是林业行政机关依法行政的前提。林业立法是我国社会主义法治建设的重要组成部分，是林业治理体系和治理能力现代化的集中体现。2019 年，河南要从服务于生态文明建设、构建法治政府和依法治林的全局出发，针对林业改革发展面临的突出矛盾问题，分清轻重缓急，分层次加快推进林业立法工作，进一步完善河南林业法律法规制度体系。一是要制定《野生动物保护法》的相关配套法规。从 2017 年 1 月 1 日开始，新修订的《中华人民共和国野生动物保护法》已经开始实施，修订后的野生动物保护法增加了很多新的规定，如加大了对非法狩猎、非法经营、非法食用野生动物的处罚。而《野生动物保护法》在森林法治建设中发挥着重要作用，因此要尽快制定相关配套法规。二是统筹抓好森林城市、森林公园、国有林场、石漠化防治等法律法规的立法工作。《森林河南生态建设规划（2018～2027 年）》中提出要加强城郊森林、森林公园、湿地公园建设，打造绿树成林、河流湖泊互联互通的景观。鉴于河南这方面林业生态建设的立法空缺，应尽快给予重视，做好立法保护工作。三是要完善林业资源管理立法，进一步修改现有法规，如《河南省林地保护管理条例》等，对破坏、毁损林业生态环境的行为制订针对性和操作性较强的法规规范。四是尽快制定《农业技术推广法》的林业配套法规，完善林农合作组织的配套立法，引导、鼓励和规范农民专业合作组织健康发展，切实保护林业生产经营者的合法权益。

"一松一竹真朋友，山鸟山花好兄弟"。森林不仅是人类发展不可缺少的自然资源，更是与我们息息相关的亲密伙伴。党的十九大报告提出，新时代我国"社会主要矛盾已经转化为人民日益增长的美好生活需要和不平衡不充分的发展之间的矛盾"，其中，人民日益增长的美好生活需要尤其包括对良好生态、优美环境的需要。因此，河南林业生态建设肩负着缓解社会主要矛盾的重大任务，承担着为美丽河南和绿色发展筑牢生态安全屏障的光荣使命。森林河南，不仅只是一个蓝图和希望，更要在法治的保障下落实为实践，成为每个人都可以尽享其乐的美丽家园。

参考文献

刘鹏：《保持加强生态环境保护建设的定力》，《人民日报》2019 年 3 月 21 日。

《生态环境保护需要代代努力、久久为功——全国人大代表包景岭、温娟采访手记》，新华网，http：//www. xinhuanet. com/2019 - 02/24/c_ 1124155323. htm。

周宏春：《我国生态文明建设必须迈上新台阶》，《天津日报》2019 年 4 月 1 日。

《我国大规模国土绿化行动开启》，《人民日报》2018 年 11 月 23 日。

B.4

河南电子商务平台外卖食品安全立法问题研究

周欣宇*

摘　要： 近年来，随着“互联网+”的不断发展，电子商务呈现快速爆发式增长，依托于电子商务平台的食品外卖行业日益兴盛，电子商务平台使用人数逐年增长、平台使用频率逐年加快。线上订餐、线下送餐，食品餐饮打破了传统的地域和时空限制，这也给食品安全保护提出了难题。面对电子商务平台外卖食品安全这一新问题，国家也出台了一部分法律法规，引导规范电子商务平台外卖食品安全。河南省在电子商务外卖食品安全的地方立法上，行动不够迅速，成果还很少，适合本地落实的一些地方性法规亟待出台，从而更加精准地规范和引导河南电子商务外卖食品市场。

关键词： 河南　电子商务　食品安全　立法

电子商务平台外卖食品（网络外卖食品），就是消费者使用电脑、手机等互联网智能终端，通过百度、美团、饿了么等第三方平台，或者通过“肯德基宅急送”“麦乐送”“海底捞外送”等自建线上外卖平台向食品、餐饮商户订购的食品或餐饮服务项目。近年来，随着“互联网+”的不

* 周欣宇，河南省社会科学院法学研究所助理研究员。

断发展，越来越多的传统行业开始了 O2O（online to offline）经营模式，也就是“线上线下”融合经营模式。借助互联网的广域、互联特性，这些传统经营打破了地域和时空限制，用户通过手机 App，即可实现在平台上订购食品及餐饮服务，然后由平台专业的派送人员服务到指定地点。外卖平台的出现，方便了许多受时间和地域限制而不便到实体店铺的消费者，也提升了商家的客户流量，增加了营业额，平台通过收取服务管理费也实现了赢利。

电子商务平台外卖食品行业的蓬勃发展，为大众特别是城市白领等快节奏工作人群的就餐提供了极大方便。但基于互联网的电子商务平台外卖食品的模式特殊性，消费者没有了传统的看实物点购、售后服务即时实现的真实体验，也给社会秩序、食品安全形势带来了一些不利影响。为使电子商务平台外卖食品行业实现良性发展，让消费者持续保持方便、安全的互联网订餐体验，对外卖食品安全等问题亟须相应立法予以规制，从而切实提升法治政府的社会治理能力和社会服务水平。

一　电子商务平台外卖食品安全立法的背景及现状

（一）电子商务平台外卖食品行业发展的背景及现状

第 43 次《中国互联网络发展状况统计报告》显示，截至 2018 年 12 月，我国网民规模达 8.29 亿，普及率达 59.6%，较 2017 年底提升了 3.8 个百分点，全年新增网民 5653 万；我国手机网民规模达 8.17 亿，网民通过手机接入互联网比例高达 98.6%。《报告》还显示，2018 年我国网上外卖用户规模达 4.06 亿，较 2017 年底增长 18.2%，继续保持较高增速。手机网上外卖用户规模达 3.97 亿，增长率为 23.2%，使用比例达 48.6%。手机网上外卖用户接近手机网民规模的一半，剩余的手机网民是电子商务平台外卖的潜在客户，电子商务平台外卖还会更加蓬勃地发展。

“互联网+”食品当下在极大地方便人们生活的同时，也存在不容忽视的问题，主要包括网络食品第三方平台的食品安全责任落实不到位，对于入网食品经营者审查把关还存在漏洞；部分入网食品经营者食品安全意识不强，经营管理水平有限，经营条件简陋，存在食品安全隐患；与传统食品经营的一手交钱一手交货相比，网络经营是虚拟市场交易，涉及的信息发布、第三方平台、线上线下结算、食品配送等各类关系更加复杂，同时也带来了监管难度加大的问题。网络食品销售虚拟性和跨地域的特点给当前的行政管理、监督监管、案件查处、行政处罚、消费者权益保护等都带来了一些实际问题。

据艾媒咨询 2017 年预测，2018 年中国在线餐饮外卖用户规模预计达 3.55 亿人。在 2018 年第一季度中国在线餐饮外卖用户选择商家考虑因素调查中，商家环境和食品安全档案、价格和优惠力度、用户评分评价、送餐时间、品牌连锁店等因素中，商家环境和食品安全档案在用户中最受重视，权重达到 82.8%。这项调查结论客观反映出网络外卖食品安全立法亟待加快速度，把这一蓬勃发展的新兴业态管理纳入法治化轨道。

（二）我国电子商务平台外卖食品安全的相关立法

一是新《食品安全法》在第 62 条规定：第三方平台有对入网食品经营者进行实名登记，明确其食品安全管理责任的义务，对入网食品经营者违法行为及时报告义务；出现严重违法行为时，需立即停止网络平台服务的法定义务。在第 131 条规定了第三方平台违反第 62 条义务规定时应当承担的法定责任，包括违反管理规定应受的行政处罚以及对消费者造成损害后的民事赔偿责任承担等。二是为依法查处网络食品安全违法行为，加强网络食品安全监督管理，保证食品安全，国家食品药品监督管理总局制定颁布了《网络食品安全违法行为查处办法》，该《办法》自 2016 年 10 月 1 日起施行。三是 2017 年 9 月 5 日，国家食品药品监督管理总局制定出台了《网络餐饮服务食品安全监督管理办法》，自 2018 年 1 月 1 日起施行，主要为加强网络餐饮服务食品安全监督管理，规范网络餐饮服务经营行为，保证餐饮食品安全，保障公众身体健康。四是2019年1月1日起施行的《电子商务法》，对关系消费者生命健康的商品或者服务造成消费者损害的法律责任方面，电子商务平台经营者未尽到对平台内经营者的资质审核，或者对消费者安全保障义务，造成消费者损害的，依法承担相应的责任。

二 河南电子商务平台外卖食品安全立法的现状和问题

（一）河南部分涉及网络外卖食品安全的立法现状

截至目前，河南省还没有真正以电子商务平台食品安全为规制对象的地方法规出台。1997年12月1日起实施的《河南省食品卫生条例》，制定依据还是《食品卫生法》，而《食品卫生法》已经被2009年2月28日第十一届全国人民代表大会常务委员会第七次会议通过的《食品安全法》废止。河南省现阶段没有根据《食品安全法》制定相应的食品安全实施条例。

河南省第十一届人民代表大会常务委员会第二十八次会议于2012年7月27日审议通过《河南省食品生产加工小作坊和食品摊贩管理办法》，自2012年9月1日起施行。2016年9月，《河南省食品生产加工小作坊小餐饮和食品摊贩管理办法（修订草案征求意见稿）》发布，但是至今已近三年过去，还是没有看到有草案表决通过的消息。

（二）河南省电子商务平台外卖食品安全立法存在的问题

1. 针对电子商务平台外卖食品新业态的立法落后

面对电子商务平台外卖食品新业态的出现及迅速繁荣，河南省没有针对性地开展地方立法，规范引导网络外卖食品行为，对网络外卖食品安全的依法保障力度不够。查阅河南省先前关于食品安全的地方法规，仅有一个《河南省食品卫生条例》，是1997年实施的，年代久远，并且作为制定依据的《食品卫生法》已经被新的《食品安全法》废止。全省当前在食品安全方面的立法严重不足，对电子商务平台外卖食品安全立法更是空白，对此的法律约束不够，更易引起无序经营，无法防止食品安全隐患。

2. 行业倡议性标准强制性不足

电子商务外卖食品行业要实现良性有序发展，必须依靠法律规定的强制性、稳定性，给各方参与者以信心和约束。比如市场监管局和网络订餐平台共同实施网络订餐“明厨亮灶”暨网络外卖“食安封签”，进一步增强消费者的安全感、信任感。有些是通过道德意义上的宣传倡议，来达到网络外卖食品平台或经营者努力保障食品安全的目的。这些倡议把网络外卖食品的安全寄希望于从业者的个人道德素质，不能像法规一样起到强制作用，最终效果不能达到社会各方满意。

3. 缺乏系统性，无法与食品安全相关法律顺畅衔接

地方人大制定的地方性法规，地方政府制定的地方政府规章，以及行业管理部门制定的相关规定，没有形成系统性的衔接，导致出现法律适用不统一问题。同时，也没有相应条例规章从河南省电子商务平台外卖食品的自身特点及地域特性出发，对新出台的《食品安全法》细化实施措施，以便更好地维护河南省网络外卖食品市场秩序，提高河南全省食品安全等级。

4. 灵活度不够，有限制新兴行业发展可能

2016 年 9 月，《河南省食品生产加工小作坊小餐饮和食品摊贩管理办法（修订草案征求意见稿）》第 45 条规定，禁止食品生产加工小作坊、小餐饮、食品摊贩通过网络、微信、电话等形式外卖食品。当下，外卖风行，为百姓饮食提供极大便利。之所以有叫停“三小”网络或微信外卖的内容，根据食药部门的解释，是从公众食品安全的角度出发。据河南省食药部门人士说，这是由于该办法只是在征求意见中，最终办法是否会有此内容，还要根据征求情况来定。不过可以预见的是，一旦该条款内容通过，对于小餐饮的经营收入以及普通大众的生活便利性，将产生较大影响。

三　河南电子商务平台外卖食品立法存在问题的原因分析

（一）地方立法主动调研不够，导致立法不完善，规则引领与强制调节作用发挥不够

当前蓬勃发展的网络外卖食品，尤其是网络外卖餐饮形势，一方面要求对这一行业的发展现状及发展形势进行深入的调查研究，准确把握这一行业在河南省发展的地域特殊性；另一方面要求加强立法层面的论证，不能千篇一律，照抄照搬其他先进省市经验，需要针对河南省网络外卖食品自身情况有针对性地进行立法。河南全省立法机关及地方政府或政府部门，对网络外卖食品安全立法的调查研究覆盖面还不够广，对最新情况、最新形势的了解不深、不全面，不能总结梳理形成系统认识，导致不能及时准确地出台相应对策或者出台地方法规。

（二）发动各方立法力量、协调各方力度不够

地方立法，不是地方人大或政府一家力量就能解决的，这是一项庞大而复杂的系统性工作，需要地方人大、政府发动政府各部门、地市人大、科研单位等主要立法力量，广泛征集意见建议，同时还需注重各方力量的协调，使之发挥最大正面效用。河南省在网络外卖食品安全立法方面，发动力量、汇聚合力做得还不够到位，导致相关地方立法出台缓慢。

（三）政府及相关各部门依法保障网络外卖食品安全的思想树立不够

河南全省法治政府建设虽然已经取得重大进展和突破，但是面对新形势、新业态，政府及相关部门法治思维还不够深入，运用法律进行社会治理的相应实践进程缓慢。面对网络外卖日益变化的新形势，较多地采用政府倡

议等道德约束形式替代法律的强制规制，约束力不强，惩罚性措施不够，当然导致效果不好。在对网络外卖食品安全立法中缺乏法治治理思维，导致立法不够完善，从而无法真正保证行业向更高水平、更高层次发展，更无法满足广大人民群众对网络外卖食品安全的期待。

四　加快与完善河南电子商务外卖食品安全立法的对策建议

（一）河南省电子商务外卖食品安全立法的顶层设计

河南省对网络外卖食品的立法，坚决不能陷入类似行政管理“一放就乱，一管就死”的怪异处境，这就要求河南省立法相关部门，做好立法的顶层设计。首先，要更加深入树立依法治省思想，更加注重法治政府建设。法律法规的尽早出台，不仅是对网络外卖食品这一新业态的法律规制，更多的是在法律框架内规范各参与方行为，引导这一新兴业态良性发展，更有效促进法治政府进程。其次，要认真做好调查研究，发动省政府各相关部门、省人大有关立法部门、地市人大及政府的力量，对全省网络外卖食品特别是外卖餐饮形势进行完整的调研分析，对全国各省市出台的有关地方法规进行消化吸收，转化成适合河南省情的可操作的立法指导原则，进而转化成为地方法规。最后，要留足地市人大政府对本地进行更加细化立法的空间，在总则部分赋予地市人大政府在网络外卖食品安全立法上的相对自主权，以此来制定更加符合本地市操作实际的地方法规，从而更好发挥地方法律体系规范引导网络外卖市场及保障食品安全的应有作用。

（二）河南省电子商务外卖食品安全立法的操作方法

河南省网络外卖食品安全立法，建议从政府部门规章开始，先制订程序相对简单的地方政府规章，便于早日实现地方法规对河南省网络外卖食品安全的保驾护航。在政府规章规定相对全面的基础之上，通过更多的立法调

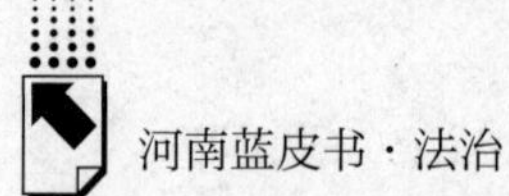

研，完成制定河南省对食品安全法的实施条例，提升对河南省网络外卖食品安全的立法层级，完善食品安全保护地方法规体系。

要做好立法的理论与现实论证，及时邀请高校、科研院所等的法学研究机构以及行政执法等有关单位部门参与到关于网络外卖食品安全的立法论证中来，或者担任起草工作，从源头上保证立法的规范性和严谨性。

要留足法律解释的空间，由于地方立法的相对局限性，不可能一次性形成相对完备且没有缺憾的地方法规。河南省在做网络外卖食品安全相关立法的时候，就要注意留足施行后遇到新问题或其他方面问题的法律解释空间，在保证法律刚性的同时适度保留一定的灵活性。

（三）河南省电子商务外卖食品安全立法的原则规定

1. 关于立法目的

同于食品安全法的立法目的，就是要保证河南省地方食品安全，保障公众身体健康和生命安全。电子商务外卖食品安全河南省地方立法的主要原则就是规范第三方平台和平台商家的经营行为，以保证公众身体健康和生命安全为目的。在此基础上，各方参与者真正实现互惠互利，使商家合法经营获取利润最大化，消费者享受安全放心的“互联网+”服务。

2. 关于电子商务外卖平台对食品安全的保障义务及责任承担

河南省在电子商务平台外卖食品安全立法方面要注意不能以行政管理的视角和方式去限制第三方平台，第三方网络平台毕竟只是提供了平台服务，而不是实质提供服务（自建网络外卖平台除外），这就要求立法规定做到责任和收益相适应，符合比例原则，也就是根据过错程度承担相应责任。突出平台在电子商务外卖食品安全方面连接客户和供应商的作用，如何保障平台更快捷、顺畅地沟通连接服务供应商和客户。平台供应商如果出现违规经营或存在风险，平台应立即暂停其一切接单行为并封存所有数据待查，同时报告食品安全监管部门。第三方平台的自身定位应该是相对被动的，不应主动前出承担过多的食品及材料实质审查责任。总之，对第三方平台的食品安全保障义务不能做扩大解释，只以《食品安全法》规定为准，不可随意扩大平台责任义务。

3. 关于地方政府在保障电子商务平台外卖食品安全方面的作用定位

基于当前正在进行的法治政府建设，地方政府要保证用人民赋予的权力来监督制约商家提供安全的食品。同时还需要协调好商家与消费者的利益关系和责任关系，确保全省人民利益、维护公共秩序。不能简单地以行政手段对商家和平台予以制约，比如收取管理费、以罚代管等，需要真正地从服务人民利益角度出发，制定举措，出台规定，用制度和法规约束平台、商家等各方网络外卖活动参与者。

4. 在立法技术上为行业发展留足空间

河南省当前对电子商务平台外卖食品安全进行立法，根据的是截至目前河南全省电子商务平台外卖食品行业的发展现状及现实需求，由于互联网及其周边业态发展的迅猛性、多变性，河南省对这一领域的立法应考虑留足行业发展空间，也就是多用任意性规则而少用禁止性规则，待到时机成熟时再用相关法规予以细化，防止法规过快被现实情况超越，避免立法资源的浪费。

5. 注意电子商务平台外卖食品交易的附带安全问题

比如环境保护、个人信息保护等问题。外卖使用的一次性餐具，增加了生活垃圾产量，并且多为低档次材料，不易降解，推高环境风险，需鼓励平台商家提供可降解的食品容器、餐具和包装材料。电子商务外卖食品平台集中掌握使用平台的商家和个人的信息，商家必须采取一定的技术措施来保证这些信息的安全，并且不能主动外泄。

B.5

论河南企业技术创新与知识产权的立法保护

李浩东*

摘　要： 河南省委、省政府为贯彻中央政策和习近平总书记重要讲话精神，在政府工作会议中着重强调加大企业技术创新，促进自主知识产权的创造并在实践中取得了良好的成效，但仍面临企业技术创新的法律法规及政策体系不健全，企业制度设计存在一定的缺陷，相对保守的法律文化环境，企业的市场主体地位没有完全确立，知识产权研发人才不足，企业进行技术创新和R&D的筹资渠道不畅，缺乏创新的互动合作环境、缺少法律支撑等问题，针对这些问题，提出企业技术创新知识产权立法保护的建议：制定和完善知识产权管理制度，并上升到立法层面；确定企业为知识产权创造的主体地位，健全收益分配的奖励保护机制；加强知识产权宣传普及，完善知识产权中介服务管理；充分发挥行业协会的作用，加强共同维权。

关键词： 河南　企业技术创新　知识产权　立法保护

《河南省中长期科学和技术发展规划纲要（2006～2020年）》指出，认

* 李浩东，河南省社会科学院法学研究所助理研究员。

真贯彻科学发展观，以激励自主创新、保护智力成果为重点，推动专利等知识产权保护工作。[①] 2008 年 12 月《河南省知识产权战略纲要》明确提出，要用五年时间明显提升知识产权水平，到 2020 年，建成制度体系完善、实施效果明显的知识产权强省。同时，为增强全社会的知识产权保护意识，营造良好的知识产权保护环境，根据《国家知识产权战略纲要》《河南省知识产权战略纲要》精神，河南省知识产权局结合工作实际，制定了《河南省知识产权保护工程实施方案》。该方案将从开展重大经济活动知识产权审议、企业知识产权预警机制入手，优化营商环境，培养知识产权执法人才，提高企业知识产权保护能力。[②] 进一步加强知识产权保护体系建设和执法队伍建设，建立知识产权举报投诉和维权援助服务工作平台，提高知识产权执法能力和服务水平。

“十一五”以来，河南知识产权事业迅速发展，知识产权管理体系逐步健全、法制建设进一步加强，保护力度明显加大。河南省政府于 2008 年 11 月出台了《河南省知识产权战略纲要》，明确提出了河南知识产权发展战略目标：到 2020 年，把河南建设成知识产权制度体系完善、保护有力、专业人才充足、创造机制活跃、实施效果明显的知识产权强省。2009 年，省政府召开了全省实施知识产权战略工作会议，下发了《实施河南省知识产权战略纲要任务分工》，出台了《河南省自主创新体系建设和发展规划(2009～2020 年)》和《关于实施质量兴省战略的决定》，通过了《河南省著名商标认定和保护办法》立法项目。郑州、安阳、洛阳、新乡、信阳、商丘、周口、济源等市制定了知识产权战略纲要或实施意见。2019 年 1 月，为提升河南省知识产权司法保护水平，省委办公厅、省政府办公厅联合印发《关于加强知识产权审判领域改革创新若干问题的实施意见》（以下简称《实施意见》），可见河南省委、省政府对知识产权保护的重视。

---

① 李伟铭、刘骋、黎春燕：《海南高新技术产业发展的制约因素与对策建议》，《宏观经济管理》2012 年第 8 期。

② 李丽婷：《对西北民族地区知识产权战略实施绩效的初步评价》，《法制博览》（中旬刊）2013 年第 10 期。

一　河南省企业技术创新面临的问题

目前，全省企业知识产权创新发展势头良好，自主创新能力进一步增强，但河南企业技术创新仍面临一定的问题亟待解决。

（一）企业技术创新的法律法规不健全及政策扶持力度不够，企业制度设计也存在一定的缺陷

目前的地方性法规没有出台相应的实施细则，大多照搬中央和国家文件，在财税金融等方面仍有较大的漏洞，缺少可操作性。有关政策对企业技术创新的支持力度不够，跟知识产权做得好的外省相比仍有不小差距，导致对企业技术创新的激励和保护不到位。目前，河南省相当一部分企业中还是国有股占主导，企业的主要领导由政府任命，政企关系仍然不清，致使国有企业产权关系模糊，产权界定不明确，不能为实施创新的企业提供有效激励。由于国有企业领导的有限的任期制，导致其企业发展长远动力不足。

（二）法律文化相对保守，企业的市场主体地位没有完全确立

文化影响行为。河南地处中原，受儒家、道家文化影响很深，崇尚中庸之道，在这种文化氛围的影响下，大家普遍认为枪打出头鸟而缺乏创新动力。河南多数企业强调员工的服从精神，而不鼓励变革、不愿冒险。企业管理者和员工求稳怕变，行为保守。他们宁愿经历以价格战为主的低级别恶性竞争，也不愿意依靠自主创新追求差异化优势。现代市场中，企业是技术创新的主体，但遗憾的是，大部分技术创新研究还局限在大学或科研机构，即使要搞技术创新，也完全依赖政府的投入推动。河南省企业的技术创新数量和质量还处在价值链的底端，与先进地区相比，2018 年企业技术创新专利量仅是深圳的 1/3，广东省的 1/14。

（三）知识产权研发人才不足，互动合作缺少法律支撑

知识产权研究人员占人口总数的比例，美国、日本和欧洲分别为7.6%、7.5%和4.2%。美国的化学工业千名雇员中科技人员比例平均为76人，以制药业的比例最高，达108人，以炼油业最低为28人。据估算，我国知识产权研究人员占人口比例约为2%，远远低于发达国家的水平。2018年河南省的企业知识产权研发人员占人口的比例与发达省份相比尚有较大的差距。目前，河南企业作为科技创新和产学研合作主体地位还不突出，产学研合作没有明确的主攻方向。企业技术支撑普遍不足，技术创新能力不强，而科研院所选题多与市场脱节，相互之间缺乏密切合作，没有形成合力。同时，河南企业知识产权缺少地区创新合作，主要是人才合作、资源合作、信息合作。最亟待解决的是缺少法律支撑，企业的创新目前往往取决于一把手的创新意识，随机性比较大，没有形成良好的体制机制。在国际知识产权保护方面相对较弱，体制机制不完善，相关法律条款比较滞后，一旦发生侵权行为，则往往处在消极被动的地位。

（四）企业进行技术创新和R&D的筹资渠道不畅

融资渠道狭窄限制了企业技术创新和R&D资金供给。一方面，全国科技经费筹集额中的政府资金主要用于科研机构和高等院校，地方政府的科技经费不足；另一方面，出资方更愿意服务国有大中型企业的体制改革而不愿意为中小企业的技术创新提供贷款，实践中，新建的高新技术企业受资产规模、盈利水平等条件限制，极难获准进行股票融资和债券融资。

因此，对各类企业来说，技术创新和R&D活动的资金来源不得不依赖企业自身和各种不规范的民间融资行为。特别是处于发展阶段的中小企业依然面临融资难等法律和社会问题。在民间借贷还不规范的情况下，河南省中小企业技术创新缺乏经济和法律保障[①]；由于中小企业信用状况

① 李刚、熊玉清：《论提升我国中小企业竞争力的有效途径》，《当代经济》2010年第12期。

普遍较差，从金融机构贷款也十分不易。有关资料显示，河南省有六成以上的中小企业资金紧张，其中民营中小企业近70%的资金需求来自董事或大股东的个人积蓄和入股人员的内部集资，中小企业创新亟待资金扶持。[①]

二　河南省企业技术创新模式选择与实现路径

（一）企业技术创新的模式与特点

企业技术创新按照技术获取方式，可以划分为三种：自主创新、模仿创新和合作创新。自主创新是指企业自力更生，依靠自身技术力量对产品进行研发、创新，实现科技成果的商品化。[②] 模仿创新是指企业以先前的创新思路、行为和技术为标杆，通过合法手段（如通过购买专有技术和专利许可的方式）引进技术。[③] 合作创新是指创新主体间开展合作的创新活动，在实践中，往往是企业之间或企业和科研院所之间的合作。

三种模式各具特色，也各有利弊。自主创新可积累技术知识，技术成果独占，但创新风险和成本高，研发周期较长；模仿创新通过二次创新满足市场的需求，但创新被动性强，缺乏持续性和长期性；合作创新能充分利用创新资源并优化配置，实现优势互补、风险分担，但是创新主体利益多元化，常有互相隐瞒关键技术情况的出现。

（二）河南企业技术创新的实现路径

前面已对企业技术创新的三种模式与特点进行了简单的分析。需要说明的是，自主创新并不是完全的闭门造车创新，而是以吸收外界关键技术和信

---

① 周玲：《南宁市中小企业产品竞争力研究》，《中共南宁市委党校学报》2011年第2期。

② 刘国岩、池仁勇：《我国工业企业技术创新的模式选择研究》，《科技管理研究》2010年第1期。

③ 石月红：《环山电子计算机公司技术管理与创新》，《现代经济信息》2011年第11期。

息为基础的创新；模仿创新是以技术引进为基础，吸收关键技术成果后进行二次自主创新的行为；合作创新是依靠平台或技术资源而进行研发的创新活动。因此，三种模式既相互区别，又相互联系。[①]

由于三种模式的投入、收益和风险是正相关的关系，不存在风险最小、投入最少而净收益最大的帕累托最优模式；另外，企业采取何种模式还要兼顾其他因素，包括自身资源、政策导向、研发能力等特点因企制宜地选取。模仿创新是各国企业普遍采用的创新行为，日本是这方面的典范。日本二战后的技术创新模式得到了世界各国的关注，取得了良好的成效，比如日本松下公司、三洋电机等都依靠模仿创新取得了巨大成功。

河南省属于农业大省、人口大省，技术创新能力与发达国家和国内发达省份存在一定的差距，结合企业发展状况和不同阶段，正视与发达国家企业间的巨大差距，制定“引进—消化—再创新”的跟随赶超战略。但是由于河南省工业企业技术创新需求高、底子相对薄弱，创新需要的技术支持密度大，如若采用单一的模式则太过死板，只有针对不同项目，采取不同的创新模式，才能积极推动创新发展，因此有必要综合采用三种创新模式。当然，由于企业的规模、技术水平和发展阶段的不同，不同的企业也可能会选择三种创新模式中的一种或两种。

根据企业发展的状况，笔者认为河南省企业技术创新最好分为三个阶段进行：第一阶段，在未来 3～5 年，应引进国外先进技术与有重点地开发自主知识产权并重。现阶段应以引进发达国家的先进技术和设备为主，在吸收的基础上进行再创新，这样既可以节省研发时间和节约研发成本，又可以跨越某些技术的发展阶段，直接采用国际最新技术。同时，有重点地进行自主创新。第二阶段，在未来 5～10 年里，应技术引进和自主创新并重。第三阶段，在未来 10～15 年里，应以自主创新为主，以技术引进为辅。

① 刘国岩、池仁勇：《我国工业企业技术创新的模式选择研究》，《科技管理研究》2010 年第 1 期。

当然，由于企业规模不同、创新能力不同，其技术创新模式也应不同。目前，河南省大型国有高科技企业，由于资金雄厚、创新人才多、技术创新能力较强，可以采取以自主创新为主，模仿创新和合作创新为辅的策略；对于中小型企业，由于规模较小、组织一体化程度较低、资金实力有限，一般应采取以模仿创新与合作创新为主，以自主创新为辅的策略方针。但是不能排除在一些新兴产业部门、一些技术经济实力较强的中小企业直接选择自主创新模式，实现跳跃性发展。[①] 因为这些部门和中小企业具有较强的机动性和灵活性，更易打破现有体制和机制规范，一旦技术进入成熟期就可以迅速地转让出去，实现经济效益，而无须担心被别人跟踪模仿，在这方面与大企业相比更有优势。

三　河南知识产权立法保护建议

针对河南省企业技术创新情况，结合实地走访调研，笔者认为河南企业技术创新知识产权保护可以从以下几个方面着手。

（一）制定和完善知识产权管理制度，并上升到立法层面

进一步完善知识产权地方性法规，加大国家法律法规的实施力度，增强法律法规的可操作性，将保护和促进创新的各项政策措施纳入法制化轨道，营造尊重和保护知识产权的法治氛围和法治环境。

在制订计划时要紧紧围绕河南省优先发展的核心领域，加大对拥有自主知识产权创新成果的支持力度，减少对模仿性技术的政策扶持，以尽快形成一批具有自主知识产权的产业和企业。各级知识产权管理部门要针对市场和社会经济发展的实际，积极研究国内外知识产权保护的发展动向，及时制订和调整知识产权发展战略，把一些具有切实可操作性的建议上报省委、省政府，形成立法建议。同时，要完善人才吸引相关制度，优化人才结构，促进

① 王中华、赵曙东：《中小企业技术创新模式研究》，《中国科技论坛》2009 年第 7 期。

人才合理流动。把人才的培养和吸引上升到地方立法层面，给优秀人才创造条件，让他们安居乐业。

（二）确定企业为知识产权创造的主体地位，健全收益分配的奖励保护机制

用立法的方式引导和保护企业知识产权，为实现知识产权的市场价值开通绿色通道。充分发挥高新企业、科研院所在知识产权创造中的重要作用。积极扶持新能源、环境治理等新兴产业的技术创新和突破，为企业发展保驾护航。尊重和承认脑力劳动创造的知识财富，形成有效的奖励保护实施细则。要鼓励和支持发明人用知识产权获取合法报酬，形成一套卓有成效的奖励激励机制，最大限度地调动科技人员的积极性，从而推动经济社会发展。

（三）加强知识产权宣传普及，完善知识产权中介服务管理

全省应广泛开展知识产权普及型教育，提高全社会知识产权保护意识。在精神文明创建活动和普法教育中增加有关知识产权的内容。弘扬以创新为荣、剽窃为耻，以守信为荣、假冒为耻的知识产权文化氛围。建立中介服务的信用评价和失信惩戒等管理制度。规范知识产权评估工作，提高评估公信度。完善知识产权转化机制，促进知识产权转化和产业化，大力发展知识产权经济。

（四）充分发挥行业协会的作用，加强共同维权

行业保护协会的职能一般包括：组织企业进行有关知识产权保护对策与方案的经验交流，共同探讨知识产权保护、管理与服务，避免侵权风险，提高知识产权保护水平及应诉技巧①；对侵权行为加以防范与打击，保护会员企业的合法权益；协助会员企业协调处理有关知识产权国内外纠纷。同时，要加强政府对行业协会知识产权工作的监督指导。

---

① 顾华详：《论知识产权战略实施的法治保障》，《黄河科技大学学报》2012 年第 7 期。

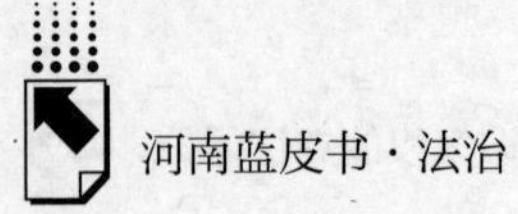

参考文献

张茅：《开启新时代知识产权保护新篇章》，《人民日报》2019 年 4 月 26 日。

李伟铭、刘骋、黎春燕：《海南高新技术产业发展的制约因素与对策建议》，《宏观经济管理》2012 年第 8 期。

李丽婷：《对西北民族地区知识产权战略实施绩效的初步评价》，《法制博览》（中旬刊）2013 年第 10 期。

李刚、熊玉清：《论提升我国中小企业竞争力的有效途径》，《当代经济》2010 年第 12 期。

周玲：《南宁市中小企业产品竞争力研究》，《中共南宁市委党校学报》2011 年第 2 期。

刘国岩、池仁勇：《我国工业企业技术创新的模式选择研究》，《科技管理研究》2010 年第 1 期。

石月红：《环山电子计算机公司技术管理与创新》，《现代经济信息》2011 年第 11 期。

王中华、赵曙东：《中小企业技术创新模式研究》，《中国科技论坛》2009 年第7 期。

顾华详：《论知识产权战略实施的法治保障》，《黄河科技大学学报》2012 年第7 期。

朱昌俊：《推进知识产权保护：顶层设计与社会意识“共振”》，《深圳特区报》2019 年 4 月 26 日。

B.6

设区的市制定地方性法规的现状、问题与对策

——以河南省为例

王圭宇　张梦妍*

摘　要： 2015年修改后的《立法法》赋予设区的市以地方立法权，规定其可以在立法权限内根据本地具体情况制定地方性法规。在获得地方立法权之后，设区的市通过开展立法活动推动了地方法治建设和地方治理的转型，但其在制定地方性法规的过程中仍存在不少问题。以河南省为例，通过对已获得地方立法权的17个设区的市所制定的地方性法规进行整理，分析设区的市的立法进展和特点，进而探究设区的市制定地方性法规存在的问题，最后从立法权限、立法特色、立法审批机制、地方立法组织和公众参与等方面提出了完善建议。

关键词： 河南　设区的市　地方立法　地方性法规　立法权限

2000年3月15日，第九届全国人大第三次会议通过了《中华人民共和国立法法》（以下简称《立法法》），其仅规定了“较大的市”[①] 的人大及其

* 王圭宇，法学博士，郑州大学法学院宪法与行政法学教研室主任；张梦妍，郑州大学法学院2018级宪法学与行政法学硕士研究生。

① 根据2000年《立法法》第六十三条的规定，“较大的市”包括省、自治区的人民政府所在地的市，经济特区所在的市和经国务院批准的较大的市。

常委会享有地方性法规的制定权。2015 年 3 月 15 日，第十二届全国人大第三次会议对《立法法》进行了修改，明确赋予“设区的市”以地方立法权，设区的市的人大及其常委会有权就“城乡建设与管理、环境保护、历史文化保护等方面的事项”制定地方性法规。2018 年 3 月 11 日，第十三届全国人大第一次会议通过了《中华人民共和国宪法修正案》，再次重申并确认了 2015 年修改后的《立法法》关于“设区的市”享有地方性法规制定权的规定。[①] 至此，设区的市实现了从不享有地方立法权，到 2015 年修改后的《立法法》赋予其地方立法权，再到《宪法》最终确认其享有地方立法权的“华丽转身”。本文以河南省为例，通过分析河南省设区的市在获得地方立法权后制定地方性法规的现实状况，进而分析设区的市在制定地方性法规的过程中存在的问题，并在此基础上提出完善建议。

一　设区的市制定地方性法规的重大意义

党的十九大报告指出，经过长期努力，中国特色社会主义进入了新时代。新时代的一个突出标志，就是强调法治思维和法治方式，突出“法治”在治国理政中的重要作用，发挥立法对改革的推动和引领作用。2015 年修改后的《立法法》赋予设区的市以地方立法权，这是全面推进依法治国的题中之义，是推进地方治理法治化的必然要求，有利于地方法治建设与治理方式的转型。

（一）全面推进依法治国的需要

地方法治建设是全面推进依法治国事业当中的一项重要内容。伴随着全面依法治国实践的深化、各项改革的不断推进和国家治理体系和治理能力的转型升级，立法的功能、决策和方法开始向引领性、前瞻性和适时性转变。

① 2018 年修改后的《宪法》第一百条第二款规定：“设区的市的人民代表大会和它们的常务委员会，在不同宪法、法律、行政法规和本省、自治区的地方性法规相抵触的前提下，可以依照法律规定制定地方性法规，报本省、自治区人民代表大会常务委员会批准后施行。”

党的十八届四中全会提出："必须坚持立法先行，发挥立法的引领和推动作用"，并且要"完善立法体制，依法赋予设区的市地方立法权"。换句话说，仅有省、自治区、直辖市以及"较大的市"的人大及其常委会享有地方立法权已经不能适应地方法治建设的现实需要。2015 年修改后的《立法法》赋予设区的市以地方立法权，有利于设区的市通过立法的方式推动本地方的政治、经济与社会发展，从而推进地方法治建设，最终有利于全面依法治国的实现。

（二）地方治理法治化的需要

全面推进依法治国，是涉及立法、执法、司法、守法等各环节的一项系统性工程，其中首要的就是做到科学立法、民主立法、依法立法。在 2000 年《立法法》修改以前，河南省仅有郑州市、洛阳市这两个"较大的市"享有地方立法权，而其他设区的市由于没有制定地方性法规的权力，在推进地方治理的时候就只能以"红头文件"的形式，即采用规范性文件的方式来管理地方事务。然而"红头文件"灵活性较大，缺乏立法依据，在制定内容和程序方面都没有明确的界定和必要的约束，并且可以不报省级政府或人大批准就直接生效，这容易使得地方决策随意性较大、朝令夕改，导致地方治理的"恣意"。2015 年修改后的《立法法》赋予设区的市以地方立法权，设区的市可以在管理地方事务时制定地方性法规，倒逼地方政府通过立法方式进行地方事务的管理。鉴于立法活动的每一个环节（包括立项、起草、审议、表决、公布等）都需要遵循《立法法》和地方立法条例的规定，这就促使地方政府将地方决策和地方事务管理纳入法治化轨道，从而改变了地方政府以往主要依靠"红头文件"进行地方治理的"恣意"，有利于实现地方治理的法治转型。例如，2016 年太原市人民政府为整治渣土出台了《关于实施渣土管理综合整治办法的通知》，提出了 13 项综合措施。但该《通知》作为"红头文件"，其民主性、规范性、科学性较差，难以适应建筑垃圾管理的客观需要。于是，2017 年 12 月 1 日山西省第十二届人大常委会第四十二次会议批准了《太原市建筑废弃物管理条例》，对建筑垃圾排放、运输和综合利用等各个环节都做出了明确规定，使得对垃圾的管理更具有指导性和可操作性。①

（三）地方因地制宜发展的需要

“设区的市立法工作的重点就是利用好立法权，推动本地经济社会的发展进步，使本地方人民群众对实际成果看得见、感受得到。”而在我国一元多层的立法体制中，中央层面的立法（比如法律和行政法规）主要是针对全国范围内的普遍情况做出的规定，难以顾及每个地方的具体情况。因此，地方要解决本地实际问题，就必须在立法工作中做到从实际出发，因地制宜立法。2015 年修改后的《立法法》将立法权的享有主体扩大到“设区的市”，使设区的市的人大及其常委会“根据本市的具体情况和实际需要”进行立法活动，在治理过程中充分发挥其主导性作用，在合理配置本地资源的同时增强公民参与度，针对性地解决地方事务，从而使地方治理突出地方特色并回应民意。以河南省为例，三门峡市由于独特的地貌和地理环境，该市拥有丰富的自然资源，并出于对环境保护的需要，其制定了《河南小秦岭国家级自然保护区条例》；此外，为保护当地独有的白天鹅，三门峡市还制定了《三门峡市白天鹅及其栖息地保护条例》。而作为省会城市的郑州市以及洛阳市、开封市、新乡市等城市，其受地域面积、人口和经济等因素的影响，地方性立法大多为城市建设与管理一类的地方性法规。开封市、商丘市则因具有深厚的历史文化底蕴，侧重制定了历史文化保护方面的地方性法规，如《开封市文物保护条例》。这些地方性法规，都是设区的市回应本地问题，结合“本市的具体情况和实际需要”而进行的立法，成为地方治理的有力抓手。

（四）实现地方立法平等的需要

2000 年《立法法》仅规定了“较大的市”的人大及其常委会享有地方

---

① 《太原建筑垃圾处理：从“红头文件”到地方性法规》，慧聪网，http：//info. cm. hc360. com/2018/05/071002697644. shtml。

性法规制定权，而其他设区的市却因未经国务院批准而不享有地方立法权。这就容易造成设区的市之间地位的不平等。于是，一些设区的市就把成为“较大的市”作为本市的发展目标，竞相通过各种手段争取国务院的批准，甚至出现“恶性竞争”的现象。2015 年修改后的《立法法》赋予设区的市以地方立法权，使设区的市享有平等的地方立法权，有利于消除设区的市为获得地方立法权而进行的“恶性竞争”，促使其将发展重点转向民生领域。

二　设区的市制定地方性法规的现实状况

在 2015 年《立法法》修改之后，所有设区的市都获得了相应的地方立法权，可以在其立法权限内制定地方性法规。尽管如此，这并不意味着设区的市就可以据此开展地方性法规的制定工作。根据 2015 年修改后的《立法法》第七十二条第四款之规定，除“较大的市”以外，其他“设区的市”“开始制定地方性法规的具体步骤和时间，由省、自治区的人民代表大会常务委员会综合考虑本省、自治区所辖的设区的市的人口数量、地域面积、经济社会发展情况以及立法需求、立法能力等因素确定，并报全国人民代表大会常务委员会和国务院备案”。河南省人大常委会法工委认为，“在这五个因素中，人口数量、地域面积、经济社会发展情况属于客观情况，短期内不会有太大的变化；立法需求普遍比较强烈。因此，赋予地方立法权的关键是立法能力”，而“衡量立法能力的标准，一个是机构，一个是人员”。[①] 因此，河南省采取了分批次批准的方式，2015 年 7 月 30 日河南省第十二届人大常委会第十五次会议批准了南阳市、焦作市、平顶山市、开封市、安阳市、鹤壁市、驻马店市、漯河市 8 个设区的市开始行使地方立法权。同年 11 月 26 日，河南省第十二届人大常委会第十七次会议又批准了新乡市、濮阳市、许昌市、三门峡市、商丘市、周口市、信阳市 7 个设区的市开始行使

① 河南省人大常委会法工委：《认真贯彻实施立法法，积极稳妥赋予设区的市地方立法权》，中国人大网，http：//www. npc. gov. cn/npc/lfzt/rlyw/2015 – 09/24/content_ 1947147. htm。

地方立法权。至此，加上之前作为“较大的市”业已享有地方性法规制定权的郑州市和洛阳市，河南省17个设区的市均获准行使地方立法权，并开始制定适合于本地区的地方性法规。

从2016年1月31日《河南省地方立法条例》开始实施，截止到2018年12月31日，河南省各地积极展开立法工作，其中设区的市先后制定地方性法规共计50部（见表1）。该数据仅统计2016年1月31日之后根据2015年修改后的《立法法》和《河南省地方立法条例》新制定的地方性法规，不包括在此之前郑州市、洛阳市已经制定的后又经过修改公布实施的地方性法规。例如，2002年10月31日郑州市第十一届人大常委会第三十一次会议通过了《郑州市政府投资项目管理条例》，2018年10月26日郑州市第十五届人大常委会第一次会议对该条例进行了修改，由于其制定于2002年，本文就未将其统计在内。

表1　河南省各设区的市制定地方性法规的情况（2016.1.31～2018.12.31）

设区的市	地方性法规数量	名称
郑州市	4	郑州市建筑市场管理条例 郑州市湿地保护条例 郑州市户外广告和招牌设置管理条例 郑州市文明行为促进条例
开封市	4	开封市城市市容和环境卫生管理条例 开封市城市饮用水水源保护条例 开封市城市绿化条例 开封市文物保护条例
洛阳市	3	洛阳市非物质文化遗产保护条例 洛阳市集中供热条例 洛阳市城市绿线管理条例
平顶山市	2	平顶山市城乡规划建设管理条例 平顶山市城市绿化条例
安阳市	3	安阳林州市红旗渠保护条例 安阳市城市管理综合执法条例 安阳市城市绿化条例
鹤壁市	3	鹤壁市循环经济生态城市建设条例 鹤壁市地方立法条例 鹤壁市城市市容和环境卫生管理条例

续表

设区的市	地方性法规数量	名称
新乡市	3	新乡市中小学校幼儿园规划建设条例 新乡市城市绿化条例 新乡市城市市容和环境卫生管理条例
焦作市	4	焦作市北山生态环境保护条例 焦作市地方立法条例 焦作市城市绿化条例 焦作市城市市容和环境卫生管理条例
濮阳市	3	濮阳市马颊河保护条例 濮阳市地方立法条例 濮阳市戚城遗址保护条例
许昌市	3	许昌市市容和环境卫生管理条例 许昌市中心城区河湖水系保护条例 许昌市城乡规划条例
漯河市	2	漯河市沙澧河风景名胜区条例 漯河市城市市容和环境卫生管理条例
三门峡市	3	三门峡市城市环境卫生管理条例 河南小秦岭国家级自然保护区条例 三门峡市白天鹅及其栖息地保护条例
商丘市	3	商丘市古城保护条例 商丘市城市市容和环境卫生管理条例 商丘市市区饮用水水源保护条例
周口市	2	周口市城市市容和环境卫生管理条例 周口市淮阳龙湖保护条例
驻马店市	3	驻马店市饮用水水源保护条例 驻马店市城市市容和环境卫生管理条例 驻马店市城市绿化条例
南阳市	3	南阳市白河水系水环境保护条例 南阳市城市绿化条例 南阳市城市市容和环境卫生管理条例
信阳市	2	信阳市传统村落保护条例 信阳市鲇鱼山水库饮用水水源保护条例
共计	50	

资料来源：河南省各设区的市人大官方网站。

从2015年修改后的《立法法》第七十二条规定的“设区的市”可以对“城乡建设与管理、环境保护、历史文化保护等方面的事项制定地方性法规”来看，河南省设区的市制定的地方性法规属于“城乡建设与管理”方面的有26件，属于“环境保护”的有16件，属于“历史文化保护”的有5件，其余3件为地方立法条例，包括《鹤壁市地方立法条例》《焦作市地方立法条例》《濮阳市地方立法条例》，具体分布情况详见图1。郑州市作为原先“较大的市”在过去三年新制定的地方性法规数量多达4件，且注重制定“城乡建设与管理”和“环境保护”方面的地方性法规。相比之下，其他设区的市制定地方性法规的数目相对少些。需要指出的是，为解决各地的实际问题，各设区的市的立法工作都在有序进行中，如周口市人大常委会于2019年1月3日召开了立法工作动员会，对《周口市城市绿化条例》和《周口市大气污染防治条例》的制定进行了安排和部署①，并在2月27日再次就两部《条例》的立法工作召开了推进会②。

从时间顺序上来看③，河南省各设区的市所制定的50部地方性法规中，2016年制定的有18部，2017年有19部，2018年有13部。需要指出的是，对于设区的市人大常委会批准、省人大常委会通过后又进行修正的地方性法规，本文仅统计其第一次批准的时间。不难看出，设区的市制定地方性法规以“城乡建设与管理”事项为主，相应的立法工作在稳步推进。

从总体上来看，从2016年1月31日截至2018年12月31日，河南省各设区的市共制定的50部地方性法规，都在2015年修改后的《立法法》所规定的立法权限之内；不仅如此，各设区的市也都是根据实际情况着重制定适合于本地方且为本地方所必需的地方性法规，没有出现为制定而制定的现象。就全国范围来看，河南省设区的市制定地方性法规在数量上虽不及山

① 《市人大常委会召开〈周口市城市绿化条例〉〈周口市大气污染防治条例〉立法工作动员会》，周口市人民政府网站，http：//www. hazhoukou. gov. cn/Article/Index？Id =46169。

② 《市人大常委会召开2019年立法工作推进会》，周口市人民政府网站，http：//www. hazhoukou. gov. cn/Article/Index？Id =47786。

③ 需要说明的是，这里所谓的设区的市制定地方性法规的时间，以设区的市的人大及其人大常委会通过相应的地方性法规的时间为准。

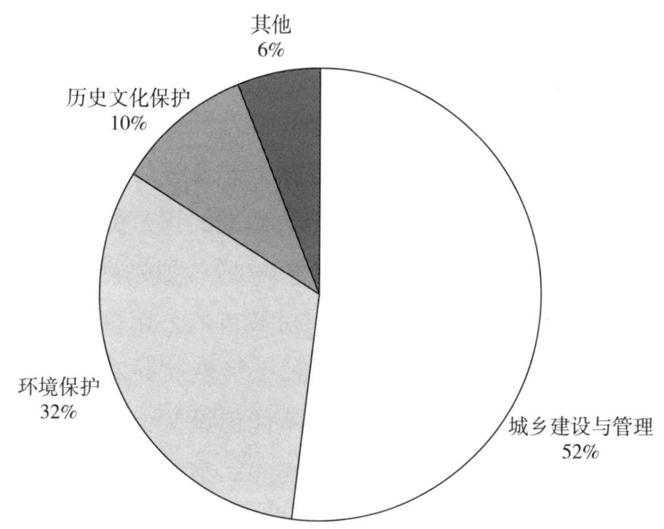

图1　河南省设区的市的地方性法规分布领域（2016. 1. 31 ~ 2018. 12. 31）

东省、安徽省、湖北省等地，但其推进速度在不断加快，立法质量也在不断提高。

三　设区的市地方性法规制定中存在的问题

通过梳理和分析河南省设区的市业已制定的50部地方性法规可以发现，设区的市制定的地方性法规在维护法制统一、推进科学治理和促进民主决策等方面发挥着不可替代的作用。然而，不可否认的是，设区的市在制定地方性法规的过程中也暴露出一些理论和实践层面上的问题。这些问题不仅影响着设区的市制定地方性法规的质量，而且制约着地方立法实践的顺利展开。

（一）设区的市立法权限范围的界定问题

虽然2015年修改后的《立法法》第七十二条规定了“设区的市”制定地方性法规的立法事项范围，但在实践中三类立法事项的界限有时却显得十分模糊。比如“城乡建设与管理”，目前既有的法律法规并没有给出精确的定义。在中共中央、国务院联合发布的《关于深入推进城市执法体制改革改进城市管理工作的指导意见》（以下简称《指导意见》）和第二十一次、第二十二次全国地方立法研讨会中关于城乡管理的内容都有相关说明，但仍存在较大分歧。在这种情况下，若省与省之间、省市之间关于何谓“城乡建设与管理”的认定无法达成共识，那么法制的统一性将面临挑战。例如《郑州市文明行为促进条例》，如果对“城乡建设与管理”做狭义解释，认为其只是政府部门对城市的公用事业、公共设施等方面的规划和市政建设的控制、指导，那么显然其并不属于三类立法事项范围内的任何一种，该地方性法规就不能由设区的市来制定；若对其进行广义解释，如《指导意见》所持的观点，那么其就属于设区的市制定地方性法规的立法事项范围。此外，对“等方面的事项”的判断也存在争议，《郑州市文明行为促进条例》是否能以属于“等方面的事项”而制定也值得思考。

（二）设区的市的地方性法规与上位法的冲突

2015 年修改后的《立法法》第七十二条第二款规定，设区的市可以“在不同宪法、法律、行政法规和本省、自治区的地方性法规相抵触的前提下”制定地方性法规，在地方立法中奉行“不抵触”原则。设区的市在根据本地实际情况制定地方性法规时，难免会做出与省、自治区所制定的地方性法规不一致的规定，这就出现了与上位法冲突的情况。与上位法的冲突，既包括合法性问题，又包括合宪性问题。当两者相冲突时，在司法实践中，审判机关通常会适用设区的市地方性法规，其理由是设区的市制定的地方性法规与省、自治区所制定的地方性法规都是由省人大常委会批准的，因此两者法律位阶相同，按照“新法优于旧法”原则适用设区的市地方性法规。但是，这种适用是缺乏合法性的，因为 2015 年修改后的《立法法》对两者的法律位阶并没有明确的规定。除了违反合法性，一些地方性法规的制定还可能会违反宪法。例如，《泰州市道路交通安全条例》规定了行人横过道路时不得有浏览电子设备、看报纸等妨碍交通安全的行为；行人一旦实施了该行为，由公安机关交通管理部门处以警告或者罚款。[①] 但需要指出的是，电子设备和报纸属于公民的“财产”，禁止浏览就是禁止对其“财产”的使用，而“使用”是财产权的一项重要权能。因此，该条例做出的以上规定实际上限制了公民的基本权利，涉嫌违反了宪法关于保护公民财产权的规定。

（三）原先较大的市在后续修法中的尴尬

2000 年《立法法》仅规定“较大的市”享有地方性法规制定权。而 2015 年修改后的《立法法》将地方立法权扩大到“设区的市”，尽管原先属于“较大的市”的“设区的市”仍继续享有地方立法权，但其立法权限发生了变化，其立法事项范围由不受限制变为仅能规定“城乡建设与管理、环境保护、历史文化保护等方面的事项”。这实际上缩小了之前“较大的市”的立法事项范围，使它和其他“设区的市”处于同等地位。以洛阳市为例，洛阳市目前现行有效的地方性法规共有 46 部，其中《洛阳市法制宣传教育条例》《洛阳市保护和奖励维护社会治安见义勇为人员条例》《洛阳市集会游行示威若干规定》等都是在 2015 年《立法法》修改前制定的，且都不完全属于“城乡建设与管理”“环境保护”“历史文化保护”方面的事项。根据 2015 年修改后的《立法法》第七十二条第六款规定的“省、自治区的人民政府所在地的市，经济特区所在地的市和国务院已经批准的较大的市已经制定的地方性法规，涉及本条第二款规定事项范围以外的，继续有效”，当这些条例面临修改时，洛阳市作为“设区的市”还能否对其进行修改？若能修改，那么原属于“较大的市”的“设区的市”的立法权限实际上大于其他“设区的市”，长此以往则可能会导致一定的地方治理困境与风险。

---

① 《泰州市道路交通安全条例》第三十五条第（七）项：“横过道路时不得有浏览电子设备、看报纸等妨碍交通安全的行为。”第五十九条第二款：“违反本条例第三十五条第七项规定，行人横过道路时浏览电子设备、看报纸的，由公安机关交通管理部门处以警告或者五元罚款。”

（四）各设区的市地方性法规之间的重复与抄袭

设区的市获得地方立法权之后，能否制定相应的地方性法规，成为衡量本市是否具备立法能力的重要标志，而这直接彰显出本市的法治建设水平。在此背景下，一些设区的市将地方立法工作视为“政绩工程”，出现了忽视立法质量，与其他设区的市在立法数量和速度上相互攀比的情况。为制定出更多数量的地方性法规，不同的设区的市之间制定的不同的地方性法规，存在相互“抄袭”的现象。目前，河南省17个设区的市已全部制定有地方性法规，且在有关“水源保护”的条例中存在不少重复、“抄袭”现象，如《驻马店市饮用水水源保护条例》[①] 和《信阳市鲇鱼山水库饮用水水源保护条例》[②]，虽然它们所保护的水源源头有所不同，但在禁止行为和有关部门职责方面的规定都相差无几。例如，这两个条例都规定了“对保护饮用水水源有显著成绩的单位和个人应当给予表彰、奖励”，但都没有明确“显著成绩”的内涵。

（五）设区的市制定地方性法规的监督问题

2015年修改后的《立法法》第七十二条第二款规定，省、自治区人大常委会“对报请批准的地方性法规”，并“应当在四个月内予以批准”。鉴于以上批准方式和批准时间的限定，为提高效率，省、自治区人大常委会通常以“打包”的形式批准设区的市报请的地方性法规。例如，河南省第十二届人大常委会第三十一次会议批准了《开封市城市绿化条例》《平顶山市城乡规划建设管理条例》《焦作市城市市容和环境卫生管理条例》《漯河市城市市容和环境卫生管理条例》《三门峡市白天鹅及其栖息地保护条例》等9部设区的市的地方性法规；河南省第十三届人大常委会第二次会议批准了《郑州市文明行为促进条例》、《洛阳市城市绿线管理条例》、《安阳市城市绿

① 2017年3月30日河南省第十二届人大常委会第二十七次会议予以批准。

② 2017年7月28日河南省第十二届人大常委会第三十次会议予以批准。

化条例》、《鹤壁市城市市容和环境卫生管理条例》和《新乡市城市绿化条例》共5部设区的市地方性法规。但立法不仅没有明确规定"打包"批准的形式，也没有规定以"打包"形式批准地方性法规时最多限定多少部，更没有规定在这种情况下省、自治区人大常委会的批准工作应遵循的程序和要求。这就容易导致省、自治区人大常委会在以"打包"形式审查多部设区的市地方性法规时把关不紧、审查不力、监督不严。

四　完善设区的市制定地方性法规的建议

如前所述，设区的市在制定地方性法规的过程中尽管存在以上诸多问题，但并非无法对其进行改进或完善。2015 年修改后的《立法法》对设区的市制定地方性法规在立法权限、审批程序、备案监督等方面做出了规定，但仍存在不足或粗疏之处。有鉴于此，针对设区的市制定地方性法规中存在的问题，我们认为，可以从以下几个方面着力完善。

（一）厘清设区的市制定地方性法规的立法权限

明确设区的市的立法权限并不意味着确定设区的市享有某些专门的立法权，这在我国的政治体制下是难以实现的。根据修改后的《立法法》第七十二条第二款的规定，省、自治区的人大常委会对报请批准的地方性法规进行合法性审查，这实际上就包括了审查其是否在立法权限范围内制定地方性法规的情形。

首先，在审查是否属于"城乡建设与管理、环境保护、历史文化保护"方面的立法事项时，应当在同上位法不抵触的情况下，从立法目的出发判断其是否在立法权限内做出。例如《郑州市户外广告和招牌设置管理条例》，其名称中没有"建设""管理"的字眼并不等同于其制定了超越立法权限的地方性法规，因为制定该条例的目的是为了维护市容市貌，而市容市貌建设也是城市建设的一部分，应当属于"城乡建设与管理"方面的立法事项。

其次，对"等方面的事项"进行审查时，应当根据本地经济、社会、文化等各方面发展情况综合进行认定，坚持“等内”的原则①。全国人大常委会法工委原主任李适时在第二十二次全国地方立法研讨会上也强调，“对遇到确实可能超越地方立法权限的问题，要向地方党委汇报清楚，必要时可与省、自治区沟通，取得指导；仍不清楚的，还可以通过省级人大常委会同全国人大常委会法工委沟通”。

最后，赋予设区的市以地方性法规制定权的目的是，使设区的市可以“根据本市的具体情况和实际需要”处理地方性事务，那么设区的市的地方立法权限是否还能扩大到社会保障等方面，这还需要立法机关的充分考量和适时抉择。

（二）加强设区的市立法的精准定位和精细化水平

“地方特色”是地方立法的灵魂、质量和价值所在，解决地方性法规的重复、抄袭的问题和“议的多、立得急、过了忘、用得少”的情形，重点就是紧扣2015年修改后的《立法法》第七十二条第二款的规定，结合“本市的具体情况和实际需要”有针对性和可操作性地解决地方实际问题，精准定位，提高立法质量。在第二十三次全国地方立法工作座谈会上，时任全国人大常委会委员长的张德江也提出，“设区的市应当着力提高立法精细化水平，立符合实际的法、有效管用的法、百姓拥护的法，以良法促进发展、保障善治”。为此，地方立法应当牢牢坚持“不抵触、有特色、可操作”的原则。

首先，应当在内容上坚持国家法制统一。为补充立法的不足，设区的市在制定地方性法规以细化上位法原则性规定时，应通过深入调研和科学规划，注意区分自身同省、自治区地方性法规和地方政府规章之间的立法权限划分，以不抵触原则为前提，在立法权限范围内进行立法活动，提高立法的精细化水平和质量。

---

① 武汉市人大法制委员会：《新形势下地方立法需要把握的几个问题》，中国人大网，http：//www. npc. gov. cn/npc/lfzt/rlyw/2016 -09/18/content_ 1997661. htm。

其次，设区的市制定地方性法规应突出“地方特色”，关键就是结合“本市的具体情况和实际需要”，把握本地实情，以解决本地具体问题为目标，以民主和科学的方式积极推进实施性立法、先行性立法和自主性立法，勇于立法创新，而非对上位法或其他设区的市的地方性法规进行“抄袭”。同时，还要以本地善良风俗为基础，使地方立法真正具有可行性和可操作性。

最后，设区的市应转变立法理念，将立法工作的目的摆正，消除数量攀比和追求速度的心理，将立法重点放在解决本市特殊的立法需求上。例如《鹤壁市循环经济生态城市建设条例》，其根据本地经济、文化和民俗等发展情况，以循环经济生态的理念进行了一系列的资源利用和改进，建立了工业链条和交易平台。特别是第五章，为建立“生态活力幸福之城”，鹤壁市首创性地以立法方式规定了“海绵城市”的理念、原则、规划及管理。这种地方性法规具有强烈的地方特色和针对性，其他设区的市在制定过程中可以参考借鉴。

（三）完善省、自治区人大常委会的审批工作

2015 年修改后的《立法法》规定了省、自治区人大常委会应当对设区的市地方性法规的合法性进行审查。除了上述提到的审查立法权限外，审查设区的市的地方性法规的合法性和对设区的市的地方性法规的批准，也是省、自治区人大常委会的重要工作。不仅如此，设区的市的地方性法规的质量也同省、自治区人大常委会的审查工作和审批程序密切关联。在《立法法》修改后，地方立法主体数量的扩大导致地方性法规数量剧增，进而给省、自治区人大常委会的工作增加了压力。平顶山市在制定《平顶山市城乡建设规划管理条例》的过程中花费了较长时间，其名称经历了从《平顶山市违法占地违法建设查处条例（草案）》到《平顶山市违法建设查处条例（草案）》再到《平顶山市城乡建设规划管理条例》的变更过程，原因就在于平顶山市的地方立法项目涉及地方土地使用、建设规划以及对违法建设的管理等诸多内容，而这些利益涉及的主体较多、较复杂，省人大常委会必须

严格谨慎进行审批。一方面，对于原先属于“较大的市”的“设区的市”在2015年《立法法》修改之前制定的超出“城乡建设与管理、环境保护、历史文化保护等方面”的事项范围的地方性法规，省、自治区人大常委会应严格审批。为防止其制定权限的实质性扩充，其修改范围应当被限制在原本就具有的调整范围内；设区的市不得在后续修改2015年《立法法》修改前制定的地方性法规时补充规定新的内容，省、自治区人大常委会在审查时应当对此予以否定或禁止。另一方面，以省、自治区人大常委会批准为由，认定设区的市制定的地方性法规与省、自治区所制定的地方性法规具有相同法律位阶，这实际上是对“批准”内涵的扩大。因此，地方立法应当对省、自治区人大常委会“批准”的法律性质予以释明，或者给出指导性意见，从而使审批工作更加严谨。除此之外，省、自治区人大常委会在进行合法性审查的过程中要化被动为主动，提前介入起草工作并及时将草案送往有关单位和部门征求意见、相互协商，必要时还可以举行听证会。同时，各省、自治区还可以做出程序性规定以明确其人大常委会审批设区的市制定的地方性法规的原则与规则，给出明确的标准或指导意见。

最后，需要指出的是，“立法评估对于提高地方立法质量、保持立法的健康和活力也具有重要意义”。根据十九届中央全面深化改革领导小组第一次会议审议通过的《关于争议较大的重要立法事项引入第三方评估的工作规范》，完善第三方评估机制也能提高立法质量。[①] 那么，地方立法实践中能否借鉴这种模式，通过第三方评估机制减轻省、自治区人大常委会的工作压力和负担，这也是一项值得进一步深入研究的课题。

（四）建立健全设区的市的立法组织

地方立法的能力和水平，不仅与立法组织的完善密切相关，也与立法人才队伍的建设密不可分。在《立法法》修改后，各设区的市纷纷设立人大

① 《关于争议较大的重要立法事项引入第三方评估的工作规范》，中国人大网，http://www.npc.gov.cn/npc/xinwen/2018－01/05/content_2036428.htm。

常委会法制工作委员会（以下简称“法工委”）并配备相应的人员从事立法工作。由于各设区的市人大常委会法工委在前期有大量的基础性工作，因此建立健全该机构对立法水平的提高具有重要作用。河南省 17 个设区的市均设立了人大常委会法工委。其中，郑州市人大常委会法工委的工作人员有 11 名，开封市的相关工作人员有 22 名，洛阳市的相关工作人员有 13 名，其他一些设区的市也基本上搭建起了一支立法人才队伍。

目前，需要充分考虑的是各设区的市人大常委会法工委的人员配置及其与人大常委会的关系。据此，为胜任地方性法规的制定工作、发挥地方立法的作用，首先，设区的市应完善其人大常委会法工委的机构建设，建立人才引进机制，配置具有立法经验的工作人员从事立法活动，聘请专家参与立法以提高立法水平，建立一支专业水平高、业务素质强的立法人才队伍。其次，要组织开展理论基础和实践能力的学习，积极参加全国人大常委会法工委组织的各项培训，努力提升立法工作者顶层设计的能力。最后，各设区的市人大常委会法工委应受设区的市人大及其常委会的领导，根据其工作安排做好论证、起草、评估、备案等立法工作，充分发挥其在人大及其常委会与公众之间的“桥梁”作用，并建立法规解读制度宣传普及法律，使制定的地方性法规能弘扬法治精神，调动人民积极性，进而充分满足本地的实际需要。

（五）提高地方机构和公众的广泛参与度

地方立法最明显的优势就是，地方能够充分了解本地的具体情况和实际需求，便于听取各机构的意见，广泛征集民意，使立法更具民主性与科学性。因此，设区的市制定地方性法规时就要充分发挥这一优势，提高公众的参与度，推进立法联系点和立法基地建设，保证立法的民主性；同时，要积极听取各机构的意见，充实立法专家库，保证立法的科学性。对此，可以《开封市文物保护条例》为例加以说明。为保护该市的文化遗产，制定具有本地特色的文物保护条例，开封市成立专门的领导和起草小组前往苏州、宁波、温州等地开展调研工作；在起草过程中，立法机关参考洛阳市等地保护文物的经验，制定了《开封市文物保护条例（草案）》；为对《条例（草案）》进行完善，立法机关又相继征询了开封市人大代表、法律专家以及省文物局、省住建厅等省直单位和各县区人民政府、20余个政府部门的意见和建议，同时在开封政府网、《开封日报》等上面以登载的形式，广泛征求各方面意见和建议，进行了数十次的座谈会；最后，由开封市委常委会对《条例（草案）》中涉及的重大问题进行审定，由开封市人大法制工作委员会对《条例（草案）》进行统一审议，最终于2018年8月31日由开封市第十四届人大常委会第三十二次会议审议通过。2018年9月，开封市人大常委会报请河南省人大常委会审查该条例。同年9月29日，河南省第十三届人大常委会第六次会议全票通过了该条例。由此可见，完善意见反馈机制，增强各部门之间的沟通，拓宽联系公众的途径，创新立法听证的形式，甚至建立鼓励奖励机制等，都有利于提高地方立法质量。

在全面推进依法治国的背景下，修改后的《立法法》赋予设区的市以地方立法权，是推动地方治理法治化，推进地方法治建设的重大举措。通过推进地方立法，加强地方法治建设，设区的市的地方性法规发挥着推进地方发展、转变地方治理方式、完善国家立法体制以及全面推进依法治国等重要作用。当然，设区的市在进行地方立法时，必须要坚持科学立法、民主立法、依法立法原则。面对地方性法规制定中的问题，设区的市需要从理论和实践这两个层面进行双重考虑，对《立法法》中规定模糊或不足的地方进行补充、明确和完善，不断地改进设区的市地方性法规的制定工作。唯此，设区的市才能制定出体现法治精神、突显地方特色、促进地方发展并满足地方治理需求的地方性法规。

参考文献

习近平：《决胜全面建成小康社会　夺取新时代中国特色社会主义伟大胜利——在中国共产党第十九次全国代表大会上的报告》，《人民日报》2017年10月28日。

王建鸣、滕鑫曜、郑文金：《地方立法引领推动改革研究——以湖北省的实践为例》，《地方立法研究》2017 年第 2 期。

《中共中央关于全面推进依法治国若干重大问题的决定》，《人民日报》2014 年 10 月 29 日。

沈春耀：《适应全面依法治国新形势　进一步加强和改进立法工作——在第二十三次全国地方立法工作座谈会上的讲话》，《地方立法研究》2017 年第 2 期。

林彦、吕丹妮：《设区的市立法权行使情况实证分析》，《新疆社会科学》2018 年第 5 期。

《中共中央国务院关于深入推进城市执法体制改革改进城市管理工作的指导意见》，《人民日报》2015 年 12 月 31 日。

苗连营、张砥：《设区的市立法权限的规范分析与逻辑求证》，《地方立法研究》2017 年第 2 期。

程庆栋：《论设区的市的立法权：权限范围和权力行使》，《政治与法律》2015 年第 8 期。

李适时：《进一步加强和改进地方立法工作》，《中国人大》2016 年第 18 期。

冯玉军：《对加快建设新型法律智库的几点思考》，《前线》2016 年第 6 期。

王比学：《张德江在广西调研并出席第二十三次全国地方立法工作座谈会时强调坚定不移走中国特色社会主义法治道路　与时俱进完善中国特色社会主义法律体系》，《中国人大》2017 年第 18 期。

董长海：《设区市立法的本地需要和地方特色——以〈鹤壁市循环经济生态城市建设条例〉的制定为例》，《人大研究》2017 年第 3 期。

B.7

《非法金融机构和非法金融业务活动取缔办法》修订问题研究报告

中国人民银行洛阳市中心支行课题组*

摘　要： 随着我国金融改革的深入、金融创新的加快和金融监管体制的调整，《非法金融机构和非法金融业务活动取缔办法》的诸多规定已无法满足当前金融实践对法律制度的需求，亟待修订。结合当前金融监管实际，从修订所要解决的问题着手，借鉴国际国内经验，提出突出功能监管理念，重新界定非法金融机构和非法金融业务活动、明确取缔主体、理顺取缔程序、划清法律责任、重构取缔工作协调机制等建议。

关键词： 非法金融机构　非法金融业务活动　功能监管

一　选题背景及主要内容

（一）选题背景

20世纪90年代中后期，以“金融三乱”（乱集资、乱批设金融机构、乱办金融业务）为代表的非法金融机构和非法金融业务活动比较频繁，国务院于1998年7月13日发布并实施《非法金融机构和非法金融业务活动取

---

* 课题组成员：任妍妍，人行洛阳市中支科员；高腾，人行洛阳市新安县支行科员；郭栋，人行洛阳市嵩县支行科员；李可，人行洛阳市新安县支行科员。

缔办法》（以下简称《办法》），集中整治金融乱象，以维护正常的经济金融秩序。如今，《办法》诸多规定已不适应当前的情况，客观上影响和制约了打击非法金融机构和非法金融活动工作的开展。党的十八届四中全会开启了法治中国的新征程，全面依法治国对金融法制建设提出了新要求，全国金融工作会议提出“健全金融法制体系”。《办法》修订是贯彻党中央和国务院关于金融立法工作决策部署的现实需要，也是建立科学合理的金融法律体系的需要。

（二）本课题的主要内容及方法

本课题旨在结合打击非法金融机构及非法金融活动的具体实践，分析《办法》存在的一些问题和原因，借鉴国内外先进经验，提出《办法》修改的建议。《办法》共四个部分：第一部分以背景材料形式介绍《办法》出台的背景、特点以及所起到的作用；第二部分结合金融改革、金融监管、金融创新的变化，剖析《办法》存在的几个问题；第三部分分析当前非法金融机构和非法金融业务活动的形势和特点，以此提出非法金融机构和非法金融业务治理对法律制度的需求；第四部分结合金融监管实际需要，提出《办法》修改的具体建议。

二　《办法》修订的重要意义

（一）《办法》修订的必要性

针对我国金融改革过程中由于政策偏差造成的金融乱象，特别是“金融三乱”，《办法》填补监管空白，实现对非法金融机构和非法金融活动的取缔有法可依，起到了“重拳治乱象”的效果。当前，新的金融乱象丛生，需要更加到位有力的行业监管，以及科学合理的立法保障。科学立法是全面依法治国的前提和基础，也是治理金融乱象的法律依托，修订《办法》很有必要。

（二）《办法》修订的紧迫性

近年来，非法金融活动花样繁多，违规设立金融机构现象时有发生，如非法集资大要案高发、手段花样翻新，案件总量、参与人数持续高位运行，互联网金融违规经营等。非法金融业务活动严重损害了人民群众利益，破坏了正常的金融秩序，任其发展会导致劣币驱逐良币，引发金融风险，危及金融安全。修订《办法》是妥善治理非法金融机构和非法金融业务活动的现实需求。

（三）《办法》修订的可行性

近年来，针对金融市场乱象、非法集资、互联网金融、第三方支付等违法违规行为，国务院、金融监管部门、公安部、国家工商总局等先后出台了一些法规和文件，为治理非法金融机构和非法金融活动提供了可借鉴的经验，但多数文件带有典型的临时“打补丁”特征和较强的部门本位主义色彩，亟须通过通盘立法形式，将好的监管经验固定下来。

（四）《办法》修订的前瞻性

金融业是我国发展最快的行业之一，现有金融法律体系还未能很好满足一个更加高效、安全和稳健的金融体系需求，面对金融创新层出不穷、互联网金融如火如荼的发展趋势，《办法》的修改应当既反映当前金融发展实践的需求，又具备适当程度的前瞻性。

三 《办法》修订的主要内容

（一）《办法》修订应首先解决四大问题

1. 立法背景发生重大变化，《办法》不适应当前经济社会发展实际的问题

一是金融市场环境更加复杂。《办法》出台时，我国金融市场刚刚兴

起，货币市场、资本市场20世纪80年代才开始培育，主体相对简单，规模也较小。现在我国已成为金融资产大国，截至2017年底，银行业金融机构总资产首次突破250万亿元，银行业金融机构法人4549家；保险业总资产规模16.75万亿元，保险公司近200家；证券公司131家，资产规模6.14万亿元。银行业和保险业资产规模分别是2003年的9倍和18倍，证券业是2008年的5倍。[①] 金融环境更加复杂，非法金融机构和非法金融业务也不断出现并衍生出许多新变种。《办法》客观上已不能应对治理非法金融机构和非法金融业务的需要。二是金融监管体制深刻调整。《办法》出台的1998年，我国金融监管体制正处于发展转型阶段。1992年10月证监会成立，1998年11月保监会成立，2003年4月银监会成立，“一行三会”格局基本形成，金融业分业经营、分业监管时代到来。2018年3月银保监会组建，形成新的“一行两会”监管体制。由此，新旧监管主体将重新定位监管角色，《办法》也应顺势修订。

2. 监管主体与现行法律规定存在矛盾的问题

《办法》出台时，银监会、保监会尚未成立，中国人民银行是唯一的金融监管部门，理应是非法金融机构和非法金融业务的监管主体。以非法金融机构为例，《办法》第三条、第四条、第六条均有明确的表述。保监会、银监会成立后，修订后的《保险法》和《商业银行法》均明确了保监会和银监会的监管主体资格和相应职责。按照上位法优于下位法、新法优于旧法的法律适用原则，《办法》应当修订，近年来的相关做法也贯彻了这一原则。

3. 调整对象与当前金融活动不匹配的问题

《办法》以列举式的规定罗列了非法金融机构和非法金融业务活动，对于当时认定非法金融机构和非法金融业务活动起到了指引作用，但这种“出台即过时”的立法模式显然不能应对金融改革实践的日新月异，如治理当前通过代币发行融资、借助股权众筹、网络借贷、大宗商品交易平台之名

① 《一行两会重塑金融监管》，《财经》2018年第6期。

进行非法金融活动，《办法》适用就显得捉襟见肘了。

4. 程序规定原则宽泛，操作性不强的问题

如何整治、取缔非法金融机构和非法金融业务活动是《办法》的核心内容，但《办法》第二章仅有七条规定且比较原则笼统，操作性较差。一是取缔程序过于简单，《办法》第九条虽然明确了人民银行"调查核实—初步认定—提请公安立案侦查"的程序，但如何启动调查程序，怎样调查核实，调查的程序、方式、认定标准、执法期限等关键性问题均未规定，实践操作困难。二是对调查、核实、侦查中的部门协作规定过于原则。《办法》第十条规定人民银行、公安机关应互相配合，但怎样配合、各部门的职责范围、法律责任均未明确，极易出现部门推诿扯皮现象。三是取缔程序中的权利义务不明确。一方面，被调查对象权利义务不明，《办法》第十四条规定了被调查对象的义务，但缺乏监督、异议、举报及救济权的相关规定；另一方面，人民银行作为调查主体权利义务不明，《办法》第十二条也是泛泛的原则性规定。《办法》的取缔程序未能为取缔工作提供具体可行的操作指引，影响处置非法金融业务活动的执法效能。

（二）《办法》修订要紧密结合当前金融发展实际

一是监管理念重构。在金融创新加快、体制内金融压抑、体制外监管乏力和体制内外套利寻租弊端日益凸显的情况下，"谁的孩子谁抱走"的理念使得监管部门把非本部门的新兴金融业态或业务当成"别人的孩子"听之任之，各种"擦边球"的非法机构和"类金融"活动蜂拥而起却又得不到及时整治。

二是监管模式选择。金融业混业经营愈加明显，特别是互联网金融背景下，各类金融业务深度交叉融合，但"铁路警察、各管一段"的分业监管模式与穿透式监管需求的矛盾凸显，对于涉及基金、保险、银行、券商等的金融产品，"一行两会"由谁监管、怎么监管以及公安部、工信部等相关部门如何协调配合，也是需要解决的问题。

四　非法金融机构和非法金融业务整治经验借鉴

（一）国际方面

1. 美国

美国法律规定未经允许经营银行业务为犯罪行为，其《综合旧货和银行诈骗指控与纳税人追索法》规定：非法经营持续性金融企业的，处终身监禁。美国对于欺诈性集资，类似我国集资诈骗罪，通常定性为违法公开发行证券，打击力度较大。

2. 英国

对于非法金融活动频发的互联网金融领域，英国采取的是主体监管与分部门的方式。通过成立行业自律协会，对互联网金融的主体进行监管，政府再对互联网金融理财平台的市场准入进行审核，并要求互联网金融理财平台定期进行信息披露。行业自律协会制定严格的行业操作细则，并及时对行业内的互联网金融理财平台实施监督。在分部门监管模式上，采取金融政策委员会、审慎监管局和金融行为监管局三个监管部门分工合作的方式。

（二）国内方面

近年来，针对非法证券、非法集资等金融乱象，国务院及监管部门出台了多项监管文件。

1. 国务院

《关于严厉打击非法发行股票和非法经营证券业务有关问题的通知》（国办发〔2006〕99号），主要针对非法证券活动，成立证监会牵头的打击非法证券活动协调小组，由证监会及其派出机构认定、省级人民政府查处和善后非法证券活动。

《关于同意建立处置非法集资部际联席会议制度的批复》（国函〔2007〕4号），成立由银监会牵头、17部委参加的处置非法集资部际联席会议，在

非法集资案件处置上，采取案发地省级人民政府组织银监、公安、行业主管或监管等部门认定，省级人民政府组织查处和后续处置的程序。

《处置非法集资工作操作流程》（处非联发〔2008〕4 号），是处置非法集资的程序性规定，规定了工作职责、监测预警、案件受理、调查取证、立案侦查、性质认定、处置善后等程序。

《关于进一步做好防范和处置非法集资工作的意见》（国发〔2015〕59 号），明确省级人民政府是防范和处置非法集资的第一责任人，要求各行业主管、监管部门按照监管与市场准入、行业管理挂钩原则，确保所有行业领域非法集资监管防范不留真空，提出进一步健全完善处置非法集资相关法律法规。

《互联网金融风险专项整治工作实施方案》（国办发〔2016〕21 号），确定打击非法、保护合法的原则，采取“穿透式”监管方法，强调主体资质，严格准入管理，严格处理违法。

2. 银（保）监会

银监会等八部委《关于清理规范非融资性担保公司的通知》（银监发〔2013〕48 号），重点清理以“担保”名义进行宣传但不经营担保业务的公司，坚决依法查处和取缔从事非法吸收存款、非法集资、非法理财、高利放贷等违法违规活动或违规经营融资性担保业务的。

《关于取缔“钱塘银行（筹）”的公告》（银监会公告〔2014〕1 号），取缔“钱塘银行（筹）”，责令停止一切筹备活动和业务活动，并追究相关责任。

《P2P 网络借贷风险专项整治工作实施方案》（银监发〔2016〕11 号），支持鼓励合规，整治和取缔违法违规。统筹治理，强化行业监管。根据网贷机构违法违规性质、情节和程度分类处理，区分合规类、整改类、取缔类。

《关于进一步深化整治银行业市场乱象的通知》（银监发〔2018〕4 号），坚持“监管姓监”，既要管传统业务，也要管创新业务，既要管有牌照的违法违规行为，也要管“无牌经营”。

3. 中国人民银行

《非银行支付机构风险专项整治工作实施方案》（银发〔2016〕112号），严格非银行支付机构的市场准入和持证经营行为，重点清理整治无证机构，根据情节限期整改、依法取缔、集中整治。

中国人民银行等17部委《通过互联网开展资产管理及跨界从事金融业务风险专项整治工作实施方案》（银发〔2016〕113号），采取实质穿透，划分职责分工；坚持全面覆盖，实施分层整治；明确监管重点；根据是否持牌落实整治责任。

4. 工商局

工商总局等17部委《开展互联网金融广告及以投资理财名义从事金融活动风险专项整治工作实施方案》（工商办字〔2016〕61号），排查整治以投资理财名义从事金融活动的行为，严格规范工商注册金融字样使用范围。

（三）启示与借鉴

综观国际及国内近年来处置非法金融机构和非法金融业务活动的做法，对我们有以下启示：一是在监管理念与思想上，要认识到“带闸的车才敢跑得快”，充分认识市场主体自治的局限性，处理好市场自由与政府管制的关系，实施恰当适度的监管。二是对金融创新必须辅之以相匹配的监管，监管对创新应当做到亦步亦趋，甚至要有一定的前瞻性。三是在监管定位上，要妥善处理维护公平有序的市场秩序、促进经济金融发展与保护消费者利益的关系。

五　《办法》修订的理念重构与具体建议

（一）《办法》修订的理念重构

党的十九大报告把防范化解重大风险作为全面建成小康社会决胜期三大攻坚战的首位，整治非法金融机构和非法金融业务活动是防范和化解金融风险的要求，《办法》修订应坚持以下原则。

一是坚决依法打击非法金融机构和非法金融业务活动。金融是现代经济的核心，经济发展与社会稳定的实现不能以无边界的“自由”为前提，必须坚决依法打击非法金融机构和非法金融业务活动。二是贯彻“穿透式”监管理念，坚持金融监管全覆盖。金融领域乱象丛生，制度上的原因在于混业经营与分业监管体制之间的矛盾突出，监管协调不畅，宏观审慎政策缺乏把总。要按照全国金融工作会议的要求，所有金融业务都要纳入监管，不能有监管空白和灰色地带。三是由机构监管向功能和行为监管转变。不同理念和模式下，金融监管边界的确定标准是明显不同的。机构监管以金融机构为核心，某一项活动或行为是否被纳入监管，主要看其是否属于法定形式上的金融交易，机构监管重在风险防范，重在确保金融机构稳定。在功能监管模式下，无论是合法机构还是非合法机构从事的金融活动，只要功能上属于金融交易，就被纳入金融监管范围之内。

（二）《办法》修订的具体建议

1. 重新界定主要法律概念

《办法》的立法目的是处置非法金融机构和非法金融业务活动，首先要界定调整对象。归纳近几年监管部门出台的一些规范性文件，在内涵界定上大都在现有立法和监管框架下突出主体监管理念，区分“持牌”与否采取有区别的监管措施，根据业务实质明确责任，但仍未能完全吸纳行为和功能监管的实质。

课题组建议，一是在内涵界定上突出功能监管理念，调整方式，改进规制，强化金融风险的源头管理，舍弃对非法金融机构和非法金融业务活动进行形式定义，改用功能性定义。不必给出“什么是非法金融机构”或“什么是非法金融业务”这样结论性的定义，但对其核心特点进行描述，如《处置非法集资条例》《处置非法集资工作操作规程》对非法集资的界定。只要符合某类金融交易的功能性定义，就应当被监管。在此前提下，有部门授权的属于“合法”金融活动，否则为“非法”金融活动。二是在外延界定上改变列举式规定，可以不列举。

2. 明确取缔主体

建议在《办法》总则中分别明确地方政府、金融监管部门、国务院相关部委在处置非法金融机构和非法金融业务活动的职责。对涉嫌非法金融机构和非法金融业务活动的认定，按照以下分工进行：事实清楚、证据确凿、政策界限清晰的，由监管部门依法做出认定结论。事实证据复杂或因法律法规界定不清或涉及多个监管部门的，可建立联席会议制度或者指定一个部门负责认定。

3. 理顺取缔程序

建议对取缔程序进行全流程再造，在上述取缔主体明确、取缔对象界定合理的基础上，对立案、调查、认定、做出取缔决定、公告以及证据保全、资金控制、部门配合、债权债务清理等做出全面规定，健全调查认定程序以及与地方政府、公安机关配合程序，为取缔工作高效有序开展提供程序保障。比如，立案主要规定案件来源以及受理机关、受理之后的处理。调查（行政执法调查和专项调查）规定采取调查的主体、调查的程序、证据及取得、调查期限等。在处理上，对于法律规定明确、性质无争议的案件由监管部门或人民政府认定，按法定职责予以处理，制订处置方案，依法予以取缔，并处理债券债务。对于跨行业领域的较为复杂或认定疑难的案件，或没有明确主管、监管部门的行业领域，发挥好协调机制作用进行处理。执行规定监督被处置、取缔对象按照处置方案做好善后工作，重视维护社会稳定，防范和处置群体性事件。

4. 划清法律责任

监管法也是责任法，设立非法金融机构、从事非法金融业务活动违反了法律规定，必定涉及法律责任。《办法》的罚则，不足以震慑非法金融机构从事非法金融业务活动。一是处罚力度不够，违法违规成本偏低，客观上鼓励了金融领域的道德风险。如《办法》规定设立非法金融机构、从事非法金融业务活动没有非法所得的，处以 1 倍以上 5 倍以下罚款，没有违法所得的，罚款上限为 50 万元。从近几年披露的非法集资案件来看，大案要案多，涉众、域广、金额大（动辄几十亿元）、案情复杂、影响十分恶劣，相比之

下，处罚根本没有任何威慑作用。法律责任的设定、处罚的额度规定要参考其违法的范围、程度及其非法所得的收益，以及社会危害程度等综合因素考量。目前非法金融活动十分猖獗，监管乏力，有必要依法严厉打击。在法律责任的设定上，宜加大责任，提升处罚力度。

5. 重构工作协调机制

我国金融监管领域，既有监管空白，又有重复监管。对持牌金融机构，主要是重复监管，对非法金融机构和非法金融活动，关键是监管空白。分业监管“铁路警察、各管一段”并非关键，关键的是要么都管、要么都不管。齐抓共管、无人负责、相互推诿才是现代金融治理的大忌。只有监管职责清晰，才能做到守土有责、尽职免责、失职问责。

课题组建议，一是加强金融监管协调，统一监管规则。全国金融工作会议的一项重要成果，就是设立国务院金融稳定发展委员会，强化金融监管协调的一项重要的制度性安排，必将强化金融管理部门之间、中央与地方金融事务之间的政策协调，形成工作合力，对健全我国金融监管体系起到至关重要的作用。《办法》的修改要充分体现金融稳定委员会起到的积极协调作用，体现金稳委对消除监管空白、重复监管现象中起到的作用。二是明确监管职责堵塞监管漏洞。建议根据《中国人民银行法》《商业银行法》《银行业监督管理法》《保险法》等法律，结合现行分业监管的体制，遵循功能监管、穿透式监管的基本原则，明确界定中国人民银行、银行业监督管理机构、证券业监督管理机构、保险业监督管理机构在取缔非法金融业务活动中的职责。同时，对取缔工作中地方政府以及公安部门、工商部门等相关职责进行明确界定，确保职责明晰，各司其职，各负其责，有效避免由于制度原因导致的取缔职责不清、协调不畅、监管真空等问题。

参考文献

赖秀福：《坚持重典治乱，创新手段治理非法金融活动》，《中国银行业》2018 年第

4 期。

余雪扬、张毛:《非法金融活动的产生原因与治理策略》,《河南牧业经济学院学报》2018 年第 1 期。

刘少军:《民间及互联网金融监管怎么破》,《当代金融家》2015 年第 1 期。

汪丽丽:《非正式金融法律规制研究》,博士学位论文,华东政法大学,2013。

易燕、徐会志:《网络借贷法律监管比较研究》,《河北法学》2015 年第 3 期。

B.8

智能互联网时代的民事立法转向*

郭少飞　文　泉**

摘　要： 智能互联网时代社会形态乃智慧社会，现实世界与虚拟空间融合，数字化及信息技术压缩时空距离，人、物全息呈现并被高度感知，社会高度互联互通，高度智能化。智慧社会新型成员地位结构产生，社会关系重塑，社会功能结构变化，社会风险叠加，现行民法制度发生全面深度变革，既有立法无力因应。对此，应树立治理理念、统合共治理念及数据思维，加强立法者数据能力建设，贯彻实质平等、数据正义、算法公正等立法价值，遵循民主立法与科学立法并举、技术中立与技术伦理并重、适度超前、审慎谦抑必要的立法原则，以“单体人”为立法人像，主要采取特别法方式，公法与私法规范混合，强制规范与任意规范混合，采用实验性、框架式立法模式。

关键词： 智能互联网　智慧社会　民法变革　实验立法　框架立法

随着大数据、云计算、区块链、物联网、人工智能等新技术突飞猛进并融合发展，颠覆式创新急速发生，互联网演变为智能互联网，对诸多现实社

---

* 本文系河南省哲学社会科学规范项目“人工智能法律主体制度研究”（课题编号：2018BFX012）阶段性研究成果。

** 郭少飞，河南师范大学副教授；文泉，河南师道律师事务所律师。

会领域产生重大影响，在经济形态上表现为以智能互联网为基础、以知识信息数据为核心生产要素的数字经济崛起，数字产业应用水平、范围大大提升。生产力变革重塑着生产关系，智能互联网对传统法律制度产生巨大冲击，尤其是现行民法受到全面挑战，无论是主体、客体、权利制度或法律行为、法律责任等，均将深度调整，以满足智能互联网时代的制度之需。为此，需要探寻智能互联网时代的社会形态、社会结构及风险，洞察传统民法深度变革趋向以及此中现行立法之不足，提出面向未来的民事立法原理、制度和技术。

一　智能互联网时代的社会图景

"尽管单个法律模式的持续及深入发展展现出独立性的一面，法律风格的基本变化仍然由社会的结构变迁来决定"。[①] 探讨智能互联网时代的民事立法，当然首先须明晰此一时代的社会形态、社会结构，以及新技术可能导致的社会风险。

（一）智能互联网时代的社会形态：智慧社会

智能互联网作为后信息社会的基础设施，需要海量数据，数据成为社会运行的核心要素，而计算力的提升、大数据技术发展带来万物信息化、数字化。互联网不仅是人的互联，也成为物的互联，全体人类与万物接入互联网，彼此发生关联的未来图景可期。代码、算法成为社会有效运转的基本规则，人类的主体地位受到一定影响，新型主体如"电子人"[②] 产生，人机混合成为常态；虚拟与现实平行交错，样态多元；互联网由信息演进为价值互联网，融合共享普遍发生。线性逻辑思维与相当因果关系的科学性遭受挑战，因果判断具有跨界性、融合性和渗透性。在自然智能之外，人工智能作

① 〔德〕尼克拉斯·卢曼：《法社会学》，宾凯、赵春燕译，上海人民出版社，2013，第234页。

② 郭少飞：《"电子人"法律主体论》，《东方法学》2018年第3期。

用凸显，客体或工具智能化水平日益提升；社会运行如交通、教育、医疗、制造、商业交易智能化，家庭生活智能化，社会服务、国家治理智能化。

智能互联网时代社会包含两大部分，即独立的现实世界与虚拟空间或“赛博空间”，二者亦交织形成一种混合领域。虚拟空间与现实世界的关系颇为复杂，虚拟空间可能是现实虚拟、延伸或映射；或是纯粹虚拟，脱离现实世界的虚拟创造，如多数在线游戏；主流关系表现为虚实映照、交互内嵌，线上线下融合、一体化成为产业发展的新方向。而现实世界因智能互联网附有数字化、智能性、全面互联等特点。就虚拟空间而言，因空间参与主体的数量及空间属性，可分为私人虚拟空间、公共虚拟空间，前者如个人邮箱、即时通信工具，后者如虚拟社区、论坛。因属性、主体、利益关系、行为方式等不同，两种虚拟空间的结构存在显著差异，一般而言私人虚拟空间结构更简单。当然，也可以从主体匿名性、现实关联度、空间具体创造者等角度认识虚拟空间。当下，双重空间融合，数字化及信息技术压缩了时空距离，人、物全息呈现，并被高度感知，社会高度互联互通，高度智能化。[①]传统社会逐步智慧化，由当前智慧社区、智慧城市扩展至全社会，“智慧社会”即将来临。

（二）智能互联网时代社会结构发生变化

在智慧社会，各主体拥有的新兴技术能力、资源支配力、数据信息掌控力差异显著，深度分化，社会地位浮沉变动，新社会成员地位结构产生。人际关系、家庭关系、阶层关系等社会关系亦重塑，出现许多新的特点与模式。而经济、政治、制度等社会结构要素重组，社会功能结构变化。

1. 社会成员地位结构发生变化

自然人主体单体化、透明化。以自然人为中心，产生大量的生物信息、生活信息，个体的生命状态包括精神活动被细致入微地观察、捕捉、记录、分析，人已无处遁形。由此，每个人皆为独特之存在，差异化与同质性、特

① 汪玉凯：《智慧社会与国家治理现代化》，《中共天津市委党校学报》2018 年第 2 期。

殊性与普遍性并驾齐驱，前者甚至超越后者。原有粗粒度下的抽象、统一、匀质主体形象已然消散，让位于细粒度下的“单体人”“微粒人”。而个人角色的分化、组织群体的分级和社会地位的分层产生了诸多由年龄、性格、性别、文化程度、种族、社会背景等相差甚远的社会个体组成的异质性群体，同时也导致了多元化的社会分层体系形成。[①] 同时，智能互联网平台崛起，在智能互联网去中心化之余，出现再中心化，平台成为新的权力中心，垄断数据信息，以算法代码影响甚至控制人们的思维方式、行为模式、政治选择等。平台与个体之间力量更加失衡，平等性消解。对国家而言，一方面受新技术冲击，中心化地位在一定程度上被弱化，需与社会公众、大型平台分享权力；另一方面，借由新技术、平台配合，可全面监控社会，公权力以前所未有的深度广度渗透到各个领域，国家统治力更加牢固，个体、社会更易遭受干涉侵害。总之，智慧社会下，个体在社会系统中的力量微弱，地位相对最低，且因教育水平、技术能力、经济地位、社会声望等，个体之间分化更为严重。大型平台掌握数据信息等核心生产要素，实质获得社会权力，具有一定自治空间，但同时受国家监管，须配合国家权力运作。而无论何种社会类型，国家的地位与权力将得到强化。

2. 社会关系结构发生变化

智能互联网压缩了时空距离，人类联系便捷高效，提高了人际关系的频度，但网络、智能设备等工具导致面对面的交流减少，甚至社会交往、对外交易如订购生活用品，皆由智能机器人判断，自主实施，人与人之间更加疏离，关系浅薄，亲密感下降。在工作领域，智能机器人广泛应用，传统岗位被替代，人类转向技术性工作，工作去中心化、居家化，现行科层式、金字塔型的等级关系消解，平等性增强，同事交往多限于工作。而家庭功能进一步丧失，消费、娱乐、养老等均可由机器完成，甚至无须配偶，借助虚拟现实技术满足生理需求，借助生物技术繁衍后代。对个体而言，家庭、家庭亲密关系意义下降。随着进阶至强人工智能，智能机器人作为主体普遍存在，

① 参见刘少杰《网络化时代的社会结构变迁》，《学术月刊》2012 年第 10 期。

人机家庭产生。此外，传统以经济地位、教育水平、职业背景、社会地位等为基础的群体或阶层让位于“圈层”，全球各地人们根据兴趣偏好组建不同的圈子或活动团体，形成各种“圈层”，个人可游走于多个“圈层”，加入退出非常自由。

3. 社会功能结构发生变化

智能互联网导致社会经济、政治、组织、制度等结构要素重整。当下经济领域，诸多新业态、新模式基于智能互联网而生，对社会生活各领域产生颠覆性影响。传统经济形态智能化，全面跃升为智慧经济。市场主体，尤其是公司法人，组织结构相应做出调整，公司治理与日常管理可采用新型技术如区块链，减少运行成本，提升效率。在政治系统中，普遍直接民主具备可行性，代表制、代议制作用弱化。一方面，民众通过互联网能够快速集结，发表观点，政治参与度增强；另一方面，民众极易受到宣传、广告影响，从而被操控。这给国家治理提出新挑战。各个国家机构必然调整重组，权力地位发生变化，而自律性组织或非政府组织的社会治理意义凸显，须协调发挥自律与他律、国家规制与社会自治的作用。在制度层面，国家法律与政策、科技伦理规范、自治规则、代码算法并存，甚至非法律制度居于主导地位。

（三）智能互联网时代新型社会风险叠加

现代社会已属风险社会①，风险发生频次范围剧增。新技术的广泛运用提升了人类福祉，却也产生诸多新风险，并放大了传统风险，导致社会风险叠加。基于智能互联网，风险传播快、范围广，后果更加不可预见、不可控制，难以救济，社会系统性风险加大，具体而言主要有以下三个方面。

1. 数字鸿沟及数字阶层化产生

无论在全球范围内，还是在我国，信息基础设施分布不均衡，地区差异、城乡差异显著。即使是互联网用户，文化水平、技术能力、利用程度等

① 〔德〕乌尔里希·贝克：《风险社会——新的现代性之路》，张文杰、何博闻译，译林出版社，2018。

也存在不同，相当一部分无法娴熟地运用于社会生产生活。由此，人们之间产生了数字鸿沟，那些无法接触互联网、获取信息的群体，以及浅层用户，在数字经济、智慧社会中难以分享新技术带来的经济红利，在社会结构中处于不利地位。而技术精英、深度用户等，利用新技术强化自身资源支配能力，攫取社会权力，进一步固化其优势社会地位，数字阶层化产生。若不能消除上述弊端，必然加剧社会结构失衡，加速社会关系破裂、社会失序。

2. 算法风险增加

智慧社会有效运转有赖于各种代码算法。算法具有内在自洽的逻辑性，甚至自我进化能力，开发人员或编程者也无法解释，无法预见，产生算法黑箱效应[①]，安全性难以保障。算法由代码构成，技术性强，但并非完全技术中立，它融贯了开发者、编程者的价值观、伦理观及主观偏好，算法歧视现象比比皆是，如基于大数据的商品定价，一人一价，亟待规制。一些主体利用技术优势，设置算法陷阱，令消费者、顾客陷入被动不利之境地。此外，算法与道德伦理的冲突，如无人驾驶汽车在交通事故中优先保护谁的问题，即“电车难题”（trolley problem）。人类理性能力的有限性决定了算法内在缺陷，无论有意之歧视陷阱，还是不可解释之黑箱，算法在维持社会有效运行的同时，再次令人类社会面临新困境、新风险。

3. 技术自主、异化与失控概率加大

智能化机器或软体具有自主能力，犹如人类对外部环境做出反馈，主体性业已彰显。然而，即使在当下，人工智能已经具备自我进化能力，其认知方式、逻辑思维、行为模式等超越人类预期[②]，智能机器人极可能自我变异，脱离既定算法与框架，人类将失去对它们的控制。从自动化到自主性，再到自我进化，智能技术独立性渐增，变异失控概率加大，代码算法缺陷加

---

① 参见司晓、曹建峰《论人工智能的民事责任：以自动驾驶汽车和智能机器人为切入点》，《法律科学》2017 年第 5 期。

② 谷歌宣布“机器人已经完全脱离人类的控制”，其研发的人工智能系统 AutoML 随机创造了自己认为效率更高的新语言和新的沟通方式。“完全脱离”不免夸张，但亦表明人工智能机器自主性及不可预见性持续增强的趋势。

剧了此一风险。然而，安全风险无法完全规避，原因如机器习得的知识充满危险信息、黑客侵入改写程序、编程制造缺陷、机器进化结果超越人类认识，甚至有意加害人类以利于智能机器人[①]。

二　智能互联网时代民事立法挑战

智能互联网时代，社会结构调整，关系变化，风险叠加，令法律规制面临崩溃境地，其中经济系统所属之私域更是首当其冲，已来之未来率先发生于此。现行民法制度对智慧社会解释力弱，规制无力，故须面向未来社会图景，明晰民法变革动向，继而深入探析既有民事立法缺漏，为寻找智能互联网时代民事立法之道奠定基础。

（一）民法深度变革

民法在智能互联网时代遭到全面挑战，主体、客体、权利、法律行为、法律责任等制度正在发生深度变革，端倪已现。

1. 主体方面

第一，主体多样性增加。除了自然人、法人，人工智能机器或软体亦可作为主体，即“电子人”[②]。区块链智能合约既可以作为传统合同，又属于法律实体，即特定的法人或非法人组织。[③] 赋予河流等自然环境要素法人地位，国外已有成例。第二，主体平等性消解。新技术条件下，自然人成为单体人、微粒人、透明人，相较于信息能力极强之平台与国家，处于弱势地位，自然人、法人平等性预设崩塌。数字鸿沟、数字阶层化以及基因编辑等生物技术，导致自然人实质差异扩大。第三，主体多元化复合。“作为权利享有者与义务承担者，互联网场域中的法律关系主体比现实生活中的法律关

① See Maxwell J. Mehlman, Jessica W. Berg & Soumya Ray. *Robot Law* (January, 2017), https://ssrn.com/abstract=2908488, 2019 年 3 月 8 日。

② 参见郭少飞《“电子人”法律主体论》，《东方法学》2018 年第 3 期。

③ 参见郭少飞《区块链智能合约的合同法分析》，《东方法学》2019 年第 3 期。

系主体更加丰富多彩，更加种类繁多，更加精彩纷呈。”[①] 在同一交易关系尤其平台型网络交易中，包含多元主体，如消费者、电商平台、平台商家、第三方支付平台、银行、物流企业等。第四，主体匿名性普及。基于区块链智能合约，交易呈现主体匿名、去中心化、自动履行执行、不能篡改等特征。区块链未来三年将在我国实体经济中全面落地，届时主体匿名性将成为普遍特征。

2. 客体方面

第一，客体范围大幅拓展。客体由现实物扩展至虚拟物，只要能为人支配控制，皆可作为法律客体，表现出强烈的广延性。数字化下，数据、信息、数字货币或代币、虚拟财产、网络空间等成为新型客体。人体或人体之一部如基因、器官，诸多精神人格要素，成为财产权客体。第二，客体要素创新性强。传统有体物嵌入智能化信息化设备，融合新型技术，电子产品、精密仪器等人工物制造运用大量前沿技术，数据信息等新型客体正是新技术产物。许多程序软体规模庞大，由千万行代码构造，深具独创性、新颖性。第三，客体来源复杂。传统有体物，高新技术产品尤甚，需众多厂商协作，提供零部件，但最终产品来源确定单一。数据信息等新型客体来源复杂，涉及网络服务提供商、用户等多元主体。第四，客体离散、集合与嵌套。新技术打破“一物一权”原则，物的成分离散，观念上特定化，可作为客体。集合物作为所有权客体因归属识别技术不存在障碍，作为担保物权客体更为便捷。单一数据信息聚集为大数据，作为权利客体。虚拟空间财产彼此嵌套交叠，如在线游戏中的装备。

3. 权利方面

第一，传统权利重构。人工智能“电子人”可享有财产权、物质型人格权及网络数据权利。一些新客体纳入传统权利范畴。传统权利裂变，同一对象之上并存多种权利。第二，新型权利涌现。个人信息权、数据权、虚拟财产权等新型权利在立法中已有所体现，但仍须完善。欧盟《一般数据保

---

① 参见葛洪义《法理学（第二版）》，中国政法大学出版社，2012，第352页。

护条例》（GDPR）增设了删除权（被遗忘权）、可携带权、免受自动化决策权（数据画像）、访问权等新型权利[1]。第三，权利混合属性。同一权利包含财产利益与人身利益，财产与人身属性混合，如姓名权、肖像权等标表型人格权，被认为包含财产属性。新兴权利如基因权、个人信息权、数据权利等，亦有双重属性。

4. 法律行为方面

第一，行为方式复杂。主体多元，利益多重，动机多样，分享流行，时间压缩，短时交易普遍。法律行为达成及内容须由众多关联主体、行为等判断。第二，行为代码程式化。法律行为多经由 App 或网络达成，行为方式、内容等已事先确定，代码算法成为法律行为底层规则，塑造着法律行为，法律行为受到既有技术范式程式的约束。第三，意思表示边缘化。数字化下，法律行为中意思表示退居非核心地位，如浏览合同。意识到条款存在足以订立一个可强制执行的“浏览合同”。[2] 不要求明确的要约承诺或合意。而主体匿名的区块链智能合约更是如此。至多从概况认知角度去判断或解释当事人合意。第四，行为实施自动化。在以往绑定、自动划款等方式外，区块链智能合约使得法律行为履行执行自动化，只要达到既定条款、状态、事件，无须当事人介入，即可自动实施。在智慧社会，法律行为自动实施将成为普遍现象。

5. 法律责任方面

第一，损害后果认定困难。传统合同效力瑕疵事由在主体匿名、意思表示边缘情形下不易认定，甚至无适用余地。违约、侵权认定通常面临各种抗辩，如用户点击“我同意”、已告知用户隐私政策等。而损害后果难以量化，如非法搜集用户上网数据。第二，线性因果关系断裂。大数据技术使得因果关系判断由相当性、盖然性、经验性演进至相关性、确定性、技术性，可以挖掘各种因素，认定其原因力比重。但算法瑕疵及数据不完备，易致因

① 参见京东法律研究院《欧盟数据宪章——〈一般数据保护条例〉GDPR 评述及实务指引》，法律出版社，2018，第 25 页。

② Register. com，Inc. v. Verio，Inc.，356 F. 3d 393（2nd Cir. 2004）.

果判断偏差。第三，过错趋向非责任要件。智能形态下，万物互联交织，某一因素或变量的调整可能引发损害；第三人的不当行为，智能机器的自主行为或演化，都会产生损害。风险的广延性导致人们无法完全预见并避免，过错在责任认定中愈加次要或不必要。第四，责任连带属性剧增。智能时代损害发生在于多因素聚合，甚至单一行为无害、意思无联络，多方主体行为加总，导致损害，而难以完全归咎于一方。故各主体对损害承担连带责任之情形大增。第五，多元责任分担强化。新技术在推高人类福利水平之余附带各种风险，此非单一主体能够完全担负，法律亦不能彻底克服，当下以保险、责任基金等方式分散风险之社会化做法进一步拓展，甚至处于主流地位。

（二）既有民事立法失效

当前，我国网络空间法律规范碎片化突出，立法的系统性、协调性较差，价值序位上重安全、秩序和监管，轻创新发展和权利保护，互联网法律规范层级低，影响立法的权威性和管理的有效性，重事前许可和事后处罚，法律规范实效性差，不能有效应对互联网领域的诸多法律纠纷和现实难题①，难以顺应智能互联网发展，主要表现在以下三个方面。

1. 立法理念方面

立法的国家中心观。立法系国家主权行为，以国家为主。而社会系统复杂性的增加导致国家法之外的民间法、社会法亦有作用空间。我国地域广袤，地方性事务地方特点突出，需要地方政府立法。当下立法完全由国家主导，且以中央立法为主，地方立法作用有限；最大问题在于，为社会团体、行业规范等非国家法留下的空间过窄。在智能互联网时代，此种中心化立法弊端凸显。社会系统去中心化，国家中心地位扁平化，大型平台、行业协会或社会组织应享有更多的自治权，包括规则制定权。

立法的单一共识观。立法须凝聚最大价值共识，但是并非寻求唯一价值共识。单一价值共识观在价值多元化、歧义化的时代难以实现。智能互联网

① 周汉华：《论互联网法》，《中国法学》2015 年第 3 期。

时代，价值共识更为多元，固有的社会群体、阶层划分标准让位于更具体细微之个体主观偏好，成为“圈层”价值基础。这意味着，单一价值共识更加困难，试图聚集全社会共识几无可能。应在尊重多元价值的基础上，确立基本价值共识，避免立法迟疑停滞、无效率。

立法的管制功能观。虽系民事立法，但以管制为目标，试图规制人们的行为，民法公法观尚存。以社会管理立场，导致民法强制性规定过多，转介公法规范过多，公法对私域介入过多。从法律效果看，有效制度供给不足，同时法律弹性不足，易致社会僵化。智能时代，科技迅猛发展，社会日新月异，关系复杂多样，利益盘结纠缠，民事立法应定位于基本规则甚或制度框架供给，为治理注入新理念和新法律方法。

2. 立法制度方面

在立法主体方面，现有主体立法能力有待强化，特别是新技术能力及运用尚不足。地方立法主体作用发挥不充分，尤其当面临未知之技术前景及潜在风险时，以局部、实验性立法为重，地方立法主体立法功能更突出。在国家治理层面，若不完全局限于国家法，则可由市场主体、行业协会等制定行为规范，实行自治自律，补充国家立法，而国家主要对自治规范进行指导、监督。

在立法权方面，中央主导立法之下，央地立法权配置不合理，地方立法权一方面不足，另一方面基于实践需求之地方立法超越权限。同时，中央及地方立法机关、行政机关的具体立法类型、内容边界等不清，人大立法让位于部门立法，常委会立法取代人大立法。而授权立法不规范，规范性文件合法性审查制度不健全。智能时代，立法权配置须根据对象范畴、事务性质等确定，与新技术相关事务应率先由中央统筹协调，地方立法先行先试，最后中央统一立法。

3. 立法技术方面

立法规划性不强。面对智能互联网时代及法律深度变革，当下立法主体准备仍显不足。虽然 2019 年两会政府工作报告提及人工智能立法，但仍缺少社会形态与结构转换视角之整体立法规划。智能时代，现有立法立场、理念、模式等皆应调整，规划不足将导致无法深刻洞悉社会趋势及法律动向，所订之法难以契合社会脉动，甚至阻碍技术创新、文明进步。如此重大事宜，当须全面合理规划，从而实现立法与时俱进、协调统一。

立法民主性有待提升。立法涉及普罗大众，应当体现广大人民意志。虽然采取论证会、多渠道收集建议等方式，但人员不足，经费少，难以充分吸收民众意见。缺乏开放统一的立法平台，立法博弈不充分，普通民众受客观条件和能力限制，话语权小，立法参与度低。而在智能互联网时代，大数据等技术使立法主体观察社会、深度了解民意成为可能，并且民众可直接参与立法活动，无须代议，即使短期无法实现，亦应强化直接民主及立法，运用数字技术扩大立法民主性。

三　智能互联网时代民事立法策略

智能互联网带来法律深度变革，当下立法不足以因应，基于现实世界与赛博空间之智慧社会，须调整民事立法策略，涉及立法理念、立法价值、立法原则、立法权力、立法技术等诸多方面。

（一）立法理念需要重塑

立法进步首要在于立法者观念及思维方式的转变。智能互联网时代，立法理念须基于特定社会结构及法律动向做出调整，主要包括三个方面。其一，治理理念。国家治理体系建设虽已纳入国家议程，但原有观念及制度惯性强大，仍须切实转变观念，由管理思维转向治理思维，适当厘定市场与政府、社会与国家边界，政府保持克制审慎，令市场真正发挥基础性调节作用。尤其面对新技术，政府能力有限性更加凸显，应发挥市场自身规制功能，立法应适度宽松，搭建基本规则或行为框架即可。其二，统合共治。智能互联网时代，社会结构扁平化、去中心化，秩序建构更加依赖多元主体。就国家治理而言，需要多元主体参与，通过与多元主体协商合作，强化治理社会基础，维持治理体系的生机活力。尤其新技术立法，技术专家、用户等主体必不可少，经与多方主体统合，立法的科学性才能得到保障。在规制层面，实行多元共治，政府规制与市场主体自我规制结合，基于新技术之新业态、新模式以市场主体自治自律为主；鉴于技术革新迭代快，政府以实验性规制为主。其三，数据思维。[①] 在全面数字化、智能化的时代，万事万物均以数据呈现，并按算法运行。数据为立法提供了镜鉴，立法者能够以较低成本充分直接了解社情民意，弥补过往信息有限、宏观、失真等弊端；能够实时观察法律规制效果，并做出反馈。智能互联网时代立法依托数据，实乃数据运用之结果，立法者应树立数据思维，重视数据在立法中的重要作用。

（二）立法者数据能力建设需要加强

新时代立法者须加强新技术运用能力，当前主要是数据能力建设，包括三个方面。第一，数据标准建设。数据采集、整理或清洗、演算或算法、用途等，虽然无法完全正面规定，至少应确立禁止性规则，建立基本标准框架。此外，确定统一数据接口标准。政府内部数据接口率先标准化。市场主体数据接口标准亦应明确，尤其应确定与政府进行数据对接的方式、内容及限度等。第二，数据体系建设。完善政府数据信息体系，实现政府数据对接共享，明晰立法者数据权限。打破数据碎片化状态，建立市场主体数据共享机制，并将市场主体数据导入立法数据体系。明确数据交易标准，建立统一数据交易市场，政府可从中购买。第三，数据分析能力建设。数据分析乃专业事务，立法者须持续加强自身能力，也可外包给专业机构，为立法提供数据支撑。

（三）立法价值基础需要创新

其一，实质平等。此非由抽象主体转向具体社会身份意义上的实质平等，而是在智能科技、大数据之上对主体的深度关怀，尤其表现为以具体现

① 参见江必新、郑礼华《互联网、大数据、人工智能与科学立法》，《法学杂志》2018 年第 5 期。

实的个体为立法、法律判断的基础。在个体（用户）、平台与国家的关系方面，以用户为先，而平台先于国家规制。其二，数据正义。智能互联网时代，互联网接入成为基本人权，应实现互联网全面覆盖。提升新技术教育与应用水平，考虑纳入义务教育，力图破解数字鸿沟与数字阶层化。制订大数据技术伦理规则，消除数据歧视，尊重用户数据权利。其三，算法公正。算法系智慧社会尤其赛博空间运行的基础规则，一切皆算法。算法应有利于实现公平正义等基本价值，不能违背人们的普遍道德情感，不能设置算法陷阱获取不当利益。立法应关注算法，规制算法。其四，以自由效率为主，以秩序安全为辅。新技术蕴含风险，在局部、可控情形下，应鼓励开发者实践测试。此须发挥地方立法作用。以河南为例，可早期立法允许科技公司在郑洛新国家自主创新示范区研发测试应用新技术，一方面为地方奠定制度优势，吸引大型科技公司，促进本地数字经济发展，另一方面可促进产业发展。

（四）立法原则需要完善

第一，民主立法与科学立法并举。智能互联网、大数据使得立法者能够直接了解社情民意。立法的民主化更有作为空间。而赛博空间立法技术性极强，必须同时强调科学性，做到立法制度合理、规制有效、产业发展。第二，重视技术中立与技术伦理。虽然代码算法等技术构造多少会反映开发者的价值立场，但为防止价值偏颇，立法应追求技术中立，尽力做到价值无涉。同时，新技术具有潜在的巨大风险，或面临争议较大的伦理困境，立法应重视技术伦理规则与法律制度的融合联结。第三，适度超前。面对技术发展迅猛的智慧社会，立法的前瞻性要求强烈，须做好立法预测，深入了解新技术，全面掌握新社会形态。鉴于立法者能力有限，技术和产业发展需要，在尚未成熟的领域，应采取指引性框架式立法，从而保留弹性制度空间。第四，审慎、谦抑、必要。既要发挥立法的指引、保护功能，也要明晰立法功能的有限性，对于正在到来的智慧社会，对于蓬勃发展、尚不稳定、风险未知的新技术，保持审慎的态度并不为过。首先由市场主体自我规制，行业自律，立法仅供给底线规则，进行必要规制，重点保护用户。

（五）立法具体进路

1. 立法人像方面

民法以抽象理性人、匀质人作为基本主体人像，虽然已基于实质平等转向具体的现实之人，但也只是以具有转换性的社会身份作为立法人像，如经营者、消费者、劳动者，至于社会身份之下每一个体的具体差异仍无法顾及。事实上，法律假定之强者、弱者具有相对性，当然无法就单一个体立法，但在一般规则中，在基于社会身份或特殊情势制订的特别法中，应贯彻“单体人”人像，在法律关系缔结、法律行为效力认定、法律责任构成与承担等诸多方面，考虑新技术下单一个体之差，构建制度，为数据有效应用于概念补充、司法裁判留有余地。

2. 立法模式方面

特别法居于主导地位。生活常识、社会知识与经验具有稳定性，交由一般法。而鲜活、生动、变化快的社会领域，应主要采取特别法。在通往智慧社会的进程中，社会系统与社会结构发生变动，新型关系不断涌现，民法典体系稳定性、权威性要求不能随时修订，无法适应此一社会律动，须以特别法方式调整。当新制度模式固定成熟，并具有普遍性和一般意义时，可纳入一般法。

公私法混合立法。据前述，智能互联网时代法律全方位深度变革，多元主体，多重利益，多样风险。这种挑战已经超越了单纯的某个法律部门、某种法律制度和某类法律范畴之限制。[①] 需要全面立法，既为民事主体自治进行私法制度供给，也需要国家监管，进行公法干预。围绕同一事务，需要公私法协力。这在消费者权益保护法、劳动法中皆有体现。智慧社会立法，此一混合立法趋势更加明显，同一法律既有私法规范，也有公法规范。

实验性、框架式立法。新技术的不稳定、潜在风险，使得立法活动面临

① 〔英〕戴恩·罗兰德、伊丽莎白·麦克唐纳：《信息技术法（第二版）》，宋连斌等译，武汉大学出版社，2004，第1页。

较大的不确定性。为此，应开展实验性立法，制定临时性、开放性条款，根据新技术、新领域具体状况，随时检讨立法成效，针对存在的问题，适时调整修订法律，进行动态规制。“实验法”应设定期限并伴有评估措施，用于风险治理。[1] 实行框架式立法，为行业、技术发展提供指引，以简约规则化约复杂世界。

3. 立法技术方面

在规范层面，强制性规范与任意性规范混合，但以前者为主。强制性体现在基本框架、底线规则，当事人不能排除、变更。公法规范基本属于强制性规范，其余属于当事人自治范畴。对用户与平台，以程序强制为主，主要规定平台程序义务，如隐私与安全政策告知、数据收集与用途告知。至于交易内容等，由当事人自治即可，当然也受法律调整，若系格式合同，则须符合合同法规定。此外，引致条文增多。立法调整事物、技术的复杂性、关联性强，在规范一个事物时，往往涉及其他事物，立法只能引用规范该其他事物之法律，令引致其他法律的条文大增。

① 参见王贵松《风险社会与作为学习过程的法》，《交大法学》2013 年第 4 期。

B.9

近年来我国医患纠纷的立法评析与展望

赵新河*

摘　要：　为了实现医疗纠纷的预防策略，必须建立病历真实性识别机制。实践中应发挥医疗纠纷人民调解的便捷优势，兼顾公正，努力发挥调解组织的专业优势，摆脱对医疗责任鉴定的依赖。我国《医疗损害解释》完善了民事诉讼与司法鉴定的对接程序，《预防与处理条例》中关于医疗鉴定的立法，有利于形成多元化竞争的良性运行机制，增强鉴定的科学性与中立性。今后我国相关立法，应着力构建司法鉴定人制度，尽快制定统一的鉴定标准和程序。

关键词：　医患纠纷　病历真实性识别　人民调解　医疗责任鉴定

随着我国医疗卫生事业的稳步发展，人民群众的健康需求不断提升，除了对基本医疗服务可及性的要求之外，主要表现为对医疗服务质量与医疗安全的诉求日益增长。但是，临床诊疗活动本身具有一定的难以完全避免的风险，诊疗结果有一定的不确定性或不稳定性，实际诊疗结果与患者的较高期望值之间尚存在一定差距，难免发生各种医患矛盾与纠纷。据统计，我国每年各类诊疗量的总数大约是80亿人次，诊疗过程中发生的医患纠纷数量庞大，其中部分纠纷演化为医患暴力冲突、群体事件甚至伤医杀医的恶性刑事案件，影响社会和谐稳定，制约健康中国战略顺利实施。

---

* 赵新河，河南省社会科学院法学研究所副研究员。

21世纪以来，我国立法高度重视医患纠纷的防范与处理。2002年国务院颁布《医疗事故处理条例》对预防和处理医疗纠纷发挥了一定作用，但其关于医疗纠纷技术鉴定和赔偿标准的“二元化”的规定难以获得社会各界的普遍认同，致使《医疗事故处理条例》在医疗纠纷法律处理中逐渐被边缘化，医患矛盾难以依法化解。2009年全国人大常委会审议通过的《侵权责任法》第七章专门设立“医疗损害责任”一章，统一了医疗损害民事赔偿的法律标准，但仍然没有全面解决医患纠纷涉及的复杂法律问题。近两年，我国加快了医患纠纷立法。2017年12月13日，最高人民法院发布《最高人民法院关于审理医疗损害责任纠纷案件适用法律若干问题的解释》（以下简称《医疗损害解释》）并于次日实施。2018年7月31日，国务院发布《医疗纠纷预防和处理条例》（以下简称《预防和处理条例》），并于2018年10月1日起施行。《医疗损害解释》与《预防和处理条例》是我国目前关于医患纠纷法律处理的最新立法，本文拟在简要评析立法进步的基础上，着重对尚需注意的问题加以研讨，对相关立法的完善加以展望。

一　医疗纠纷预防策略的实现与病历真实性识别

（一）识别病历的真实性是预防医疗纠纷的必然要求

《预防和处理条例》的立法重点和亮点之一是重视医疗纠纷的预防，而预防、减少医疗纠纷主要通过两个方面来实现，一方面，在医疗活动中医疗方自觉规范医疗行为，提高医疗质量，以保障医疗安全；另一方面，通过对违规医疗行为法律责任的严格追究来警示和敦促医疗方改进执业活动，避免再次发生医疗损害或医疗事故。无论是对医疗活动的常规检查或是发生纠纷后对医疗行为合规性的事后审查，审阅、审查病历均是最基本的路径和措施。医患纠纷的处理实践显示，70%～80%的医疗纠纷诉讼案件存在患者方对医疗方书写、提交的病历的真实性、完整性的争议，一些纠纷的发生直接起因于病历真实性的争议。《预防和处理条例》高度重视病历病案问题，直接规定病历书写的有5条，与病案管理相关的有6条，含罚则2条，其中，第十五条规定：医疗机构及其医务人员应当按照国务院卫生主管部门的规定填写并妥善保管病历资料。任何单位和个人不得篡改、伪造、隐匿、毁灭或者抢夺病历资料。原《医疗事故处理条例》允许患者及近亲属查阅复制的病历仅限于客观病历，不包括主观病历。这一规定曾经饱受社会各界诟病，因为预防、减少医患纠纷的前提之一是通过医疗信息的透明化在医患之间建立相互信任关系，不允许患者方查阅复制主观病历剥夺了患者方的医疗知情权和监督权，徒增患方疑虑，引发医患纠纷。《预防和处理条例》第十六条规定：患者有权查阅、复制其门诊病历、住院志、体温单、医嘱单、化验单（检验报告）、医学影像检查资料、特殊检查同意书、手术同意书、手术及麻醉记录、病理资料、护理记录、医疗费用以及国务院卫生主管部门规定的其他属于病历的全部资料。这是立法的重大突破，有助于预防和减少纠纷。

提交真实、完整、充分的病历或鉴定材料，是当事人尤其是医疗方当事人的基本义务。《医疗损害解释》第十条规定：委托医疗损害鉴定的，当事人应当按照要求提交真实、完整、充分的鉴定材料。《侵权责任法》第五十八条规定：患者有损害，医疗机构隐匿或者拒绝提供与纠纷有关的病历资料，伪造、篡改或者销毁病历资料的，推定医疗机构有过错。可见，现行立法已经设置了不提供真实完整病历应当承担的相应民事责任，那么，识别病历真实性、完整性就关乎医疗纠纷预防策略能否实现，但是，我国现行立法并没有建立识别病历真实性的机制与规则，这是今后立法必须着力解决的问题。

（二）病历的证据归类及其证明效力

病历是指医务人员在医疗活动过程中形成的文字、符号、图表、影像、切片等资料的总和。明确病历的证据归类及其证明效力是识别病历真实性的前提。一般而言，病历以其记载的内容来证明案件事实，在证据学上似乎可归属为“书证”。例如，有论著认为，“病历作为书证，它可以在发生医疗纠纷时充分地保护患者和医生的合法权益”。[①]“从诉讼法的角度，病历是书证的一种”。[②] 但是，从病历的制作主体、内容构成诸方面考量，这一观点并不妥当。

住院病历的内容可划分为三大部分。第一部分是各种同意书，包括手术同意书、麻醉同意书、输血治疗知情同意书、特殊检查（特殊治疗）同意书，该部分病历经过患者方的确认且经医患双方共同签署，可以认定为具有稳定证明力的书证。第二部分是医学影像检查资料，这是通过科技手段对检查所见病情的客观记录，属于视听资料或电子数据的范畴。第三部分，其他病历资料，包括住院病案首页、入院记录、病程记录、医嘱单、辅助检查报告单、体温单等。该部分病历是医患争议的焦点所在，因为主要内容是医疗方对诊疗依据与理由的自主记录，难以排除书写者故意伪造、编造，形成掩饰医疗过错的非客观记录，显然，这些内容属于解释、陈述的范畴，与证据分类中的“当事人陈述”在本质上具有近似的证明作用。

将病历视为书证与把病历划分为“主观病历”与“客观病历”的观点有一定关联，有论著认为，“病历资料可以分为两大类，患者有权复制的是客观病历，患者不能复制而应当由医患双方共同封存的是主观病历”。[③] 但把病历划分为“主观病历”与“客观病历”在法律和法理上缺乏基本的依据。根据证据法学的通说，“证据可分为本证与反证、直接证据与间接证据、原始证据与传来证据、言词证据与实物证据”，[④] 并无“主观证据”与“客观证据”的分类方法。即使“客观病历”也不排除在患者复制前已经被书写者“定向加工”，故“客观病历”的内容未必客观真实，但可能误导医患纠纷裁判者视之为当然有效的证据。

根据民事诉讼证据认定规则，对书证原件或者与书证原件核对无误的复

---

① 冯庚、杨萍芬、付大庆：《院前急救预案：现场急救攻防策略》，中国协和医科大学出版社，2010，第340页。

② 古津贤、强美英：《医事法学》，北京大学出版社，2011，第389页。

③ 《医疗事故处理条例》起草小组编写《医疗事故处理条例释义》，中国法制出版社，2002，第31～32页。

④ 江伟：《证据法学》，法律出版社，1999，第232页。

印件，对方当事人提出异议但没有足以反驳的相反证据的，人民法院应当确认其证明力。但是，患者一方当事人往往难以对病历提出“足以反驳的相反证据”。可见，把病历整体视为书证实际上置患者方当事人于被动的诉讼地位，难以真正实现医患平等。

（三）病历真实性识别的机制与方法

我国现行司法鉴定分类中没有病历真实性鉴定这一类别，而医疗损害司法鉴定机构接受鉴定委托的前提是鉴定材料真实，这就需要尽快完善立法，建立病历真实性鉴定制度。病历真实性审查的主体应确定为有临床医学专家参与的医疗损害司法鉴定机构。司法鉴定机构实施病历真实性审查，要着重对病历争议是否对医疗事实的认定有实质性影响做出明示，但不宜直接对医疗方有无医疗过错责任及责任大小做出判断，医疗方的责任应由法院根据证明责任分配规则依法裁判。有学者指出，在医疗损害责任诉讼政策上适当向受害患者一方倾斜[①]。在病历的真实性无法判定的情形下，审判机关应当支持患者方适用《侵权责任法》第五十八条第（二）、第（三）项的规定进行医疗过错推定的请求。

根据《民事诉讼法》，对单一证据可以从证据的形式、来源是否符合法律规定，证据的内容是否真实等方面进行审核认定。证据法学理论认为，法律对制作形式和程序无特殊规定的，属于普通文书，法律要求必须按照法律规定的形式和程序制作的文书属于特别文书。[②]《病历书写规范》要求，病历书写应当“及时、完整、规范、客观、真实、准确”，也就是说，病历必须按照《病历书写规范》规定的格式、结构、程序、时间制作和书写，故作为医疗文书的病历属于特别文书，“完整、规范”是对病历的形式要件的法定要求，这是对病历实施形式审查的依据；“客观、真实、准确”是对病历内容的法律规制。因此，对病历真实性的审查应当从形式审查与内容审查

---

① 杨立新：《侵权责任法》，法律出版社，2010，第416页。

② 陈光中：《证据法学》，法律出版社，2011，第160页。

相结合展开。

对病历的形式审查主要从其完整性、规范性方面实施。病历的完整性是指病历中必须记载而不能缺少某些关键的临床资料，这是根据医学基本理论和医疗实践经验总结出的做出正确诊疗措施的专业要求，病历中必须记载这些内容是医疗方必须履行的法定注意义务，病历中缺失某些关键内容可视为医务人员没有履行相应的医疗注意义务。

对病历内容的真实性审查当从其内在一致性、系统性方面展开。内在一致性是指病历中做出的诊断应有客观依据，包括医学理论依据和临床资料依据，而病历记载的病情演变应符合公认的医学理论与规律，否则，可判定为故意编造、伪造、篡改的病历。病历的系统性是指病历内容所展现的诊疗思路是否清晰。对病历的系统性审查是进一步判断病历内容是否内在一致的方法，可判断医疗处置是否与医疗方的医疗水平相符合，进而判断病历是否真实客观。

应当指出的是，《医疗损害解释》第十条规定，提交的鉴定材料不符合要求的，人民法院应当通知当事人更换或者补充相应材料。这一规定实乃立法之败笔，因为病历一经封存，患方不会允许更换或者补充，更换或者补充病历岂不是纵容医疗方事后编造、添加病历和捏造自己当时并没有实施的医疗行为？

二　发挥医疗纠纷人民调解机制优势的若干问题

（一）快速调解当兼顾公正

《预防与处理条例》坚持并完善医疗纠纷的多元化解机制，并意图通过便利调解启动、医疗纠纷人民调解委员会的主动介入、不收取费用、限期30个工作日完成调解等制度配置来发挥人民调解在医疗纠纷处理中的主渠道作用，以求最大程度、尽快通过人民调解途径解决医疗纠纷。然而，调解不是和稀泥，不是各打五十大板，也不是仅仅靠“以情动人”就能解决医患争端，要切实发挥人民调解快速解决医患纠纷的作用，对效率、便民要素外的公正与权威因素也必须考虑，因为，只有拿出权威和公正的调解理由与调解方案，才能说服当事人接受调解意见，才能切实快速解决纠纷。

（二）医疗纠纷人民调解与民事诉讼的比对

与民事诉讼相比，传统的人民调解在权威性、强制性方面均等而下之。一是传统的人民调解着重强调人民调解员的广泛代表性，借助调解员熟谙民情民俗、社会经验丰富方面的优势来调处社会纷争，但人民调解员多系秉持大众思维的普通民众，可谓“只讲轮廓、不精专业”，而医疗纠纷中的医疗技术专门性问题，则是根据日常生活经验法则和运用一般调查询问方法不能解决的技术问题，以社会经验、社会知识见长的调解员并不能胜任医疗调解工作。二是医疗纠纷调解没有《医疗损害解释》所设置的规范的病历质证程序，如果医患双方对作为鉴定材料的病历存在真实性、完整性的争议，不仅委托鉴定难以进行，而且调解也难以为继，在这种情形下，很难想象当事人会舍弃更规范、更权威的民事诉讼程序而选择或同意通过稀里糊涂的调解渠道了却医患纠纷，易言之，与其调解，还不如直接选择诉讼。可见，如果医疗纠纷人民调解委员会不能依靠自身的专业技能优势解决医患纠纷，其便捷优势将荡然无存，那么，通过该调解机制快速解决医患纠纷的立法期待就会落空。

（三）摆脱对医疗责任鉴定的依赖，发挥调解的优势

无论是鉴定，还是调解、诉讼，医疗损害责任认定的关键是打造和寻找合格的纠纷处理主体。立法者也意识到提升调解组织和调解员对医疗技术事实认知能力的必要性。为设置适格的医疗损害责任调解主体，《预防与处理条例》从三方面做出努力，一是聘任一定数量的具有医学、法学等专业知识且热心调解工作的人员担任专（兼）职医疗纠纷人民调解员（第三十二条），二是咨询专家或从《预防与处理条例》第三十五条规定的专家库中选取专家（第三十三条），三是委托医疗损害鉴定（第三十四条）。按照目前

我国的医疗责任鉴定运行状况，自委托鉴定到鉴定意见做出，一般需要3～6个月的期限，委托司法鉴定必然耗费相当长的时间，降低医患纠纷的调解效率，减损人民调解的制度优势。因此，应当着力通过增强调解组织和调解员的医学与法律专业素质，摆脱对医疗责任鉴定的总体依赖和“逢案必鉴”的固有模式，至少实现“委托鉴定视为例外”，而不是“常规动作”和“必选项目”。应当明确的是，对知情同意权、隐私权、过度检查类纠纷根本无须鉴定，具备医学与法律认知能力的适格调解员可通过病历阅读、医疗事实认定与法律适用来取代鉴定机构完成对医疗过错责任的认定，并提出令医患双方信服的理由和调解方案促成医患纠纷调解结案。可以认为，只有疑难复杂的医患纠纷和必须借助专门设备器材进行实验的案件才需委托专门的司法鉴定机构实施鉴定。

三 医疗损害鉴定最新立法的审视与展望

医疗损害鉴定是医患纠纷处理中的基本机制，在目前我国的司法体制和纠纷处理机制下，尚难以完全摆脱对医疗损害鉴定的依赖，但是，不适格的医疗损害鉴定制度同样难以起到在医患纠纷中助力定分止争的作用。

（一）《医疗损害解释》完善民事诉讼与司法鉴定的对接程序

《医疗损害解释》依据民事诉讼法的相关规定，对与医疗责任鉴定相关的主要问题做出了规定，主要包括：应当从具备相应的鉴定能力、符合鉴定要求的专家中选择鉴定人，而不是选择鉴定机构；当事人应当按照要求提交真实、完整、充分的鉴定材料；明确委托鉴定的内容和要求，列举需要鉴定的专门性问题和事项；区分六种情形，规范鉴定意见对过错医疗行为原因力的表达，利于准确界定当事人之间的责任；强化鉴定人出庭作证程序，适用专家辅助人制度，完善对鉴定意见的法庭质证，保障人民法院依法准确认定事实；就单方委托鉴定和双方当事人共同自行委托鉴定的鉴定意见的采信做出了原则性规定，明确尊重当事人意思自治的价值导向。应当清楚地认识到，上述规定仅仅涉及鉴定准备的规范化、鉴定意见的具体化、鉴定意见采信的科学化，系法庭审理中的程序与规则，可视作是对《全国人大关于司法鉴定问题的决定》和《人民法院对外委托司法鉴定管理规定》相关条款的细化与完善，完善了医疗损害民事审判中与司法鉴定的对接程序，但其并不涉及医疗损害司法鉴定体制和司法鉴定机构实施鉴定的相关问题。

（二）《预防与处理条例》关于医疗鉴定的立法进步

《预防与处理条例》以较大篇幅设置医疗损害责任的鉴定机制，主要包括：医疗损害鉴定由医学会或者司法鉴定机构进行鉴定；医疗损害鉴定应当由鉴定事项所涉专业的临床医学、法医学等专业人员进行鉴定；组建包含医学、法学、法医学等领域专家的医疗损害鉴定专家库；聘请专家进入专家库，不受行政区域的限制；医学会或者司法鉴定机构可从鉴定专家库中抽取相关专业专家进行鉴定。我国医疗纠纷技术鉴定制度经历过法医学为主体医疗过失鉴定制度、医学会为主体的医疗事故技术鉴定制度、医学会和司法鉴定机构二元共存的技术鉴定制度。① 二元共存的技术鉴定制度是我国具有中国特色鉴定制度，《预防与处理条例》再次明确了该技术鉴定制度，同时，《预防与处理条例》关于鉴定的规定具有显著的立法进步：推行医疗责任鉴定实行法医临床司法鉴定机构鉴定与医学会鉴定并存的体制，有利于形成多鉴定机构并存与多元化竞争的良性运行的医疗责任鉴定机制；两种鉴定均应从由医学、法学、法医学等领域的专家组成的医疗损害鉴定专家库中抽取相关专业专家进行鉴定之规定，可以补强法医临床司法鉴定的医疗专业，补强医学会鉴定的法医学专业，增加患者方对该鉴定的科学性的信心；法学专家进入鉴定专家库可以补强两类鉴定的法学专业；地域垄断、排斥竞争是原医学会的医疗事故鉴定被边缘化和失去社会信任的原因之一，聘请专家进入专家库不受行政区域的限制，可通过异地专家鉴定来克服熟人干扰和同行庇护，并消减医学会鉴定的地域垄断色彩，重塑患者方对该鉴定的中立性的信心。

① 何颂跃：《我国医疗纠纷技术鉴定制度发展和新挑战》，《中国司法鉴定》2018 年第 5 期。

（三）医疗损害鉴定的立法改进与展望

《预防与处理条例》拟实行鉴定机构对鉴定意见负责的制度，其主要缺陷是背离鉴定人对鉴定意见负责的制度。当前，司法鉴定行业存在种种违规违法现象，责任制度的阙如是一个关键因素，只有建立健全鉴定人责任制度，才能促使其切实履行职责，保障鉴定意见的客观公正。[①] 司法鉴定是鉴定人运用科学技术或者专门知识对委托的专门问题进行鉴别和判断，并对司法机关提出书面鉴定意见的行为，司法鉴定的根本目的是借助专家个人的专门知识、技能和经验，辅助法官对专门性事实问题做出判断，当事人通过先选择鉴定机构，再最终确定鉴定专家的途径求助于鉴定人个人，而不是求助于鉴定机构。虽然直接选定鉴定人在司法鉴定中尚没有落实，但这是必然的发展趋向。实行鉴定机构对鉴定意见负责，显然与我国的诉讼制度难以对接，比如，使得鉴定人出庭接受质证难以推行。希望正在由国务院卫生、司法行政部门共同起草的《医疗损害鉴定的具体管理办法》能够确立司法鉴定人制度。

目前医疗损害鉴定缺乏相关的理论知识，也缺乏学界认可的统一的技术方法，因而导致了医疗损害鉴定意见缺乏可重复性，科学性和公正性大打折扣。[②]《预防与处理条例》规定，医学会或者司法鉴定机构开展医疗损害鉴定，应当执行规定的标准和程序，相关部门正在起草的《医疗损害鉴定管理办法（征求意见稿）》对此有所涉及，我们对此充满期待。

---

① 肖柳珍：《〈医疗纠纷预防和处理条例〉：从规范到实效》，《中国卫生法制》2019 年第1 期。

② 刘鑫、单靖雯：《开启医疗损害鉴定的新篇章——〈医疗纠纷预防与处理条例〉医疗损害鉴定模式》，《中国法医学杂志》2018 年第 4 期。

立法监督篇

Legislative Supervision

B.10 立法视角下地方金融监管协调机制的构建

吴云峰*

摘　要： 目前各地正纷纷出台《地方金融监管条例》，金融管理事权在中央，同时要压实地方金融风险属地处置责任，还要加强中央对地方金融机构问责和指导，这些都需要构建一个符合上述诸多要求的地方金融监管协调机制。本文从地方金融监管协调机制应发挥的功能入手，在借鉴国外经验的基础上，认真分析了涉及协调机制的取舍因素，并提出了相应的建议：划清中央监管部门派出机构与地方金融管理部门职责；理顺中央监管部门派出机构与地方金融管理部门的关系；明确地方金融监管目标，将“促发展”和“强监管”适度分离；明

* 吴云峰，中国人民银行郑州中心支行主任科员，法学博士。

确中央金融管理部门对地方金融监管业务指导、监督和纠偏的职责；明确对地方政府和地方金融监管部门的履职问责职责。

关键词： 金融监管　监管职责　统筹监管协调　问责机制

目前，许多地方金融办在加挂地方金融监督管理局牌子的同时，纷纷出台或者准备颁布地方金融监管条例，《山东省地方金融条例》《河北省地方金融监督管理条例》已经颁布实施，《浙江省地方金融条例（征求意见稿）》正在向社会公开征求意见，包括江苏在内的多个省份已将此列入立法规划。

第五次全国金融工作会议指出，金融管理事权在中央，强化属地风险处置责任。按照此项工作要求，在制定地方金融监管条例中，亟待在金融监管统一原则下，进一步明确中央监管部门派出机构与地方金融管理部门职责分工，建立地方金融监管协调机制，方能让地方金融监管条例落地并得到平稳执行。

一　河南省金融监管协调机制现状及问题

一是重大金融风险沟通协调机制。人民银行郑州中心支行与河南省政府金融办、河南银保监局、河南证监局等共同参加，在人民银行总行和河南省防范化解重大风险领导小组领导下，按照各自职责要求，强化重大金融风险防范、处置工作的有效沟通和协调配合，建立信息交流和舆论宣传引导机制，协调解决相关问题。二是辖区金融形势分析季度例会制度和金融稳定形势分析机制。按季度召开由地方政府相关部门、金融监管部门、金融机构等参加的金融形势分析例会，通报辖区金融发展和金融稳定形势，提示辖区金融风险情况。三是河南金融业综合统计信息平台。以金融业务统计为主线，按照“逐笔、全覆盖、无遗漏”的目标，完成河南金融业综合统计信息平台一期建设，实现多维度信息采集、逐笔全量统计、统计关联、准时报送四大突破。

当前河南金融监管协调机制并没有覆盖到金融全领域，更多是针对贯彻某项重大中央决策或重点工作建立的协调机制，还不能有效统筹协调金融监管机构。

二　地方金融监管协调机制应发挥的功能

（一）统筹协调监管

金融监管和政策实施，一方面需要统筹各方共同发力。比如推进普惠金融，已上升为国家战略，国务院为此专门出台规划，人民银行、银监会和部分地方人民政府据此出台了实施意见，但普惠金融政策难以落地，金融机构提供普惠金融服务动力不足等问题仍然存在，这就需要固定化机制去统筹协调地方金融监管机构、人民政府等多方主体，监督和激励并重，推动金融机构在商业可持续原则下开展普惠金融，单纯依靠联合发文、一事一议，消除不了上述机制性障碍。另一方面需要解决监管标准不一、监管标准政出多门、标准不统一问题，金融业务却没有那么界限分明，容易产生监管套利。例如，由人民银行制定银行业、保险业重要法律法规职责，随之牵头制定了资管新规和实施细则，有效治理了因监管套利衍生的资管乱象，有助于实现“同一行为、同一规则、同一监管”的监管目标，这是各个监管有效统筹协调的结果。

（二）消除监管真空

现有的分业监管体制，依据“谁审批、谁监管、谁担责”的原则，容易产生监管真空，具体表现为：一是没有持牌照的金融机构和活动得不到有效监管，按照行政法定原则，监管机构依据法定职责，对其发放牌照的金融机构实施监管。在《非法金融机构和非法金融业务活动取缔办法》没有修订和有效实施的情况下，应该受到打击的非法金融机构，由于其没有牌照，却处于有效监管之外。二是存在监管灰色地带。法律不可能穷尽所有适用情形，往往会用兜底条款这种立法技术来弥补这种缺失，但在现有监管体制下，缺乏一个类似兜底规定和统筹机构，无法有效监管职责不明确或者无法明确的领域。三是新兴业态得不到强有力监管。互联网金融领域表现更加明显，当前已明确了6种业态的监管主体，但当前的规定容易滞后于快速发展的互联网金融业态。地方金融监管协调机制的功能之一，就是要实现对金融领域全覆盖、无死角监管，切实防控金融风险。

（三）问责纠正偏差

地方金融监管协调机制要纠正监管偏离，要对监管失职、失察进行问责。中央和地方层级金融监管机构，可能会面临监管和发展职责重合问题，在承担监管职责的同时，还要推动监管领域发展，地方金融管理部门承受来自地方经济发展的压力更大，这就需要协调机制去纠正偏差，克服监管父爱主义，实现监管姓监，切实维护良好的监管秩序。2017年国家层面成立金融稳定发展委员会（以下简称金融委）作为统筹协调机构，对监管失职、失察实施问责，是其一项重要职责。地方层面的金融委还没有落地，无论在机构设置还是功能上，既要实现与地方金融委的良好的对接，也可避免协调机构的重复设置。

三　地方金融监管协调机制模式及取舍因素

当前实践和探讨中，存在着各种各样的模式，但主要分为下面两类。一类是地方政府主导的，一般由地方政府金融办牵头，地方其他金融监管机构或部门加入，该种模式容易调动地方金融监管的积极性，获得地方政府的资源支持，但也会受地方政令影响，无法保证监管政策的统一。一类是中央部门派出机构主导的，由人民银行地方分支机构或者财政专员牵头，此类模式有利于中央监管政策在地方上的贯彻和执行，但缺乏足够的统筹和协调力度。这两种模式的共同弊端，是都无法充分形成中央与地方之间对金融监督管理的合力。

内容服务于功能，必须严格根据所要发挥的功能，来设计、构建地方金融监管协调机制。在具体模式取舍上，建议要关注以下几个因素。

（一）必须有协调能力

地方金融监管为什么需要协调，就是因为各个监管部门都属于强力部门，又互不隶属。为了贯彻中央金融决策部署和维护监管政策整体统一，协调机制就必须是有统筹能力的，方能切实发挥协调功能，否则就会走到之前协调机制“议而不决、决而不行”的老路上。同时协调机构还要具备问责纠偏职责，没有一定层级和职权，将无法保证上述职责落地。各部委都归属国务院统一领导，并且国务院领导同志担任金融委主任，当各部门存在分歧时，国家金融委做出决策以及监督各部门执行不存在太大困难。同理，比照国家金融委，省级地方金融委由主管经济或金融的副省长任委员会主任，在协调中央监管部门派出机构与地方金融管理部门，解决两者因为互不隶属而产生的掣肘时，会发挥更好作用，因此让地方金融监管协调机制对接地方金融委，是一个较为可行的选择。

（二）要有两个支撑

在上接地方金融委之后，还需要分别对接人民银行分支机构牵头的一行两局协调机构，和地方金融办牵头的地方金融管理部门协调机构。地方金融业态快速发展，产生了地方金融监管需求，所以任何过分强调一行两局在协调机制中的主导作用，就是顾此失彼，违背了构建地方金融监管和协调机制的初衷，必须两个支撑都要硬，才能更好发挥地方金融监管协调机制的功能。

（三）要有明确制约

既要实现金融监管是中央事权，又要压实地方属地责任，地方金融监管协调机制就必须有制约。要明晰中央监管部门派出机构与地方金融管理部门职责，要明确各自协调机构议事范畴和规则，权责明晰，就不会出现互相冲突和扯皮。为了实现地方金融监管协调机制对地方金融管理部门问责，由人民银行地方分支机构行长担任地方金融委副主任，同时还要构建金融委的垂直管理体制，让其直接隶属于国家金融委，从而避免金融委成为地方政府插手中央金融监管事权的平台，保持国家整体监管政策协调统一。

四　域外金融监管协调机制及启示

（一）美国

次贷危机后，通过《多德－弗兰克金融改革和消费者保护法案》，以防范系统性金融风险为核心，强化了金融监管的协调。在现有监管机构之上新设金融稳定监督委员会，促进各个监管机构之间协调，加大数据收集和信息共享工作力度。在联邦层面，设立联邦金融机构检查委员会，通过统一监管原则、标准及报告形式，实现监管机构协调。在州层面，成立有州银行监管联席会议，通过定期召开各家监管机构参加的会议，提供监管交流和沟通平台。

（二）英国

根据《2012 年金融服务法案》，金融政策委员会负责检测英国整体金融系统总体风险累积情况，并可以采取相应的措施，适时向审慎监管局和金融行为监管局发布指令，保证宏观审慎监管的目标和执行，同时还可以向英格兰银行、财政部等其他监管机构提出建议。严格银行或其他系统性重要性金融机构准入的审批标准，需要通过审慎监管局和金融行为监管局的双重审批之后，方可获准开展业务。在这种分权制衡体制下，每家监管机构独立履行职责，但通过互相成为机构决策成员等机制，保障实现各个监管机构之间的信息共享和沟通。

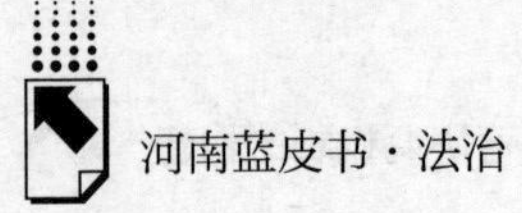

（三）日本

在现有金融监管体系中，金融厅和日本央行是两个重要的监管机构，前者负责都银行、证券、保险等行业的监管，后者负责货币政策和金融稳定。次贷危机之后，加强了两者之间的协作。如《日本银行法》第 44 条第 3 款规定："金融厅长官如果提出要求，日本银行可将检查结果文件提供金融厅，或给金融厅工作人员阅览。"根据该条法律规定，双方建立了检查资料共享机制。此外，两个机构还通过共同参加会议，搭建协调沟通渠道。

（四）启示

各国为了加强监管机构之间的协调，除搭建会议、互相担任决策成员等协调机制之外，还单独设立监管协调委员会之类固定机构，实现监管统筹协调和政策整体连续。美国地域广阔、各地区经济和金融发展水平存在较大差异，需要在联邦政府统一的监管政策之下，根据各地金融发展现状，赋予地方一定灵活性。为此，联邦侧重规则制定，关注系统风险，州则侧重消费者保护，关注金融服务，并在明晰联邦和州各自金融监管职权的基础上，构建强有力的协调机制，这为我国相关方面机制建设提供了借鉴。

五　地方金融监管协调机制具体构建路径

（一）划清中央监管部门派出机构与地方金融管理部门职责

根据党中央、国务院关于金融监管体制改革相关工作部署及第五次全国金融工作会议精神，地方金融管理部门权限和职责边界已经较为清晰，即明确界定为对小额贷款公司、融资担保公司、区域性股权市场、典当行、融资租赁公司、商业保理公司等地方性金融机构的监管，并根据监管体制改革与监管分工，对非法集资进行处置。银行、证券、保险等国家金融业监管，主要是中央事权，地方金融监管部门不应进行干预。根据中央和地方的监管优势，合理分工，明确中央与地方金融监管的职责界限。中央制定规则，地方负责实施。中央负责全国性、跨区域金融机构和金融市场的监管，地方负责地区性金融机构和金融市场的监管。

（二）理顺中央监管部门派出机构与地方金融管理部门的关系

对于地方金融监管职责内的事宜，赋予地方立法权限，在中央确定的原则和标准下，制定细则和地方标准，立足实际对地方金融实施有针对性的监管，体现区域特征和差异性，加强中央监管机构与地方金融监管部门之间的沟通协作，增强地方金融监管的有效性。

（三）明确地方金融监管目标，将“促发展”和“强监管”适度分离

长期以来，地方金融监管面临着“促发展”与“强监管”的矛盾，地方政府往往存在“重发展轻监管”倾向，并可能产生金融乱象。在地方立法时，应当处理好地方金融发展和监管的关系，将“促发展”和“强监管”适度分离，统一制定准入和监管规则，避免地方发展金融的短期冲动。

（四）明确中央金融管理部门对地方金融监管业务指导、监督和纠偏的职责

第五次全国金融工作会议强调，地方政府要在坚持金融管理主要是中央事权的前提下，按照中央统一规则，强化属地风险处置责任。中央金融管理部门派出机构负责对地方金融监管部门进行业务指导和监督，并有权纠正不符合相关监管规则的行为。根据上述精神，要在地方金融监管机构协调机制中，进一步明确中央金融管理部门对地方金融监管业务指导、监督和纠偏的职责，同时要强化对地方金融监管责任的问责约束，明确地方金融监管部门监管和风险处置责任，更好体现权责统一，更好体现中央“强化属地风险处置责任”的要求。

（五）明确对地方政府和地方金融监管部门的履职问责职责

第五次全国金融工作会议强调，金融管理部门要努力培育恪尽职守、敢于监管、精于监管、严格问责的监管精神，形成有风险没有及时发现就是失职、发现风险没有及时提示和处置就是渎职的严肃监管氛围。要建立健全对金融监管者的问责制度，加强金融监管问责，要求国务院金融委对金融管理部门和地方政府进行业务监督和履职问责，同时要求地方政府建立对地方金融监管部门的问责机制。因此，在地方金融监管协调机制中，要明确地方金融委对地方金融监管部门的问责责任及相应工作机制等。

B.11
河南地方立法规范行政处罚研究

祁雪瑞*

摘　要： 行政处罚的依据是1996年颁布实施的《行政处罚法》，社会历经20多年沧桑巨变，立法已经明显滞后。在上位法的框架下，在立法权下移的背景下，地方立法应该在多处适时修改。①

关键词： 河南　行政处罚　地方立法　立法修改

行政处罚是对行政违法行为的惩戒，是对行政相对人财产和人身自由的合法侵夺，处罚依据是《行政处罚法》。然而，《行政处罚法》是1996年颁布实施的，距今已经二十多年了，从立法理念到具体条文都明显滞后于当下的现实，特别是在《立法法》《行政诉讼法》《行政强制法》等法律颁布以后，《行政处罚法》与这些较新的法律之间存在表述的不一致甚至是法律冲突。2017年对《行政处罚法》的修订本该大修，但是却基本未动。之后修法的调研一直在进行，立法部门多种渠道征求意见，意欲再修，但是再次修法的确切时间尚未可知，而执法机关和司法机关又迫切需要明确的规范来解决现实问题。以上种种立法缺陷，给行政处罚执法和行政诉讼审判带来了混乱，也给经济稳定社会安定造成了危害。为此，省级政府和地方立法机关，

* 祁雪瑞，河南省社会科学院研究员。

① 按照《立法法》的规定，中国法律体系主要有法律、法律解释、行政法规、国务院部门规章、地方性法规、地方政府规章、自治条例和单行条例，共计八种类型。本文采用广义立法说，立法包含制定地方政府规章。

亟须在上位法的框架下自我规范，尽力使本辖区内的行政处罚制度完善，程序合理，公平公正。根据执法和审判实践中的热点问题，本着便民利民与降低行政成本平衡兼顾的原则，建议以地方立法或者是地方政府规章的形式，明确并严格规范以下事项。鉴于行政处罚牵涉到的部门很多，事项庞杂，采用的立法形式方面，可以在制定综合法的基础上，修订完善单行法。①

一 规范陈述权申辩权的行使程序，并明确其与听证程序的关系

相关法律只是笼统地规定了当事人对行政处罚事项有陈述、申辩的权利，并没有具体的程序安排，实践中行政机关往往敷衍了事，使得这项权利规定落空，导致当事人不服，增加了行政诉讼的可能性。从审判机关的反馈来看，涉及行政处罚的诉讼案件占比很大，应该是与此关系密切。另外，法律也没有明确陈述、申辩与听证的关系，这导致了权利重复使用，浪费了双方的时间和人力成本。又由于法律没有规定听证的效力，导致听证等同于陈述，貌似正式，实则无效。建议明确规定，应给予当事人三天的陈述、申辩期，处罚决定书应对申辩理由和证据予以回应。另外，还需明确规定，申请听证的，不再走陈述、申辩的程序。因为听证是更加正规化的陈述和申辩，也可以说，陈述、申辩是简易的听证，二者的作用是一样的，都是为了保证行政处罚不枉不纵。

二 行政处罚决定书应该根据听证笔录和听证证据做出

对于这一点，个别单行法有规定，但是作为基本法的《行政处罚法》

① 本文所称地方立法，侧重于执行性立法，以弥补上位法的操作性缺陷。根据立法法的原则，对于行政处罚事项，如果涉及创新性地方立法，除了可设定上位法立法保留之外的行政处罚，其他则必须是行政机关自我限制、自我规范的内容，不能加重行政相对人的义务，恰恰相反，应该贯彻便民、利民的原则，体现为民的宗旨，不能为处罚而处罚。要公平衡量公共利益与个人成长、企业发展的关系。

没有规定，导致大部分经历了听证程序的行政处罚，在处罚决定书中却没有显示听证的内容，说理释法薄弱，给当事人的印象是听证没有效力，白白浪费时间，所以亟须改革。有的行政部门一个上午安排进行六个听证，很明显是在走过场，不求实效。法院的审判卷宗也显示，当事人的陈述、申辩、听证意见，几乎零采纳。《行政许可法》第四十八条第二款规定："行政机关应当根据听证笔录，做出行政许可决定。"现行《行政处罚法》第四十一条明确了陈述、申辩的效力，却没有明确听证的效力，这明显是个立法失误，需要地方立法进行补白。根据《立法法》的精神，地方立法可以对行政权力做出比上位法更加严格的规范。只要是涉及规制行政权力行使的，为了更好地履行行政职责而要求行政机关自身的，就不会发生与上位法相抵触的问题。应要求行政处罚决定书学习法院的判决书，对辩论和当事人举证进行回应，以理服人。

三　修改听证制度、扩大行政处罚听证范围

我国现行《行政处罚法》第四十二条规定，行政机关做出责令停产停业、吊销许可证或者执照、较大数额罚款等行政处罚决定前，应当告知当事人有要求举行听证的权利；当事人要求听证的，行政机关应当组织听证。从行政处罚法立法的初衷来看，听证程序针对的是重大行政处罚，而拘留作为行政处罚措施是限制人身自由，没收则是对公民的财产权利的直接剥夺，这两者都属于较为严厉的行政处罚措施，无疑也是重大的，但是现行法律却没有规定两者应当适用行政听证程序。另外，有些新型的处罚种类也具有限制人身自由的性质，比如列入黑名单进行联合惩戒，限制乘坐高速交通工具等，是比大额罚款更为严厉的处罚，也需要听证。要求听证是法律赋予当事人的权利，较轻的可以，相对来说更为严重的处罚却不可以，于理不通，显失公平。在2017年修改行政处罚法的时候，各界对这个问题反应很强烈，但是由于不可知的原因，法律通过的版本没有采纳。好在地方立法有权力弥补这一缺陷。地方立法可分为三类，创新性立法、自主性立法和执行性立

法，对于这一事项的规范主要属于执行性立法。[①] 另外，听证程序中还需要规定相对人举证的权利和合理期间，这对于复杂的专业性强的案件很有必要，《行政处罚法》关于证据的规定太少太薄弱。还可以尝试通知第三人参加听证制度，以利于问题的全面解决。

四　规范委托执法强调亮证和接受公众监督

法律对执法和委托执法都有明确的限制性规定，但是现实中却乱象丛生，特别是协管、协警违法执法非常普遍，往往造成警民冲突。大家反映最强烈的是协警在汽车上贴罚款单的问题，在非交通要道、不影响通行的场景和情形下，协警趁人不备贴条后快速离开，常常遭到车主质疑罚款的目的。资料显示，罚款已经成为财政收入主要项目，有些单位主要依靠罚款养生，这不是法治社会应有的状态。过去公众只看警察服装就表示服从，现在除了看警服警衔，很多人还要求看执法证，不符合法律要求就拒绝服从。我们常常能看到微信视频，执法人员被当事人诘问得张口结舌或者哑口无言，大大损害了执法形象。在委托执法模式下，委托人和代理人之间因信息不对称而产生的执行监督成本构成了新的组织成本，由此抵消了相当大一部分因抑制部门膨胀而降低的组织成本，消解了委托的目的实现。所以必须从严治理涉及行政处罚的委托执法行为，依据《河南省行政执法条例》，完善行政委托监督制度。应强调执法时必须以规范动作亮证，允许公众在不影响执法的情况下拍照和录像，以公民监督和执法纠察重塑执法的权威性和尊严形象。

① 据学者周伟定义，执行性地方立法是指有立法权的地方国家机关为执行法律、行政法规或上位法的规定，对法律、行政法规或上位法的规定做出适合本行政区域实际需要的深化、细化和补充而制定地方性法规、规章的行为。但是周伟认为，仅仅因为全国统一使用的法律的概念不清、含义不确定，没有必要制定地方执行性立法，可由国务院制定行政法规、国务院各部委制定行政规章或由最高人民法院通过司法解释予以具体明确。对此，笔者的观点有所不同，如果上位制度不可期待，地方立法可以先行。先行的地方执行性立法，也可以成为上位法的立法借鉴，或者说是渊源。

五　明确行政处罚事先告知的期间

根据行政处罚法第三十一条规定，行政机关应当事先告知当事人处罚的依据以及当事人享有的权利。法律这样规定的目的，是给予当事人申辩的准备时间，防止处罚错误。但是在实践中常常出现非紧急情况下当天告知当天处罚的情况，由于时间仓促导致当事人申辩能力减弱，申辩效果不佳，相当于剥夺了或者减损了当事人的申辩权，不利于纠正错误和当事人对处罚的认同。所以建议在《行政处罚事先告知书》中，明确给予当事人两到三天的申辩准备时间，以期达到保护当事人利益的程序设置目的。当然，紧急情况可以除外，比如处理正在建设的违法建筑。对于违法建筑处罚的有效性，一直是执法中的热点和难点，也是行政机关遭社会诟病之所在，需要进行专题性的深入研究。

六　集中处罚权必须遵循职能相近似原则

行政处罚是专业性和技术性很强的工作，涉及各个行业执法证、执罚证的授予。在相对集中执法权的改革中，一些执法资格很难理顺，出现了无证执法的现象，造成执法违法。当前，一些地方的综合执法集中了十几个乃至三十个部门的行政处罚权，具体处罚事项达几百项，行政执法人员根本掌握不了，导致行政执法质量下降。要纠正这一现象，除了在发证环节进行部门协调外，还应该注意集中的适当性，职能相近的或者职能接续的集中起来，职能相差太大太远的还是要分离。国务院的改革文件，是强调了适当性的，各地执行的时候出现了集中扩大化的态势，需要进行再调整。

七　明确一事不再罚原则的适用细则

实践中，对于同一种类的行为重复出现的认定，大家已经形成共识，新的时间点应认定为新的行为，不认为是“一事”。但是，对于个别特殊行业的连续性违法行为，[①] 比如建筑行业的各个阶段，可能需要特殊对待，亦可参照刑法中的数罪并罚，不对每一个环节都单独处罚。审判实践中遇到这类案例，法官从合理性考量往往认为对每一个环节都单独处罚造成了处罚过重，但是没有法律依据不能支持原告，内心很纠结，所以建议省级立法明确数个违法行为并罚的原则。另外，对于不同行政机关针对不同的危害后果依据不同的法律对某一行为的处罚，是否适用一事不再罚，认识比较混乱，处罚也就各自为政了，有些行政机关之间是协商解决的，有的是遵循立案在先原则，有的则是各罚各的，造成当事人不服。如果当事人因为一个违法行为而受到多个处罚，有失公允。为此，建议参照刑法的犯罪竞合理论，选择惩罚性最重的一个依据进行处罚。对于《环境保护法》规定的按日计罚制度，可以理解为执行罚，不受“一事不再罚”原则的限制。

八　用处理有效投诉率等其他指标奖励代替罚款返还

罚款返还一直是最有效的对行政处罚执法机关的激励手段，对于调动行政管理人员的工作积极性功不可没，但是也带来了很大弊端，导致罚款行政现象，一些执法人员接到举报线索首先考虑的是案值大小，而不是社会影响是否恶劣，更不是诚信守法社会风尚的引导，这一现象广受公众诟病。现行法律明确规定了禁止罚款返还，但是强大的惯性造成了普遍的执法违法，罚款返还仍然被默认，而且幅度相当大，激励性很强，以至于某市某部门以罚款为纲名声在外。据调查，河南一些地方还存在行政执法部门给工作人员下达罚款指标的现象，基层执法人员为了完成指标连续加班。这一现象严重阻碍了法治政府建设，造成政府与民众之间的矛盾，必须改变。建议用行政机关对有效投诉的处理程度等更能考量执法效果的指标来代替罚款额指标。另

---

① 连续性违法行为，是指不作为违法，行为人不履行法定义务，一直处在违法的状态中。持续性违法行为，是指行为人违反法律禁止性规定的行为一直处于持续状态。前者是消极违法，比如用人单位不给职工缴纳社保；后者是积极违法，比如企业排放污水。

外，还必须注意，在处罚和监管职能一体化的情况下，如何奖励因为监管到位而少投诉少处罚的状态。

九　明确规定行政机关行使自由裁量权的范围和程序

法律赋予行政执法人员自由裁量的权力，是为了在面对纷繁复杂的行政管理事项的时候，增强行政行为的合理性。目前这方面的问题很多，对于裁量的幅度和具体适用，基本上没有法律明确规定，这也是地方立法的传统空间。对于路边停车不区分具体情况一律顶格处罚 200 元的问题，舆论汹汹多年，至今依然如故。早在 2007 年的时候，郑州的李凤华律师起诉了郑州市公安局，要求确认罚款 200 元和收取 30 元拍照费违法并返还当事人。之后，30 元拍照费的行政收费取消了，200 元罚款还在大行其道。2019 年河南省律师协会作为河南省人大常委会确定的五个社会立法基地之一开展活动，3 月 23 日行政法专业委员会举行了《行政处罚法》修改研讨会，会上大家提议最多的就是规范自由裁量权，整治交通处罚的“为罚款而罚款”的罚款执法乱象。建议参照《治安管理处罚法》，凡有限期整改的，明确规定 3 个月以内的不同期限；凡有罚款幅度的，依情节划分为 3 个以上档次。在 2008 年和 2009 年，河南省曾经全面规范过行政处罚裁量权，并取得了显著效果，然而已经十年过去了，现在需要再次统一规范。对于停车罚款乱象，可能还需要地方决策者釜底抽薪，作为一个社会问题来解决，加强市政建设，增加停车位，切实解决停车难的实际问题。本来停车位少就是公共设施不足的表现，再因此处罚公众，有失公允。如果某一方面出现全民违法情况，则肯定是法律出了问题，而不是公众出了问题，大多数人都有守法的习惯，除非这个法很难去遵守。

十　明确规定行政处罚案件办案期限

目前法律没有规定统一的办案期限，国务院部门规定也不一致，导致一些案件一年以上不能结案。建议地方立法明确规定如下：适用一般程序的案件，应当自立案之日起 1 个月内结案。案情重大、复杂的，经上级行政机关负责人批准，可以延长至 3 个月，并应当将延长期限的理由书面告知举报投诉人。特别重大、复杂案件，经上级行政机关主要负责人批准，可以延长至 6 个月。但是，法律、法规另有规定的除外。比如，原卫生部《卫生行政处罚程序》第二十九条第一款规定："卫生行政机关应当自立案之日起三个月内做出行政处罚决定。"但是由于涉及医疗卫生的案件案情复杂，3 个月的时间往往不够用，其第二十九条第二款又规定："因特殊原因，需要延长前款规定的时间的，应当报请上级卫生行政机关批准。"某省《卫生系统延长行政处罚办案时间的规定》要求，每一案件只能申请延长办案时间一次，最长不得超过 3 个月。有案例表明，应某市卫生局申请，某省卫生厅发文批准办案时限由原届满期限之日起延长 2 个月。

十一　规范行政机关向司法机关移送的文书写作

移送司法机构强制执行是常见的程序性行政行为。实践中由于移送文书不规范，导致部门扯皮，影响了行政处罚的实现。曾经出现过这样的案例：公安局以"行政处罚决定书中未写明需要移送行政拘留"为由，将案件退回某县环保局。法律规定行政拘留必须由公安机关实施，所以行政机关需要移送案件，但是法律对于移送文书没有具体规范，这导致一些行政部门办案人员认为，只要我移送了，就说明是需要你公安部门进行行政拘留，我没有必要明说，属于不言自明事项。从法理方面来说，行政主管部门向公安机关移送案件是以做出行政处罚决定为前提的，而不是以行政处罚决定书中是否写明"需要行政拘留"为前提的，所以公安机关以"行政处罚决定书中未写明需要移送行政拘留"为由，将案件退回移送机关的做法是不符合法律规定的。但是，从程序的衔接性、文书的规范性和公务的严肃性、对公安机关的尊重性来说，移送文书确实有瑕疵，公安机关的退回有一定的合理性。所以，建议学习公安机关向检察机关移送刑事案件的文书格式，明确要求行政机关移送案件的文书中，增加行政拘留建议的内容，把建议拘留多少日都写清楚。这样，既规范了行政机关移送文书，又方便了公安机关执行。

十二　科学设定赌博的数额标准并规范公告

《治安管理处罚法》第 70 条规定：不以营利为目的，亲属之间进行带有财物输赢的打麻将、玩扑克等娱乐活动，不予处罚；亲属之外的其他人之间进行带有少量财物输赢的打麻将、玩扑克等娱乐活动，不予处罚。但对什么情况算是娱乐，什么情况会触犯法律，很多公众并不清楚，由于公安机关查处赌博的积极性很高，过年期间家庭内打麻将也提心吊胆。笔者在网络上艰难查找很久，才找到了河南省 2009 年的规定，2018 年仍然有效。对于赌资的问题，《治安管理处罚法》中提到了“赌资较大”，根据 2009 年 8 月 1 日起实施的《河南省公安机关治安管理处罚裁量标准》，人均参赌金额在 200 元以上或者当场赌资在 800 元以上，算“赌资较大”。北京规定个人赌资 300 元以上，山东规定人均参赌金额在 100 元以上或者当场赌资在 400 元以上。2017 年武汉市规定，亲属之外的其他人之间进行带有少量财物输赢的打麻将、玩扑克等娱乐活动，参与者不满十人，区分不同情形予以裁量和处罚：人均赌资不满 1000 元的，属于“麻将娱乐”，不予处罚。鉴于《河南省公安机关治安管理处罚裁量标准》已经实施十年，经济水平、社会生活已经发生了重大变化，建议立法修改赌资标准，适当提高，可参照武汉的标准。另外，建议立法要求，将赌博认定标准在棋牌室等特定娱乐场所进行张贴提醒，这既是对公众行为的约束，也是对公安机关执法的有效监督。

十三　明确计算违法所得的时间点

法律对于这一点没有明确规定，导致了实践中的混乱。比如，由于法律法规规定不明确，导致在某些案例中无法计算违法所得，只能按照没有违法所得进行处罚。再比如，在一起价格违法案件的审理过程当中，对违法所得如何计算的问题存在三种意见：一是以行政机关检查发现违法行为的时间作为节点，往历史方向追溯两年，以这两年的多收价款作为违法所得；二是以持续性价格违法行为的停止时间作为节点，往历史方向一直追溯到价格违法行为发生的时间，不管中间存在多少年，只要价格违法行为处于持续状态，这个持续状态期间的多收价款都应该被计算为违法所得；三是以持续性价格违法行为的停止时间作为节点，往历史方向追溯两年，以这两年时间内的多收价款作为违法所得。建议以第二种意见为准进行立法规范，对违法所得的计算应以不利违法行为为原则。

十四　明确规范行为罚的地位和种类

行为罚越来越多地出现在了行政执法的实践中，纠正了罚款行政的弊端，突出了行政处罚的公众教育和行为矫正作用，应该大力提倡，但是却于法无据。比如，交警对于夜间特定路段乱开远光灯的司机，要求其盯着自己汽车的远光灯 5 分钟。该处罚方式既没有扣分罚款，又教育了违规司机，是一举两得的好事。但是，这超出了现行法律规定的处罚方式的范围，属于违法行为。另一方面，5 分钟的时间是否科学，会不会对眼睛造成损害，也需要严格的科学论证。类似的行为罚在国外很普遍，也很有效，是我们立法改革的方向。只有明确地规范了行为罚的地位，并进行科学的分类与论证，才有利于这项工作的推进。早在 2002 年就有学者主张提倡行为罚，认为行为罚既治标又治本。让违法者终止违法行为是治标，让他在思想中明白错在哪里，以后不再去犯类似的错误是治本。行为罚的管用，在于它是对症下药的处罚。一个人犯错的原因是多方面的，如果千篇一律地用经济罚、自由罚，势必妨碍其思想的转变，还可能引发逆反心理和猜疑心理，产生对执法者的怨恨。香港在街头设置流动教室，让闯红灯者当场接受交通知识教育，北京让伤害动物的人到动物园做义工，某地让乱砍树的人种植数倍于砍伐数量的树苗等，都起到了比罚款和拘留更好的效果。有调查显示，接受过行为罚的人再犯率明显偏低。

十五　取消行政处罚专用章，代之以行政机关编号章

法律规定，行政处罚决定书必须加盖行政机关印章，但是出于行政效率的考量，一些行政单位刻制了“行政处罚专用章”代替行政机关印章。这种行为是违法的，在形式上造成行政处罚的主体不适格，对于这种习惯做法，审判机关普遍采取了默认的态度。这种行政实践和司法实践，损害了法制的严肃性，不利于法制教育和法治建设，因为行政主体适格是行政处罚第一重要的问题。因此，建议将“行政处罚专用章”改为行政机关印章第几号，在形式上与法律规定保持一致。但是这样又与国家的印章管理制度相冲突，该制度规定每个单位只能刻制“一枚”行政章，而这样的规定显然没有顾及行政处罚业务量大的行政机关的特殊需要。两种行为都违法，使得行政处罚行为陷于两难境地。河南某区已经在用编号章，刻制印章的时候公安机关也给予了配合，双方都对“一枚”进行了扩大理解，认为是指一个名称，而不是指数量。这样虽然解决了实际问题，但理论解释仍然牵强，因为严格从语意上说，“一枚”就是指的数量。要想彻底解决问题，还是需要修改法律条文。建议尽快立法对这一问题进行规范，明确行政处罚要使用行政机关编号章，并呼吁修改印章管理规定。

十六　缴纳罚款应倡导采用电子支付手段

虽然违法行为人应该受到惩罚，但是在缴纳罚款的时候还是应该遵循便民的原则，毕竟违法的原因多种多样，特别是涉及交通违法罚款，违法的人数和次数都是巨大的，但是银行的服务时间和地点都是有很大限制的。现在指定到专业银行缴纳罚款的方式对公众来说极为不便，也与国内普遍的便捷支付的现状很不协调。其实，技术上应该不存在问题，统一收款码，电子发票，都不是问题。应该认识到，便利当事人缴纳罚款并不是鼓励违法，因为行政法的触角无处不在，日常生活中的轻微违法在所难免，便民应该是执法

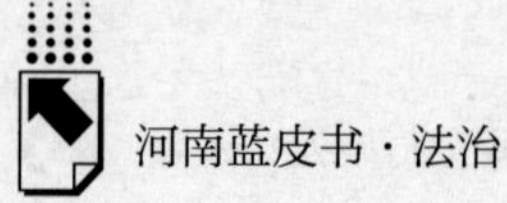

的应有之意，缴纳罚款也不能例外。再者，对于适用简易程序当场缴纳罚款的情形，更应该采用电子支付方式，现在只收现金的做法，无疑是给双方都制造了难题，增加了麻烦。

参考文献

周伟：《论执行性地方立法良法标准》，《河南财经政法大学学报》2015 年第 2 期。

王云鹤：《行政执法委托的困境与出路》，《郑州大学学报》（哲学社会科学版）2018 年第 6 期。

杜殿虎：《按日计罚性质再审视——以法解释学为解释视角》，《南京工业大学学报》（社会科学版）2018 年第 5 期。

周凯、谈立峰：《对一起吊销某医院〈医疗机构执业许可证〉案件的分析》，《中国卫生法制》2015 年第 11 期。

许海：《一起玉器价格行政处罚案的几点思考》，《中国价格监管与反垄断》2018 年第 7 期。

郭雅：《值得提倡的“行为罚”》，《法治时代》2002 年第 9 期。

B.12

河南省人大执法检查工作机制现状与实效改进

刘 旭*

摘 要： 河南省人大执法检查在反馈社会热点、承接中央委托及多层级实施等方面展开，并取得初步成效。但当前执法检查在公众参与上仍有不足，在手段方法上还有待改进，在问题整改及实效提升上需要进一步强化。未来，河南省要围绕人民法治需要人民参与，搭建相应参与平台，畅通意见征集渠道，应用民意测评方法，确保人大执法检查始终贯穿民意导向及精准把握民众诉求；要加快推进执法检查规范化，推动相关环节建章立制，推动执法检查权责完备、操作实施完整以及手段方法完善；针对执法检查后的问题整改，要着眼于用足法定权能，并结合实际不断开拓新的执法检查监督及问责办法，推动人大执法检查切实取得实效。

关键词： 河南省人大 执法检查 依法治省

人大执法检查是保证人大行使监督职能的重要制度设计，它已经成为我国法治实施和监督体系的重要组成部分。河南省适应新时代国家法治战略方针的推行，深入把握人民法治需要的结构性变化，充分运用人大执法

* 刘旭，河南省社会科学院助理研究员，法学博士。

检查的法律巡视功能，围绕社会较为关注的民生法律实施领域，开展多层级、多领域、多形式的执法检查监督活动。这些活动为推动国家法律在河南的贯彻实施发挥了重要作用，提供了有力的保障。未来，河南省既要继续坚持人大执法检查以往好的传统和好的做法，扩大执法检查在推进人大监督工作中已取得的成效，也要着力发现及分析当前执法检查中存在的问题，在执法检查公众参与、执法检查建章立制、执法检查问题整改等方面，不断做出扎实的改革努力，以此推动人大执法检查工作的制度化、实效化和长效化。

一　过去一年河南省人大执法检查的主要内容

河南省各级人大机关立足于法定监督职权，紧紧围绕全省改革发展中的热点议题和关键问题，牢牢把握人民群众不断变化升级的法治需要，在与群众利益贴近紧密以及群众关切度高的法律实施领域开展执法检查监督。过去一年，河南省人大常委会在省级层面共检查了八部法律法规和决定的实施情况，其中，就农产品质量安全、网络安全等法律实施主题进行的执法检查，总结评估了相关领域法律实施的成果，同时又深入探究了这些领域法律实施体制机制建设的不足，为法律实施的改进提出有针对性的对策建议。全省多级人大机关为全面落实中央法治建设战略规划和决策部署而推行的法律实施检查活动，为国家法律在河南地方的有效实施加推助力，为河南省全面依法治省工作目标的达成提供了有力的支持和保障。

（一）围绕热点议题开展专项执法检查

与群众生活密切相关并且为群众高度关注的社会热点议题，一直是河南省人大执法检查的重点。伴随着我国改革进入新时代，人民需要的内涵与结构正在发生着变化，人民美好生活需要中的安全需要、环境需要等需要内容日益凸显。正是把握这一时代性变革动向，河南省及时跟进群众需要较为集中的领域，将农产品安全、网络安全作为2018年执法检查重点议题，在全省开展了“一法一办”——《中华人民共和国农产品质量安全法》和《河南省实施〈中华人民共和国农产品质量安全法〉办法》，以及“一法一决定”——《中华人民共和国网络安全法》和《全国人民代表大会常务委员会关于加强网络信息保护的决定》的专项执法检查。2018年7～8月间，河南省人大常委会组织检查组先后赴濮阳、周口、安阳等地市及其下辖区县，就农产品标准化、农产品市场准入、农产品可追溯平台和监督平台建设等法律法规中的关键内容，组织召开由五级人大代表及相关职能部门参加的座谈会，并到农产品生产、流通、检测、销售的一线单位实地检查，全面了解农产品质量安全法律法规执行情况。2018年9月间，河南省人大常委会执法检查组又分别到孟津县行政服务中心、许昌市许昌学院等单位，听取各单位维护网络安全所采取的实际措施和成效，实地检查政务信息化、网络安全保障、网络预警机制等法律实施内容，对网络安全法治相关的规章配套、制度建设以及硬件设施建设等开展检查指导。

（二）承接中央委托开展定向执法检查

委托执法检查是中央与地方协同推进法律贯彻实施的具体举措，是国家法治建设力图贴近地方实际的有效方法。2018年，河南省人大紧跟国家法治推进战略，在检查实施上做好协调联动，在工作机制上做好紧密衔接，有效配合全国人大确定的执法检查规划，较好地完成了全国人大常委会交办的委托执法检查任务。2018年5月，河南省人大常委会受全国人大常委会的委托，组成《统计法》执法检查组，实地走访平顶山市各县区内的基层政府部门、厂矿企业、商贸公司，通过听取汇报、查阅资料、随机访谈等方式，就《统计法》执行中的统计调查、统计资料管理、统计监督检查等法律执行问题予以了解，并提出了强化统计执法力量、加强统计普法宣传等改进建议。2018年8月，河南省人大常委会按照全国人大确定的执法检查要求，就《中华人民共和国防震减灾法》和《河南省防震减灾条例》的实施，组建两个执法检查组，分别赴安阳市、濮阳市和洛阳市、三门峡市开展执法检查，检查组实地检查了各地方地震监测台站建设、抗震设防安全农居建设、抗震应急避难场所建设、抗震应急救援队伍建设以及防震减灾知识进校园工程等，就防震减灾相关的组织体系、制度建设、执法能力、应急实施等提出有针对性的整改意见。

（三）多领域多形式开展多级执法检查

2018年，河南省各地市、县区人大机关结合本地方经济社会发展实际，有效行使本级人大监督检查职能，开展主题多样、形式多样的执法检查活动，多层级检查凝成合力共同促进法律法规在基层的贯彻落实。2018年，郑州市人大常委会就《中华人民共和国公共文化服务保障法》的贯彻落实，到当地文化街区及村级综合文化服务中心等地方开展执法检查，并就公共文化服务设施建设、公共文化服务项目、公共文化服务资金保障中存在的问题提出改革意见；河南多个地市，诸如濮阳市、信阳市等，以及河南多个县区，诸如淮阳县等，将《河南省乡镇人民代表大会主席团工作条例》列为本地方执法检查年度重点，通过到基层部门实地检查乡镇人民代表大会会议召开情况、闭会期间乡镇人大主席团工作开展情况以及县乡人大代表工作联络站建设情况，着力夯实基层人大机关制度化基础，提升基层人大机关运行的法治化程度；2018年，河南多个地方的人大机关还立足于设区的市的立法权的行使，围绕本地方在城乡建设与管理、环境保护、历史文化保护领域开展的相关立法的贯彻实施，开展相应的执法检查监督。商丘市就《商丘古城保护条例》的实施开展专门的执法检查，实地检查了拆除占压城墙建筑物的工作进展，并就古城保护中执法推诿和执法不到位的现象做了重点检查剖析，提出了全面严格执法推进古城保护的明确举措。

二　河南省人大执法检查实施过程中存在的问题

当前河南省执法检查仍面临着公众参与不足、手段方法滞后、整改力度不够等多方面突出问题，执法检查参与性、科学性、效能性有待改进，执法检查的规范化、制度化、长效化水平亟待进一步提升。执法检查公众参与还未受到应有的重视，执法建议提出及计划制订中缺乏对公众意见的制度化汲取，缺少相应的制度平台、参与渠道、检测方法的配套；执法检查方式方法还较为单一，新型检查方法和手段运用不多，且较少面向公众公开征集投诉和意见，同时，执法检查实施的中立性和科学性仍有较大问题；执法检查结果的整改反馈在制度设计以及实施进程两层面存有问题。诸如人大权能发挥不够，法定手段很少运用，整改刚性手段不足等，这些都在一定程度上影响并制约着执法检查工作的实效。

（一）执法检查的公众参与有待进一步提升

河南省人大执法检查在把握热点、反馈群众方面付出较大的努力，并取得一定的效果。但人大执法检查在精准把握群众利益诉求、精准定位群众关注方面还有很多的工作要做，执法检查中议题的确定、检查领域及其内容的确定，以及执法检查实施的进行、检查反馈及其整改的进行，都有待公众进一步的参与。当前，人大在确定执法检查事项前，对“群众切身利益、社会普遍关注的重大问题”① 的把握，对公众执法检查议题意愿的汲取、厘定及明确还较为模糊，诸多关键环节还缺乏相应的制度和程序设计的保障，相应的民意征集平台和工作制度仍然处于缺位状态；当前执法检查中具体检查内容的确定，还缺乏明确的公众需求导向，对于将哪些环节和内容纳入执法检查，还缺乏相应的民意调查、数据分布等意见征求手段的支持；人大执法检查虽已明确了其“法律巡视”的地位，但公众提起申诉、控告和举报的渠道仍不明朗，公众投诉还难以影响执法检查计划制定及检查内容的确定；执法检查组中缺少公众代表，检查的实施还较少接触普通公众，在执法检查实施过程中也缺少听取公众诉求的制度性做法，检查结果常不面向公众予以直接反馈。

① 见《河南省实施〈中华人民共和国各级人民代表大会常务委员会监督法〉办法》第35条。

（二）执法检查的方法手段有待进一步完善

当前执法检查的方法手段还较为单一，实践中检查方法多集中于查阅资料、听取汇报及召开座谈会，对其他方式方法的运用还存在不足。《河南省实施〈中华人民共和国各级人民代表大会常务委员会监督法〉办法》（以下简称《河南省实施〈监督法〉办法》）第四十一条第二款中规定的“公开征求意见”“抽样调查”“委托检测”等检查方法在实际检查中较少使用；执法检查中的方法局限，导致检查贴近性、深入性不够，使检查暴露出流于形式的危险。此外，一些检查方式的设计也不够科学合理。诸如，在明察暗访已经成为检查工作基本原则的情况下，《河南省实施〈监督法〉办法》第四十条还明确规定执法检查开始十日前，由执法检查组将执法检查工作方案通知被检查机关，并要求被检查机关应当做好检查准备工作。这就与执法检查探究实际、发现问题的导向不相符合，与中央倡导的实事求是开展巡视检查的方针不相符合。

（三）执法检查的问题整改有待进一步加强

当前执法检查结果的问题整改环节，一方面，对执法中普遍性、倾向性问题的总结，与公众实际感受以及执法问题现状之间仍有错位，问题总结不实、探究不深、把握不细的情况仍然存在；另一方面，执法检查在制度设计方面仍有较大改进空间，执法检查问题整顿的实践操作还存在刚性不足、手段不足、实效不足等诸多不足。《河南省实施〈监督法〉办法》第四十二条第二款就群众申诉、控告和举报中发现的违法个例及违法普遍性问题的处理，规定了“由执法检查组转交有关部门处理”的办法。这一规定并未用足在当前架构内人大享有的重大问题决定权、撤销权以及人事任免权诸项权力，显然不利于人大监督检查法律法规实施之职能的有效实现。实践中，多运用第四十四条审议执法检查报告的处理方式，而第四十五条、第四十六条中质询和特定问题调查的方式几乎很少运用，这就与人大执法检查的要求以及当前执法现状中的迫切形势不相适应。

三　增进河南省人大执法检查运行机制实效的具体举措

河南省人大执法检查工作要以满足人民法治需要和法治诉求为导向，围绕精准测度及把握人民需要、精准确定执法检查领域和部位、精准发现及纠正法律实施问题，推行相应的精细化、科学化、制度化的举措，全面提升人大执法检查与公众需要的契合度，提升执法检查反馈及满足人民日益增长的法治需要的效能度。要通过补足规范、增加内容、细化操作，就执法检查权力责任明晰、手段方法明定、运行实施明细等方面，加快提升执法检查规范化、科学化和可操作化的程度。要立足于增进实效，充分运用宪法赋予的监督职权，加大应用法定监督手段的力度，同时，要勇于进取、开拓创新，结合新的实践和新的发展，不断开发人大执法监督问责的新的方式方法，以深化改革和机制创新推动人大执法检查实效的提升。

（一）切实增进执法检查的公众参与

开展深入细致的公众参与是人大机构自身民主属性的必然要求，也是执法检查取得实效的关键举措。公众参与无疑有助于人大执法检查更为精准地发现问题，使执法检查举措针对公众需要之密集所在，进而做到有的放矢。执法检查公众参与涵盖了执法检查主题和内容的确定、执法检查方式方法的应用、执法检查跟踪及反馈等多个环节。人大部门要推进执法检查计划制定的公众参与，开设专门的网络民意征集渠道，就执法检查的领域和部位听取公众的诉求和意愿，着力针对那些公众投诉密集、反映强烈、问题集中的执法不作为、乱作为现象，开展有力度的执法检查行动。执法检查要更多地采取与普通公众座谈、问卷调查、公布投诉信箱等公众参与的手段，更多地征集和听取公众对法律实施的身边事和心里话，使执法检查始终贴近公众心理诉求和心理感受。要建立执法检查事前数据调查和数据分析工作制度，通过民意民情相关数据的收集及整理，通过绘制相应的民意结构图和分布图，推进执法检查对象和内容的精准化，使执法检查构筑在科学的数据分析的基础上。

（二）加快推进执法检查规范化进程

人大执法检查是人大监督职能构成中的重要内容，是基于宪法而衍生的带有法定性、正式性和严肃性的活动。执法检查的组织实施等各个环节都要求有章可循，要求有完整严密的制度规范作为保障。当前，河南省通过制定及颁行《河南省实施〈监督法〉办法》，设立专章对执法检查的实施予以明确。但只是这样仍然是不够的，人大执法检查的实施需要更为具体、更为细密、更为精确的制度规范。目前，一些省市地方，诸如安徽省①、广西壮族自治区②，以及深圳市③、成都市④等，已经就人大执法检查颁行了相应的实施办法或制度规定。河南省也应当在执法检查规范化方面进一步加大工作力度，就执法检查公众参与、执法检查权责设置、执法检查科学有效实施等关键问题，加快形成严密、规范、科学的执法检查制度体系。尤其要针对执法检查的组织实施，明确执法检查组织机构的人员来源、职责设置、检查手段等，明确执法检查的中立性、专业性、稳定性要求，明确执法检查可以动用的手段和方法。执法检查既然着眼于监督政府，在人员构成、检查方式上便要体现监督的独立性，实践中，卸任者监督曾经任职部门工作的做法，邀请被监督对象参加或陪同检查的做法，事先通知执法检查并要求其做好准备的做法，对监督的中立性及其成效会产生不好的影响，这些做法都应当通过进一步的改革而加以纠正。此外，还要赋予执法检查组织机构依法进入被检查场所，调阅相关资料，问询有关人员，以及采集及固定检查材料的职权，对阻挠及对抗检查等诸多情形也要予以制度上的防范和处理。

① 见《安徽省各级人民代表大会常务委员会执法检查工作条例》（2008年12月1日施行）。

② 见《广西壮族自治区各级人民代表大会常务委员会执法检查条例》（2009年11月1日施行）。

③ 见《深圳市市、区人民代表大会常务委员会执法检查条例》（2009年1月1日施行）。

④ 见《成都市人民代表大会常务委员会执法检查条例》（2014年1月1日施行）。

（三）探索执法检查长效化运行机制

当前人大执法检查有着以年度为单位、各年度主题各有不同的特征，这种类似于推磨的检查运行模式与法律实施的内在机理和运行规律并不相吻合。因为许多法律实施不良的现象往往须要经历多年甚至长期的执法检查努力，通过久久为功的机制建设成效，才能得到大的改观和有效的纠正。机械地以一年为检查单位，并且频繁更换执法检查主题，容易助长执法检查中的形式主义。因此，有必要对当前执法检查计划制定及其运行周期做出改进，使之契合法律实施问题之所在及形势的演变。对那些关切群众利益、社会关注度高的法律实施议题，不可幻想成其事于一年或毕其功于一役，要根据法律实施问题的现状及其演化动向，制定跨年度、多阶段、连贯性的执法检查规划。要遵循纠正法律实施不力过程中遏制势头、取得主动、构筑长效的阶段性发展规律，以及适应执法检查中发现问题、整顿改革、跟踪反馈等阶段性发展特点，制定适用于各阶段的执法检查战略策略、方针方案和实施举措。

（四）多措并举改进执法检查的实效

人大执法检查在发现问题后的整改阶段，要着力于增强刚性、完善手段、提升实效，用足、用实、用好宪法赋予的权能，不仅要及时启用传统的监督手段，还要创造性地运用新的监督手段，使人大检查切实起到警醒、督促及鞭策政府部门尽职履责的效果。要充分运用宪法第一百零四条所规定的地方人大的职权设计，包括重大事项决定权、监督权、撤销权、人事任免权等权力设置，对本地区法律实施中的重大事项、重大改革、普遍性问题，以做出决定的方式，加强法律实施相关的地方性立法，推进以人大立法为引领的法律执行体制机制的改革，同时，还通过人大决定权的行使，对本地区法律实施存在的问题加以客观、全面、深入地分析，并使提出的改革对策上升到立法高度及产生立法效力；对政府立法性文件及规范性文件中妨碍法律实施的不当、失当、违法等现象，以及对下级人大机构做出的不利于法律实施的不适当的决议和规定，也要及时运用撤销权，启动相应的撤销和纠正；要将执法检查的结果作为人大人事任免权行使的重要参考，把好人大对人事选任应有的监督关口，发挥好人大具有的人事任免的权能。

在人大开展政府监督的手段上，在以往的视察、座谈、审议等手段之外，要更多地运用法定正式手段，包括质询、问题调查等，使这些手段不只停留在立法层面，而进一步增进在现实中的使用；同时，还要结合我国政治架构，创新监督手段和监督方法，采取人大与党委共同审议决定、人大牵头多部门人事任免联动，人大主导多部门监督联动追责等举措，切实整合政治监督和法律监督两方面的工作机制，推进人大监督中的制度衔接、运行协调和实效整合。对于在执法检查中发现的不作为、乱作为现象，要区分情形、依据职权、分类处理，对法律实施中涉及滥用职权、玩忽职守等违法犯罪行为，既要运用人大人事权，启动人事政治责任追究，还要督促监委等工作部门，开展相应的法律责任追究。人大执法检查的问题整改在手段上还可以结合新技术、新媒介的演进态势，开发网络及媒体公开审议、公开质询、公开反馈通报等新的手段方法，通过面向公众及塑造开放性，增强法定监督手段的运行实效。

参考文献

庞昕：《“后创建时代”河南人大更美好》，《人大建设》2018 年第 7 期。

王博勋、于浩：《人大监督的经典范本：委员长三次率队开展执法检查》，《中国人大》2018 年第 3 期。

牛瑞芳、常石明：《人大决议助推河南“第一民生工程”》，《人大建设》2018 年第 1 期。

谢伏瞻：《发挥人大独特优势　在建设“四个河南”中创新有为》，《人大建设》2016 年第 6 期

滕修福：《人大执法检查不可忽视的几个问题》，《人大研究》2016 年第 6 期。

立法保障篇

Legislative Guarantee

B.13

我国金融控股公司监管现状及立法建议

程相镖*

摘　要： 金融控股公司作为一种特殊的市场主体，必须建立专门监管规则促进其规范发展。本文结合我国金融控股公司监管现状和相关立法经验，从四个方面提出了立法建议：明确立法路径的选择，明确金融控股公司监管机构，构建系统性监管规范，确立监控和责任追究机制。

关键词： 金融市场　金融控股公司　监管　立法

近年来，金融混业经营已成为金融业发展的趋势，我国金融市场出现了

* 程相镖，中国人民银行新乡市中心支行办公室副主任。

各类金融控股公司，在我国金融改革发展中起着重要作用，但同时部分金融控股公司在风险管控、内部治理上的风险不断显现，因此，如何建立健全适合我国的金融控股公司的监管规则，对其实现有效监管，成为当下金融改革亟须解决的重要问题。

一　金融控股公司内涵和外延界定

我们要探讨如何规范金融控股公司健康发展，那么我们首先应该清楚，什么样的主体才是金融控股公司，如何界定金融控股公司内涵和外延。从理论层面来讲，金融控股公司没有统一的内涵和外延界定。但从立法实践上来看，很多国家立法对金融控股公司的内涵和外延做出了相应的明确规定。比如，美国1999年颁布的《金融服务业法案》第一次提出了“金融控股公司”表述，但没有明确的定义。同年，巴塞尔银行监管委员会等3个部门联合发布的《对金融控股公司的监管原则》中提出金融控股公司为在同一控制权下所属的受监管实体至少明显地在从事两种以上的银行、证券和保险业务，而且各类业务的资本要求不同。欧盟的《金融集团补充监管指令》对金融控股公司的条件规定为三个方面：一是集团至少有一个受监管机构属保险业、银行业或投资服务业；二是集团母公司或至少一个子公司是被监管金融机构，如果母公司不是受监管机构，则集团主要业务必须是金融业；三是集团中的保险业务、银行业务或投资服务业务必须是显著的。该指令还提出了“混合型金融控股公司”的概念，即由非受监管机构的母公司与至少一个属于被监管机构的子公司以及其他子公司共同构成的金融集团。我国台湾地区于2001年专门制定了《金融控股公司法》，该法将金融控股公司定义为：对一银行、保险公司或证券商所持有的股份具有控制性，并依照金融控股公司法设立的公司。按照该法规定，所谓控制性的持股，是指持有一银行、保险公司或证券商已发行的、有表决权的股份总数或资本总额超过25%，或者直接、间接选任、指派一银行、保险公司或证券商过半数的董事。

由以上分析可以看出，尽管不同国家或地区对金融控股公司的内涵和外延的界定不尽相同，但是归结起来其核心要点主要有以下三点：一是金融控股公司是通过直接或间接的方式以持有一定比例的股份控制金融企业；二是金融控股公司必须控股两种以上类别的金融企业；三是金融控股公司通过对不同种类金融业务企业的控制，实现两种或两种以上的金融业务混业经营优势互补，以多元化的金融服务分散经营风险，达到经营利益最大化。因此，本文把金融控股公司简单定义：至少控股两种银行、证券、保险、信托、基金等金融业务的公司。

二　我国金融控股公司发展、监管现状及其风险

（一）我国金融控股公司发展现状

据不完全统计，截至 2016 年，我国金融控股公司达到了 400 多家，全国有 90 多家地级市政府设立了各类金融控股公司[①]。主要有以下几种类型。

一是央企控股类型的金融控股公司。这种类型主要包括光大集团、中信集团、招商局集团、平安集团等大型金融集团，是典型的纯粹型金融控股公司[②]，其母公司都为金融机构但自身并不开展经营业务，仅作为纯粹的控股机构对旗下的子公司实行分业管理，而金融控股母公司和子公司之间又是利益共同体关系，因此在实际发展过程中也实现了一定程度的混业经营。二是金融系金融控股公司。该类型是指金融机构以实现混业经营为目的，以企业

① 参见《2017～2023 年中国金融控股公司市场现状调研与发展前景分析报告》，百度文库，https：//wenku. baidu. com/view/4ba79f3c03768e9951e79b89680203d8ce2f6aab. html。

② 通说认为金融控股公司按照其母公司是否具体经营业务，一般可分为纯粹控股公司和经营性（事业性）控股公司两种类型：纯粹控股公司，又称为“投资控股公司”，本身不经营事业，仅持有子公司之股份，而由其所掌控之各子公司负责经营。经营性控股公司，又称事业性控股公司，是指既从事股权控制，又从事实际业务经营的母公司。经营性控股公司按母公司经营业务的不同可以分为两种：一种是金融机构通过直接出资设立新的公司，从而涉足其他金融领域；另一种是非金融机构通过并购或投资控股独立的子公司，从而达到分别从事银行、证券、保险等业务的目的。其母公司不是金融机构，而是从事具体产业经营的公司。其各个子公司相对独立运作，但在诸如风险管理和投资决策等方面要以投资公司为中心。

控股方式将自身原主营业务扩张至其他金融领域，从而形成金融控股公司，包括银行系（如五大国有银行）和非银金融系（如四大资产管理公司等）。三是由地方政府整合资源而发起设立的金融控股公司。迄今为止，各省份几乎都建立了金控平台[①]。四是互联网金融控股公司。主要是指互联网金融巨头以支付为突破口形成的金控平台，比如蚂蚁金服、京东金融。五是民营产业资本控股的金融控股公司。主要是指一些民营产业资本向金融业渗透，利用多个投资主体、控制多个金融机构形成的“某某系”，截至目前，已经形成了“民营金融二十八系族”，具有代表性的为海航系、安邦系等。

（二）我国金融控股公司的监督管理现状

我国运行多年的分业监管体制已经不能满足金融控股公司多元控股、行业渗透、关联交易、异业间利益冲突等弊端的治理需求。因此，《国民经济和社会发展第十三个五年规划纲要》提出“统筹监管系统重要性金融机构、金融控股公司和重要金融基础设施”，《“十三五”现代金融体系规划》提出要“明确金融控股公司的法律地位和监管主体，研究制定金融控股公司监管规则，从资本充足、公司治理、关联交易、风险集中度等方面加强整体监管，引导规范发展”，以上都明确提出了加强金融控股公司监管改革的思路。2018 年以来，监管高层屡次发声[②]加强对金融控股公司的监管，但具体部署及相关规则尚未出

① 连平：《法律缺失和监管不足下金融控股公司风险丛生》，新浪专栏，http：//finance. sina. com. cn/zl/bank/2018 – 07 – 09/zl – ihezpzwt8677963. shtml。

② 2018 年 1 月 25 ~26 日，原银监会在 2018 年全国银行业监督管理工作会议上明确提出“清理规范金融控股集团，推动加快出台金融控股公司监管办法”。3 月 5 日，2018 年《政府工作报告》中，也提到了将健全互联网金融、金融控股公司监管：“加强金融机构风险内控。强化金融监管统筹协调，健全对影子银行、互联网金融、金融控股公司等监管，进一步完善金融监管。”3 月 13 日，《国务院机构改革方案》对我国金融监管体制做出重大部署，中国人民银行作为中央银行所行使的宏观审慎管理与系统性风险防范两大职能得到进一步加强。3 月 25 日，央行行长易纲在“中国发展高层论坛 2018 年会”上表示，少数野蛮生长的金融控股集团存在风险，抽逃资本、循环注资、虚假注资，以及通过不正当的关联交易进行利益输送等问题比较突出，带来跨机构、跨市场、跨业态的传染风险。易纲认为，要抓紧出台金融机构资产管理业务指导意见、非金融企业投资金融机构指导意见、金融控股公司监管办法等审慎监管基本制度。

台，直到4月27日，“一行两会”出台《关于加强非金融企业投资金融机构监管的指导意见》（银发〔2018〕107号），从准入条件、资本监管、股权结构、关联交易、风险管理、穿透监管等方面对监管非金融企业投资金融机构提出了较为具体的指导意见。同日，“一行两会”联合印发《关于规范金融机构资产管理业务的指导意见》，业界称之为“资管新规”，该新规对于规范金融控股公司在资产管理业务、防范和控制金融风险方面也起到了积极作用。同时，人民银行、银保监会、证监会还陆续发布了相关实施细则。可以说是我国金融控股公司专门立法进程迈出的重要一步，但该规范性文件存在涉及领域过窄、效力位阶太低的问题，尚不足以改变我国金融控股公司监管立法空白的现状。

在监管主体方面，目前我国的金融控股公司缺乏专门的监管主体，尽管有金融稳定发展委员会的成立、银保监会的合并，以及监管机构之间的联席会议制度，在一定程度上缓解了金融监管缺位的问题，但这仍是分业监管框架下的监管协调，理论上还不能完全解决金融控股公司监管主体衔接问题。

（三）监管缺位背景下金融控股公司的潜在风险

目前，我国金融控股公司发展存在很大的经营风险，主要表现在以下几个方面。

1. 宏观上乱象丛生、风险积累

一是准入门槛不明，滋生监管套利。金控公司不加风险权衡地将资金转移至监管门槛较低的行业，加重金控公司风险负担。二是不正当关联交易。内控制度设置规则缺位导致的内部风险隔离措施缺失和内部资金转移定价规则缺失，衍生不正当关联交易。三是资本重复计算。母、子公司之间的资本流动和互相持股造成资本重复计算，增加了财务杠杆，降低了资本充足率。四是误导资本脱实向虚，短期内的高额利润诱导实体经济不断向金融领域扩张，这种导向使产融结合的金融控股公司偏离实体，加剧泡沫化，积累集团潜在风险。

2. 微观层面的主要风险

一是金融控股公司治理机制有待完善。由于缺乏专门的金融控股公司的监管规则指引，金融控股公司因为体量加大，且存在混业经营，很难形成完善的治理机制和风险管控机制，交叉传染风险较大。二是各类型金融控股公司风险形态多样。金融系和央企控股的金融控股公司运行较为规范、风险较为可控，其他类型的金融控股公司风险较为明显。比如，地方控股的金融控股公司的非市场化的金融业务整合，虽然可能在短时间内有很多益处，但政府行政式整合难以消除各子公司之间的各类矛盾；民营产业资本和互联网金融控股公司的单纯逐利性使其具有更大的潜在风险，“跑路”事件时有发生、隐瞒股东情况、突破一控或两参限制、虚假注资造成实际风险远超监管预期。

金融控股公司由于其跨领域经营、业务较为复杂，风险必然较大，但其并非不可控。建立监管规则通过对母公司的金融控股公司的监管，是可以实现直接、有效的穿透式监管的，因此，建立一套针对金融控股公司的规则，防范系统性金融风险势在必行。

三　其他国家或地区金融控股公司监管立法实践分析借鉴

加强金融控股公司的监管是落实中央决策部署、防范金融风险的重要内容，这也是各国监管层共同关注的问题，我们下面来考察一下部分国家或地区在规范金融控股公司发展方面进行的探索。

（一）立法实践考察

1. 美国金融控股公司监管立法实践

在美国，金融控股公司监管立法随着其国内金融控股公司发展实践逐步调整完善，1999年的《美国金融服务业现代化法》设立金融控股公司专门章节，标志着美国确立了相对完善的金融控股公司监管规则。针对金融控股公司伞状的组织结构（母公司控制管理多家子公司，但不介入业务的经营），美国采取了统一与分散相结合的伞形监管模式。美联储作为基本监管者，对母公司进行监管，同时，各金融子公司分别由专业监管机构监管。这种立法模式，既体现了集中的效率，同时也发挥了专业监管的优势，避免出现监管的真空或交叉现象。

2. 英国金融控股公司监管立法实践

英国对金融控股公司的监管框架形成于 1997 年的金融体制改革，在以往放开混业经营的基础上，英国政府成立了集银行、证券、保险监管职责于一身的金融服务监管局，对包括金融控股公司等金融机构进行统一监管。

3. 日本金融控股公司监管立法实践

日本监管层对金融控股公司的态度经历了一个从禁止到允许的转变过程。到 1997 年《独占禁止法》修正案允许控股公司成立，但对支配力过度集中的控股公司仍然禁止设立，同年 12 月通过的《金融控股公司整备法》及《银行控股公司创设特例法》，废除了银行不能直接经营其他金融业的禁令，扩大了银行的经营范围。1998 年制定了《金融体系改革法》，作为金融控股公司的相关补充法。

4. 我国台湾地区金融控股公司监管立法实践

我国台湾地区对金融控股公司的监管形成了专门立法为主，相关实施细则为辅的立法体系。以《金融控股公司法》详细规定金融控股公司的设立、管理及监督。以《金融控股公司设立申请书件及审查条件要点》《金融控股公司合并资本适足性管理办法》《金融控股公司内部控制及稽核制度实施办法》等法令规章为辅助，建立了完善的金融控股公司的立法体系和内容。

（二）立法实践分析

1. 立法模式以制定专门法律法规为主

上述几个国家或地区大都专门制定金融控股公司方面的法律，并且还制定了相关配套法律法规，共同构成规制金融控股公司的法律体系，而且法律层级明显高于我国大陆仅以监管部门联合印发的规范性文件。

2. 必须明确金融控股公司监管责权

如上所述，在金融控股公司监管体制上，美国采取的是统分监管、分层负责，英国实行统一监管，由金融服务监管局对金融控股公司进行统一监管。在此方面，我国还缺乏对金融控股公司明确的监管分工，责权不清晰。

3. 监管规则必须具有针对性

金融控股公司作为特殊的金融市场主体，其主体地位、市场准入、事中事后监管、市场退出机制等均有其特殊性。比如日本专门制定《银行控股公司创设特例法》。从此也可以看出，我们在制定金融控股公司规章制度时，应当充分考虑其特殊性，按照其主体特性，建立监管法律法规。

四　对完善我国金融控股公司立法的几点建议

金融稳，经济稳。金融控股公司体量大，牵一发而动全身，有序规范金融控股公司发展，对打好防范化解重大金融风险攻坚战，加大金融对实体经济的支持力度具有重要意义。在前文分析基础上，结合我国实际，笔者对我国金融控股公司监管立法提出以下立法方面的建议，以期对我国金融控股公司乃至金融业健康发展有所裨益。

（一）明确立法路径的选择

如前文所述，金融控股公司具有自身特殊性，涉及对其规制的法律包括《公司法》《中国人民银行法》《银行业监督管理法》《商业银行法》《证券法》《保险法》《信托法》《反洗钱法》等多项金融法律法规，如果实行分散立法，牵涉面比较广，立法成本比较高，而且容易造成法律规则之间的不协调，形成新的套利空间，不利于金融稳定维护。

我们建议实行专门立法，即制定《金融控股公司监管法》，以金融控股公司的市场准入、事中事后监管和市场退出为主线，专门制定相关法律法规进行规范。当然，具体的立法路径可以实行分步走战略。首先，结合现行立法实际，在现行法律框架下，以中国人民银行部门规章的形式制定出台

《金融控股公司监管试行办法》，从填补现行金控公司专门监管规定空白的目的出发，探索加强对金融控股公司的监管。其次，可以在此基础上，国务院制定出台《金融控股公司监管条例》。最后，在《金融控股公司监管条例》实践的基础上，提升金融控股公司监管规则的法律层次，依法定程序制定《金融控股公司监管法》，该法主要内容应包括金融控股公司内部治理机制、准入条件、经营规范、外部监督机制、处罚机制等。同时应修订相关的法律法规，以确保能统一金融控股公司监管立法。

（二）明确金融控股公司监管机构

在我国，金融控股公司由哪个部门来监管，这在一些文件里有所涉及。2017 年 7 月，第五次全国金融工作会议提出设立国务院金融稳定发展委员会，办公室设在人民银行，人民银行牵头监管金融控股公司的地位已经确立。2019 年 1 月，中编办下发的人民银行三定方案明确规定，人民银行牵头金融控股公司等金融集团和系统重要性金融机构基本规则拟订、监测分析、并表监管。基于以上情况，在我国现行金融监管体制下，我们认为有必要在《金融控股公司监管法》中明确规定对金融控股公司实行总分结合的监管模式，中国人民银行负责金融控股公司母公司的监管和跨行业监管，各监管机构在法定职责范围内对金融控股公司下属不同金融业务领域的子公司实施专业化监管，同时明确由中国人民银行牵头强化各级人民银行和其他金融监管部门之间信息共享，实现监管信息及时互通，有效促进金融控股公司健康发展。

（三）构建系统性监管规范

建议在我国《金融控股公司监管法》中至少规定以下几方面监管规范。

1. 建立准入规则

监管准入门槛不宜过高和过低。过高则会使很多事实上的金融控股公司脱离监管，造成监管真空；过低则会造成金控公司的泛滥成灾。在我国，建议设置一定的准入门槛，然后在此基础上根据具体情况制定细化的分类监管

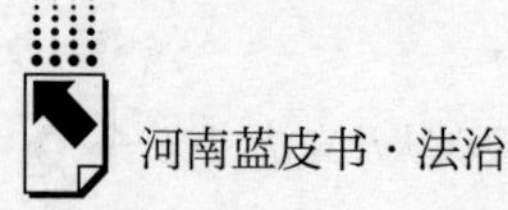

规则，比如可以将子公司中有银行、证券、保险中两种及以上的金融控股公司纳入监管范围，在此基础上，子公司为商业银行且规模较高的从严监管，同时给予政策上的相应支持。

2. 设置转投资限制

为防止金融控股公司盲目以高利为目标作转投资，建议建立完善的转投资限制规则。比如，将其转投资的对象限定于金融相关事业，以维持金融控股公司主要经营金融相关业务的格局，防止投资跨行业到其他的实体经济部门。

3. 提高资本充足性要求

资本充足率是防范金融风险的重要指标。目前我国银行业的资本充足率不高，如果在其以原有主业设立金融控股公司时，就必须提高资本充足率的要求，只有这样才能确保不会因资金不足出现风险，且金控公司一旦出现风险，极易造成系统性风险。因此，在制定《金融控股公司监管法》时，我们应参考《巴塞尔协议》对金融控股公司资本充足性的基本要求，避免金控公司盲目扩张引发风险。

4. 强化风险隔离

出于市场逐利冲动，金融控股公司内部各业态之间容易产生利益冲突及不当联结行为，这种情况下容易导致金融风险在不同业态之间的传染。如何将风险限定在可控范围，笔者建议我国在制定金融控股公司相关监管法规则时，建立内部监管“防火墙”的制度。一是限定金融控股公司旗下各金融子公司的资金和业务比例，限制商业银行与证券、保险等业务部门的融合程度，从资金、业务、规模上设置风险隔离。二是设置信息披露制度，强制要求金融控股公司披露内外交易信息，建立信息安全的“防火墙”。①

（四）确立监控和责任追究机制

对于金融控股公司的监督管理，除了明确其监管机构之外，还要建立其

① 参见戴昕琦《论我国金融控股公司风险防范法律制度之构建——以“防火墙”制度为视角》，《技术与市场》2014 年第 8 期。

事前和事后监控机制。一是健全事前监控机制。金融控股公司的最本质属性为公司，必须按照《公司法》的要求建立完善公司治理结构，通过内部治理健全事前监控。二是完善事后监控机制。建议我国从法律上确立人民银行作为金融控股公司的综合监管机构对金融控股公司进行监管，从外部风险防范和事后处罚方面加强事后监控。三是引入加重责任。加重责任理念是我国商法学中的重要理念。金融控股公司作为特殊的商事主体，具有较强的经营能力，对市场秩序稳定的影响力也更大，理应承担更大的商事义务。因此，在规制金融控股公司与子公司的内部控制和清偿责任时，应该规定金融控股公司的加重责任，规定金融控股公司完全保证其子公司的清偿能力。通过加重责任的规定，可以有效加强控股公司自我约束的内在机制建设，同时有利于加强母公司对子公司的监督管理，对金融风险防范有积极作用。因此，笔者认为，我国金融控股公司立法应当引入加重责任制度：当子公司资本金不足以清偿债务时，控股母公司应当帮助子公司补足资本金或恢复清偿能力。如果控股公司不履行该义务，监管机构有权对控股公司采取制裁措施。

参考文献

唐双宁：《加快金融控股公司立法》，《中国金融家》2015 年第 3 期。

胥爱欢、李红燕：《美、英、澳金融控股公司监管实践及对我国的启示》，《西南金融》2018 年第 1 期。

田静婷、仇萌：《我国金融控股公司的立法问题研究——台湾地区〈金融控股公司法〉的立法启示》，《西北大学学报》（哲学社会科学版）2013 年第 4 期。

潘施琴：《构建我国金融控股公司监管立法框架的设想》，《法学杂志》2012 年第 9 期。

龚益锋：《金融控股公司法律监管问题研究》，硕士学位论文，西南科技大学，2015。

张婧：《我国金融控股公司立法问题研究》，硕士学位论文，江西财经大学，2013。

B.14

河南省高校纪委廉政谈话制度创新探索与完善

——以南阳理工学院为例

冀明武*

摘　要： 廉政谈话制度是新时代全面从严治党的一项制度创新，在全省高校防治腐败中发挥着重要作用。廉政谈话具有谈话对象更易接受、便于及时发现问题苗头，以及拉近纪委与党员关系等制度优势。未来完善廉政谈话制度应该从规范廉政谈话程序和内容、深化高校纪委“双重领导”改革两方面重点发力。

关键词： 河南　高校纪委　廉政谈话　制度创新

2019年，十九届中央纪委三次全会工作报告指出，“监督是纪检监察机关的基本职责、第一职责”。纪检监察机关要坚持不懈探索强化监督职能，特别是把日常监督实实在在地做起来、做到位，抓早抓小、防微杜渐，贯通运用“四种形态”，使监督更加聚焦、更加精准、更加有力。随着反腐败斗争的深入推进，原本以教书育人、传播文化知识、进行学术研究为宗旨的高等院校，在诸多方面也暴露出腐败问题线索，令人唏嘘。在高校相对封闭的环境体制内，如何强化高校纪委监督执纪力量，做实做细监督职责，着力在

* 冀明武，南阳理工学院党内法规与廉政建设研究中心执行主任，副教授。

日常监督、长期监督上探索创新、实现突破，成为新时代全省高校反腐斗争所面临的一项重大课题。

南阳理工学院校党委纪委以贯彻监督执纪“四种形态”为基点，牢牢把握监督基本职责，定位向监督聚焦，责任向监督压实，力量向监督倾斜。积极探索高校腐败监督预防制度建设路径，先后出台《南阳理工学院廉政谈话制度》《南阳理工学院开展“廉政谈话周”活动实施方案》等制度，初步形成以廉政谈话为核心的监督执纪问责长效机制，并已在高校预防腐败工作中收到良好成效。

一　高校纪委监督执纪需要破解的问题

（一）及时发现党员日常工作生活问题线索

十九届中央纪委三次全会报告指出，纪检监察机关要着力在日常监督、长期监督上探索创新、实现突破，特别是把日常监督实实在在地做起来、做到位。高校作为一个相对封闭且自主权较大的事业单位，在招生就业、选人用人、基建工程、物资采购、财务管理、后勤服务、科研经费、校办企业、附属医院、学术诚信等重点领域同样存在腐败发生风险。上述腐败发生往往最初表现在高校党员干部日常工作生活中的一些问题苗头，例如，不认真执行民主集中制、作风专断，或者在领导班子中闹无原则纠纷；搞华而不实脱离实际的“形象工程”、不严格执行廉洁自律规定等。这些问题苗头如不及时提醒纠正，极有可能进一步演变为违规违纪行为。因此，如何推动高校纪委监督执纪关口前移，及时有效发现工作中的问题线索，实现日常监督与执纪问责、审查调查顺畅衔接，探索强化近距离、常态化、全天候监督模式，真正让日常监督约束作用得到发挥，成为当下全省乃至全国高校纪委防治腐败中普遍面临的一个突出难题。

（二）有效贯彻我党治病救人的执纪原则

“惩前毖后、治病救人”是我党一贯坚持的监督执纪基本原则，其核心内涵在于按照党员违规违纪错误性质和情节轻重不同，从轻到重给以批评教育直至纪律处分。2017 年，随着党的十九大正式将监督执纪“四种形态”写进党章，“治病救人”执纪原则有了更为细化、可操作的制度依据。据统计，2018 年，河南省各级纪检监察机关一共运用监督执纪“四种形态”处理 91398 人次，其中运用第一种形态处理 51122 人次，占 56.0%；运用第二种形态处理 30836 人次，占 33.7%；运用第三种形态处理 5419 人次，占 5.9%；运用第四种形态处理 4021 人次，占 4.4%。监督执纪“四种形态”的提出与实践，充分彰显出全面从严治党由“惩治极少数”向“管住大多数”的理念深化，也直接推动着新时期高校纪委职能定位与工作方式的适时转变。如何探索出一种适合违规违纪前行为调查性质的监督路径，成功创设一条“好同志”与“阶下囚”之间的制度隔离带，顺势成为高校纪委切实落实三转与监督执纪“四种形态”的一个基本导向。

二　南阳理工学院廉政谈话制度改革推进

廉政谈话制度可以追溯至 1998 年的《关于实行党政领导干部廉政谈话制度的实施办法》，该办法不仅将廉政谈话内涵正式界定为“党组织、党政领导干部和纪律检查机关按照党章要求，对党员领导干部实施严格教育、严格管理、严格监督的重要措施”，并明确制度的目的是增强党员领导干部廉洁自律、依法办事的意识，筑牢思想道德防线，教育、挽救和保护干部。随着新时代依规管党治党的纵深推进，廉政谈话在制度设计与实践形式上都日益丰富完善。党的十九大报告明确提出“运用监督执纪‘四种形态’，抓早抓小、防微杜渐”论断后，管党治党重在全面从严、监督执纪贵在抓早抓小的观念日益深入人心。廉政谈话制度则因其“抓早抓小、防微杜渐”理念与“四种形态”高度契合性，又因其实施的便捷高效，使得其在腐败预防中优势逐步凸显出来。据统计，2018 年全年，全国纪检监察机关共处置问题线索 166.7 万件，其中谈话函询处置 34.1 万件次。全国纪检监察机关共处理违规违纪 173.7 万人次。充分运用第一种形态，约谈函询、批评教育 110.4 万人次，占总人次的 63.6%。① 廉政谈话在处理违规违纪问题中的制度效能充分发挥出来。

南阳理工学院党委纪委非常重视廉政谈话制度建设，早在 2017 年 2 月，校党委纪委就针对廉政谈话制度进行充分酝酿研究。在借鉴其他高校和单位经验基础上，于同年 5 月 25 日正式出台《南阳理工学院廉政谈话制度》，为廉政谈话制度确立奠定基础制度框架。同年 12 月 25 日，学院委员会印发《南阳理工学院开展“廉政谈话周”活动实施方案》通知，决定在 2018 年元旦、春节前集中一周对学校教工党员和领导干部进行廉政谈话。在校党委领导支持下，截至 2018 年底，校纪委已经分三轮对校处级党员干部进行履职廉政谈话，为防治腐败营造出良好政治生态环境（见表 1）。

表 1　南阳理工学院履职廉政谈话工作推进情况

开展工作时间	谈话单位	谈话人数
2017 年 9 月 ~2018 年 1 月	第一轮校内 10 个二级单位	42 位处级干部
2018 年 4 月 ~2018 年 6 月	第二轮校内 12 个二级单位	39 位处级干部
2018 年 9 月 ~2018 年 11 月	第三轮校内 8 个二级单位	25 位处级干部

一年来的实践表明，通过廉政谈话能够及早掌握领导干部思想动态并及时进行提醒，确保做到早发现、早预防、早纠正，能够有效激励党员领导干部勤于修身、严于律己、勇于担当、积极作为，提高自身拒腐防变和抵御风险的能力。廉政谈话还得到所有参与谈话单位和个人的一致肯定，同志们认

① 赵乐际：《忠实履行党章和宪法赋予的职责　努力实现新时代纪检监察工作高质量发展——在中国共产党第十九届中央纪律检查委员会第三次全体会议上的工作报告》，新华网，http://cpc.people.com.cn/n1/2019/0221/c64094-30851093.html。

识到廉政谈话不仅是组织的提醒教育，更是校党委纪委对广大党员干部的关心爱护，今后工作中要不断增强廉洁意识，干干净净做事，清清白白做人。南阳理工学院廉政谈话良好实施效果也得到其他高校的认可肯定，先后有信阳师范学院等高校来校参观考察廉政谈话实施经验，普遍认为廉政谈话紧贴高校防治腐败客观实际，是高校纪委践行监督执纪“四种形态”的创新举措。

三　高校廉政谈话制度实践经验启示

（一）谈话类型齐全、涵盖范围全面

宏观来看，廉政谈话制度针对的主题是各种腐败问题的苗头和风险，但细致来分析，这些问题苗头的严重程度和风险的大小并不完全一样。有些问题苗头重在提醒、贵在及时，通过谈话只要能使被谈话人对自己的问题产生清醒认识，有所醒悟即可；而有些问题已经超出一般性问题范畴，甚至是轻微违规违纪问题，通过谈话一定要达到对被谈话人仅次于党纪轻处分（警告、严重警告）的惩戒力度。问题苗头性质的差异要求廉政谈话有必要划分为不同类型，有鉴于此，南阳理工学院将廉政谈话分履职廉政谈话、任前廉政谈话、提醒谈话和诫勉谈话四大类型，分别对应不同领域、主体与性质的问题具体要求。例如，提醒谈话对象主要是从信访或其他渠道的不良反应所涉及的、需要提醒的有关人员。谈话主体以党委书记、纪委书记为主，其他校领导根据需要，也可进行提醒谈话。而诫勉谈话对象限定在存在《关于对党员领导干部进行诫勉谈话和函询的暂行办法》（中办发〔2005〕30号）第三条规定的七种情形的相关人员。诫勉谈话对象必须对有关问题进行解释和说明，并要对纪律监察机关指出的问题进行限期整改。从谈话涵盖面来看，廉政谈话不仅包括作风建设、廉洁从政等内容，还涵盖贯彻党的路线方针政策和党组织决议、决定以及工作部署不力；执行民主集中制情况、在领导班子团结协调情况等内容。既强调重点抓早抓小的制度理念，又对可

能涉及党纪重处分的问题苗头强化了监督预防，很好践行监督执纪“四种形态”的精神要求。

（二）谈话对象更易接受，防治腐败效果好

党内谈话是中国共产党优良传统和政治优势之一。据学者统计，目前运用广泛的谈话形式包括入党谈话、日常谈话、考察谈话、任职谈话、廉政谈话、巡视谈话、提醒谈话、警示谈话、诫勉谈话、问题线索谈话、纪律审查谈话、约谈共十二种之多。[①] 廉政谈话本质上属于党的思想政治工作组成部分，相对于制度管党治党而言，其更多体现的是思想建党范畴特色。习近平总书记在十九届中央纪委二次全会上提出：“要坚持思想建党和制度治党相统一，既要解决思想问题，也要解决制度问题。”思想建党和制度治党原本就是全面从严治党两大支柱，同向发力、统筹推进是两者关系科学定位的应有之义。相对于处罚色彩浓厚的制度治党而言，廉政谈话形式在监督形式上更显温和与人性化，相对宽松平和的环境使谈话对象不易产生畏惧和抵触情绪，更容易接受组织指出的问题苗头，更容易向组织坦白交心。这样不仅有利于廉政教育入脑入心，更有利于党组织就相关问题的查明查实，相当程度降低了谈话对象虚假陈述、隐瞒问题的风险可能。

（三）便于及时发现问题苗头，拉近纪委与党员关系

与其他机关不同，高校作为一个相对封闭且自主权较大的事业单位，教学科研、学生管理等重要工作多集中到学校二级学院和单位。换言之，除了学校领导班子成员“关键少数”之外，高校预防腐败的重点应该放在学校二级学院和单位负责人身上。而我们廉政谈话的对象不仅包括学校领导班子成员，更是将二级学院和单位所有党员干部全部囊括，廉政谈话内容同样涉及党内监督、党风廉政建设及干部选拔任用等各个重点领域，实现重点谈话对象与监督领域的无死角与全覆盖。实施廉政谈话制度前，高校党委纪委发

---

① 陈振：《完善党内谈话制度的体系性思考》，《理论建设》2017 年第 3 期。

现问题线索来源相对单一，大多来自基层党员群众借助信访举报渠道的检举揭发，这种发现问题线索模式最大劣势是造成纪检机关工作上的被动，不能主动及时提前发现问题苗头、抓早抓小。与此同时，被动处理问题模式容易给广大党员群众造成高校纪委高高在上的不良印象，影响全面从严治党民意基础的夯实。廉政谈话使高校纪委化被动为主动，主动出击发现问题苗头和线索，不仅有效消除其与党员群众间的情感隔膜，而且更有效聚焦自身监督执纪问责主业，推动高校预防腐败工作的深入开展。

四　高校廉政谈话制度完善建议

（一）规范廉政谈话程序和内容

党的十九大报告指出：“坚持全面从严治党，必须以党章为根本遵循，把党的政治建设摆在首位，思想建党和制度治党同向发力。”作为思想建党的一种制度创新，廉政谈话在及时发现并消灭问题苗头的过程中，以一种柔和方式有效提升党员干部理想信念层次，涵养净化高校整体政治生态。廉政谈话彰显的是组织信任，体现的是组织关怀，传递的是组织力量，是为实践所证明的一种有效的腐败预防举措。高校党委纪委要把廉政谈话制度作为落实全面从严治党主体责任的重要抓手，充分认识其在加强党的思想政治建设与预防腐败中的独特优势，充分发挥廉政谈话了解人、识别人、教育人、挽救人的制度效能，坚决防止“不敢谈、不愿谈、不会谈”现象的发生，切实把廉政谈话制度贯彻落实到高校全面从严治党实践中去。

与此同时，廉政谈话的质量效果与相应准备工作充分与否密不可分，如果谈话组织者内容准备充分、方式灵活得当，被谈话对象就会因为更容易感受到组织的关怀而选择主动坦诚交代相关问题；反之，如果谈话组织者盛气凌人、毫无章法进行谈话，结果往往是形成对方的抵触情绪而守口如瓶。廉政谈话不是丧失原则柔和，而是一种更高境界的坚守艺术，运用得当必将收到非常显著的效果。具体而言，廉政谈话首先提前做好充足准备，要事先制定具体方案提纲，选定适合人员，之后按照相关程序报请批准后才能进行。例如，诫勉谈话一般要经过校纪律检查机关部门负责人批准后方能启动。其次，廉政谈话内容要突出“治病救人”执纪原则，廉政谈话目的在于提前发现问题苗头，预防严重违规违纪问题发展演变，不是为了谈心而谈心，为了谈话而谈话，最终要落实到一个“改”字上。① 要想实现“红脸出汗”，就不能在监督执纪上做“老好人”，就要明确提出问题和要求，批评提醒一步到位、一针见血；反之，如果全过程都是缺乏原则威严基础的一团和气和泛泛而谈，廉政提醒教育的制度效果肯定会大打折扣。再次，廉政谈话要遵守相关保密纪律，特别是诫勉谈话的相关内容要严格保密。谈话对象不得对反映问题人进行追查，更不得打击报复，违反者必须进行批评教育，情节严重的给予组织处理或纪律处分。最后，要充分利用廉政谈话结果，廉政谈话内容进行整理或被谈话人签字确认后，要认真归档整理保存，不仅要成为校党委纪委研判干部队伍状况、腐败发生规律的一份重要资料，更要为高校在预防腐败查找问题根源、提出整改对策上提供决策参考。

（二）深化高校纪委“双重领导”改革

在全面从严治党新时代，全省高校纪检监察人员以守土有责、守土负责、守土尽责的责任担当，以永远在路上的决心和韧劲，成功扛起全面从严治党的历史责任，打造出全省高校风清气正的政治生态。然而不可否认的是，在落实廉政谈话实践中，高校纪委监察人员确也存在畏难情绪和顾虑颇多的问题，除去人员自身素质与态度原因之外，以下两点客观原因也是普遍存在的：其一是高校纪委工作与其他纪检监察部门在对象特质和实施模式上更凸显出教育特质要求，在监督执纪手段与执行能力上却明显不足。在此背景下，如果出现相关人员和部门不积极配合的情形，确实给高校纪检监察人

① 宋庆森：《党内谈心谈话要把握好的几个关键问题》，《哈尔滨市委党校学报》2017 年第 1 期。

员工作开展带来巨大困难，由此催生出工作上的畏难情绪；其二是高校纪检监察人员行使职权时存在颇多后顾之忧，高校纪检监察人员属于所在高校内部工作人员，虽然也不乏敢于碰硬的勇气担当，但由于高校对纪检监察人员评优评先、提拔任用、年度考核等方面存在重大影响力，无疑造成其因诸多后顾之忧而缺乏工作积极性。

如何解决制约高校纪检监察人员的积极性问题，笔者认为，依据《关于深化中央纪委国家监委派驻机构改革的意见》精神要求，应该突出在全面落实高校党的纪律监察工作“双重领导”体制上下功夫，为高校纪检监察人员依法依规行使职权提供坚实的制度保障。以省管本科高校为例，“双重领导”体制要求切实强化省纪委监委对省管本科高校纪检监察工作的领导，明确在省纪委常委会领导下，由省纪委副书记、监委副主任分管体制，切实加强对其纪检监察工作的领导，充分发挥其纪检监察机构的职能作用。高校党委要积极支持纪检监察机构依法依规依纪开展工作，并在人员配备、办公条件、经费保障与信息化建设等方面提供有力保障，理顺高校纪检监察人员管理体制，确保实现工作有保障、干事有平台、成长有空间，消除他们工作中的后顾之忧，提高履行职权的积极性。

综上，在思想建党和制度治党统筹推进的新时代，廉政谈话制度因契合了我党“治病救人”的执纪宗旨与监督执纪“四种形态”的理念要求，对于树立高校纪检监察人员秉公执纪、不枉不纵的可亲、可信、可敬的良好形象发挥重要作用，并以良好的防治腐败效果促成了高校良好政治生态和育人环境。今后，有效解决廉政谈话制度技术层面上的不足，辅助以高校纪检监察体制的完善，必定能大大激发高校纪检监察人员工作的热情和积极性，也必将促使全省高校全面从严治党事业更上一个新台阶。

参考文献

宋庆森：《党内谈心谈话要把握好的几个关键问题》，《哈尔滨市委党校学报》2017

年第 1 期。

陈振：《完善党内谈话制度的体系性思考》，《理论建设》2017 年第 3 期。

赵乐际：《忠实履行党章和宪法赋予的职责　努力实现新时代纪检监察工作高质量发展——在中国共产党第十九届中央纪律检查委员会第三次全体会议上的工作报告》，新华网，http：//cpc. people. com. cn/n1/2019/0221/c64094 - 30851093. html。

B.15
河南政府支持养老业立法研究*

祁雪瑞**

摘　要： 目前，河南已经进入老龄化社会。中央政府已经出台了养老服务规划、政府购买养老服务等一系列规范性文件，但是由于立法不到位，制度位阶低，致使政府支持养老还存在诸多问题。建议对河南政府支持养老的立法和实施进行更完善的规范，发挥好政府的主体作用和养老服务业的支撑作用。

关键词： 河南　政府支持　养老业立法　老龄化社会

党的十九大的召开，标志着中国进入了又好又快全面发展的新时代。习近平总书记对我们提出了“四个着力”的工作要求，其中的第三个是“着力保障和改善民生”。中国和河南都已经进入老龄化社会，截至2018年底，全国60岁以上老年人2.4亿，预计2020年全国老年人口比重将提升到17.8%，总量达到2.55亿，2025年将突破3亿，老龄化趋势明显加快。目前，河南60岁以上人口已超过1500万人并且仍在快速增加，但全省每千名老人养老床位仅为33张，远不能满足养老需求。很多民办养老机构不同程度遇到了土地、人力、融资等方面的难题。作为基本民生的养老问题，政府是主角，必须对政府支持养老业的履职行为进行法律规范，以期在现有资源

* 本文系河南省政府决策研究招标课题“河南省政府购买社区养老服务法律问题研究（2018B104）”及河南省社会科学院2019年度哲学社会科学创新工程试点项目“河南养老保障法律问题研究（19A30）”阶段性成果。

** 祁雪瑞，河南省社会科学院研究员。

限制的条件下取得更好的效果。国务院在 2013 年出台了《关于加快发展养老服务业的若干意见》，地方政府大都是以政策落实政策，政策衰减严重，凸显出地方立法的现实必要性。①

一　河南政府支持养老业立法现状

（一）河南制定法规支持养老业发展

《河南省老年人权益保障条例》自 2019 年 1 月 1 日起实施，其中列专章规定了社会保障。条例要求："建立和完善以居家为基础、社区为依托、机构为补充、医养相结合的养老服务体系，满足老年人多样化的养老服务需求。""各级人民政府应当将老龄事业纳入国民经济和社会发展规划，将老龄事业经费列入财政预算，建立与经济社会发展水平和老龄化程度相适应的稳定的经费保障机制，并鼓励社会投入，使老龄事业与经济社会协调发展。""社会福利彩票公益金中的留成部分，应当按照一定比例用于支持养老服务业发展，提高养老服务保障能力。"对于养老服务体系建设和规划、预算保障，以前是政策性规定，现在成为地方法规的内容。对于社会福利彩票公益金的分配，过去缺乏透明度，根据 2018 年对某些区政府的个案调查，上级对这一来源的资金拨付，具有次数偶然性和金额随意性，什么时候有不知道，有多少不知道。同时财政预算资金也很少，这严重影响了区政府对养老业的资金支持。这次彩票公益金作为政府支持养老业的资金来源之一入法，是一大利好，但是，法规并没有规定比例和频度这些重要的操作性指标，对于这一原则性规定，还需要配套的较高层级的制度安排，才有可能落到实处。

① 按照《立法法》的规定，中国法律体系主要有法律、法律解释、行政法规、国务院部门规章、地方性法规、地方政府规章、自治条例和单行条例，共计八种类型。其中的规章，司法实践中有时候按照法律对待，有时候按照政策对待。还有人把包括法律法规在内的所有官方规范性文件统统称为政策，故有"行政法规和法律层次的政策"之说法。本文采用狭义政策说，即政策仅指规章以下（含规章）具有公共约束力的规范性文件。

（二）河南制定规划支持养老业发展

《河南省“十三五”养老服务体系建设规划》于2017年发布。规划提出，要建设城市社区15分钟养老服务圈。到“十三五”末，要基本建成以居家为基础、社区为依托、机构为补充、医养相结合、多方参与、功能完善、服务优良、监管到位的多层次养老服务体系。规划明确，将健全政府购买养老服务制度①，建立健全由购买主体、养老服务对象以及第三方组成的综合评审机制，加强购买养老服务项目绩效评价。

早在2008年，全国老龄办联合国家10个部委颁布了《关于全面推行居家养老②服务工作的意见》（全国老龄办〔2008〕4号）指出：要在养老领域实现养老保险管基本生活，医疗保险管医疗，长期护理保险管失能照护的格局③，从制度上解决老有所养。推动各地建立健全高龄津贴、养老服务补贴、护理补贴制度，完善特困人员救助供养制度，发挥政府兜底作用。国务院办公厅于2017年6月印发的《关于制定和实施老年人照顾服务项目的意见》提出：在基本生活保障方面，全面建立针对经济困难高龄、失能老年人的补贴制度，并做好与长期护理保险的衔接。对符合条件的低收入家庭老年人参加城乡居民基本医疗保险所需个人缴费部分，由政府给予适当补贴。完善老年人社区学习网络，引导公共图书馆开设老年阅览区域，提供大字阅读设备、触屏读报系统等。

---

① 政府购买公共服务是指政府将由自身承担的为社会发展和人民日常生活提供的公共服务事项交给有资质的社会组织来完成，并按照市场标准建立合约，政府评估履约情况来支付服务费用。它是一种新型政府服务方式，成本低于创办机构养老，将成为解决基本养老问题的有效途径。流程是“市场运作、政府承担、定项委托、合同管理、评估兑现”。

② 居家养老是以家庭为核心、以社区为依托、以专业化服务为依靠的一种新型养老模式，既克服了机构养老和家庭养老的弊端，又节约了资本和资源。

③ 老人失能即失去基本自理能力。失能程度，是指在吃饭、穿衣、上下床、上厕所、室内走动、洗澡6项活动中，不能完成3～4项活动的为中度失能，不能完成5～6项的为重度失能。

（三）河南政府购买养老服务立法概览

政府购买养老服务是政府支持养老业的重要方式之一，而政府购买社区居家养老服务是其中的一个大方向。根据省民政厅相关统计，河南省老年人口 1534 万，占常住人口的 16.1%。社区和居家养老占养老人数的 96% 以上。所以，开展好社区居家养老服务也是养老服务业转型升级的一项重要任务，从院所为主转向社区为主。

1. 河南省制定政府购买养老服务实施办法

对于政府购买养老服务，河南没有制定全省性法规，《河南省政府购买养老服务实施办法（试行）》（豫财综〔2018〕60 号）作为政策于 2018 年 11 月发布。该办法根据 2014 年 8 月财政部等部门《关于做好政府购买养老服务工作的通知》和《河南省推进健康养老产业转型发展方案若干政策和产业布局规划》制定，要求扩大政府购买养老服务范围，完善政府购买养老服务目录和办法等相关制度，将养老服务网络信息建设和维护、信息呼叫、居家养老、社区日间照料、老年文体活动、老年人健康能力评估、养老服务培训等纳入政府购买服务目录。政府购买养老服务的对象是目前居住在河南省区域内，年满 60 周岁（含 60 岁）的城乡居民。重点保障“三无”[①]老人、计划生育特殊家庭老人、低收入老人、经济困难的失能半失能老人的养老需求，70 岁以上的老人优先。

2. 郑州市制定政府购买养老服务办法

《郑州市政府购买养老服务暂行办法》于 2018 年 3 月发布，规定购买重点是居家养老服务、社区养老服务、机构养老服务、养老服务人员培养、养老服务评估、养老服务岗位六个方面。目前正在各个行政区进行试点操作。《郑州市资助民办养老机构实施办法》2018 年 3 月修改，加大了养老机构扶持和奖补力度，取消了诸多限制条件。

① 三无，是指无劳动能力、无生活来源、无赡养人和抚养人或者其赡养人和抚养人确无赡养和抚养能力。

3. 河南政府购买养老服务立法的政策依据

依据国务院办公厅《关于政府向社会力量购买服务的指导意见》（国办发〔2013〕96号），财政部于2014年1月颁布《关于政府购买服务有关预算管理问题的通知》。财政部等四部门又于2014年8月联合发布《关于做好政府购买养老服务工作的通知》，在基本原则、工作目标、服务标准、资金、监管和绩效评价等方面做出了规定。财政部、民政部、国家工商行政管理总局于2014年12月联合印发《政府购买服务管理办法（暂行）》，将养老服务纳入政府购买服务指导性目录，并且规定财政部门应当在预算报表中制定专门的购买服务项目表。

4. 河南政府购买养老服务立法的外省市借鉴

《威海市实施政府购买社区居家养老服务管理暂行办法》于2014年5月发布，规定政府购买社区居家养老服务经费由市、区两级按2∶8的比例分担，列入本级财政预算。《武汉市居家和社区养老服务改革试点实施方案的通知》于2017年3月发布，提出政府购买养老服务按照不低于市、区1∶1的比例落实配套资金。可见，以上两个城市的制度规定中，政府财政投入市与区的分担比例相差很大，这可能是考量了两级政府财政的实际情况，也可能是出于责任下压的行政惯性。全国养老领域的政策执行都呈现出责任下压的趋势，有些超出了基层的负担能力，造成执行政策雷声大雨点小，河南应该警醒和避免。河南可根据本省实际情况，根据市与区的财政状况，适当地、讲求实效地确定两级政府分担的比例，比例差距不应过大。

（四）河南省老龄产业协会起草了两个规范

河南省老龄产业协会工作报告显示，其培训评估咨询专业委员会受省民政厅老龄处委托，经省质量技术监督局批准，起草了养老机构的两个工作规范：《养老机构老年人膳食服务规范》已经完成征求意见，正在等待省质量技术监督局的进一步论证审定；《老年人精神关怀服务规范》正在制定中。目前，已经省质量技术监督局批准发布的涉老民政地方标准有6项：《养老服务机构星级评定标准》《养老服务机构服务质量规范》《社区居家养老服务规范》《老年人健康能力评估标准》《养老机构入住评估规范》《医养结合机构服务规范》；正在报省质量技术监督局组织专家评审的有《县级社会福利机构管理服务规范》。以上制度规范推进了河南的养老服务标准化水平。

二　河南政府支持养老业立法存在的问题

（一）河南省政府采购制度未包含养老服务

2002 年制定的《河南省政府采购管理暂行办法》仍然有效，其中未包含养老服务。2018 年《河南省政府采购管理办法（征求意见稿）》也未明确包含养老服务。目前我国政府购买公共服务的法律依据主要是 2003 年实施的《政府采购法》，这是我国政府采购的基本法，但该法主要是针对政府采购自身所需物质产品和自身所需服务项目的，对公共服务的规定几近于无。2015 年施行的《政府购买服务管理办法（暂行）》虽然已经将“公共服务”纳入“服务”的范畴，但是没有照顾到养老服务的特殊性。对于政府购买养老服务，实践中多依靠政策、通知、办法等进行规制，制度层次较低，难以有效实施。由于我国缺少对政府购买养老服务针对性的法律规定，相关购买行为缺乏强制力，随意性大，效益较差，出现问题难以归责，导致本来就有限的资金投入更加捉襟见肘。

（二）立法空白导致政府购买养老服务存在诸多问题

政府购买养老服务工作中存在财政资金投入少、配置不合理、评估方法不明确、政策欠缺标准化和社会组织专业性不足、服务水平与养老需求差距大等方面的问题。存在购买行为内部化、购买程序随意化、购买力度小的现象，具体来说主要表现在以下几个方面。

一是购买模式没有择优和排序。当前，委托性购买模式、形式性购买模式、直接资助模式和补贴模式在政府购买社区养老服务中均有应用。委托性购买模式和形式性购买模式实质上是指定购买，而资助模式并非“购买”，这些都缺乏竞争性，不符合市场化的要求。补贴模式相对较好，但没有形成主流。

二是购买内容没有优先性排序。财政部《关于做好政府购买养老服务工作的通知》（财社〔2014〕105号）规定：“在购买社区养老服务方面，主要包括为老年人购买社区日间照料、老年康复文体活动等服务。”该规定没有明确哪些养老服务作为基本需求是优先购买的，哪些是可以购买的，哪些是不需要购买的排序问题，导致有些政府把有限的经费用于非必要性服务的购买上。

三是财政资金投入少且配置不合理。当前，社区居家养老组织的主要资金来源是财政拨款和彩票公益金，然而维持社区居家养老服务正常运行需要的资金与财政拨款的额度差距很大。比如，某市各区给予相关社会组织每年6万元的经费补贴，尚不足以支付工作报酬。另外，各区养老服务体系建设资金分配与老龄化程度并不匹配，主要体现在中心城区和远郊城区的资金分配上。政府购买未形成稳定的制度化预算安排，资金划拨具有临时立项性。河南某市某区的情况是，没有财政资金拨付，市里偶尔拨付一点彩票福利款，数额不定，上级政府对区政府支持社区养老服务也没有硬性要求，导致一些区政府对该项工作无所作为，仅限于过年过节对困难老人的象征性慰问。

四是购买效果评估考核方法不明确。民政部门尚未制定具体的监管制度，更多的只是方向上的监管。由于具体政策标准不明确，区级政府以及街道对于政策的理解程度不一，导致政策在逐级下达过程中产生扭曲变形。

五是社会组织发育尚处在初级阶段。承接养老服务的社会组织，数量少、规模小、专业性不足。比如，某市平均每万人拥有社会组织的数量仅为6.3家，而美国每万人社会组织的拥有量为51.79家，法国为110.45家。可见，我们与发达国家社会组织发育程度的差距有多大。按照行业惯例，护理员和床位的数量之比应为1∶4，河南全省需要超过12万名的护理员，但实际只有不到2万名护理员，养老专业人才缺口巨大。比如，2018年郑州市某区中心养老院，护理员与床位的比例是1∶6，而且护理员流动性大，年龄也偏大，院方对护理工作没有精神抚慰方面的要求，多数护理员对老人态度生硬，只有个别护理员显示出耐心和爱心。

三　政府支持养老服务业立法的国际借鉴

国外大多是国家层面立法的内容涵盖性和执行操作性一步到位，这是我们国家地方立法尤其应该借鉴的，对于地方立法具有很大的参考价值，河南省的地方立法也应该借鉴，据以提升自己的立法质量，特别是在条款操作性和体系自洽性方面。

（一）构建完备的法律体系

美国1965年颁布了《美国老人法》《老年人志愿者工作方案》《老年人营养配比方案》《老年人社区服务就业条例》等与老年人生活紧密相关的多项法律法规，基本涵盖了老人生活的方方面面，细致到营养配比。日本政府在购买养老服务中始终坚持立法先行的原则，先后颁布了《国民年金法》《老人福利法》《护理社会保险法》，保障了老人的经济生活；颁布了《老人保健法》《社会福利士及看护福利士法》《福利人才确保法》等，保障了老人的健康和照护质量。中国香港出台并修订了《安老服务统一评估机制》《安老院舍条例》《安老院事物守则》《服务质素标准》等一系列安老服务制度，有机制，有标准，有守则，在制度设计之初即建立了完善的法律规定，为养老服务的开展奠定了良好的制度基础。香港的立法尤其值得河南省参考。

（二）注重发挥政府主体作用

基本养老服务属于公共产品的范畴，根据公共产品理论，其具有非竞争性、非排他性的特点，应该由政府部门提供。例如，一些国家政府对社会力量主办的养老机构不仅在技术上提供支持，而且提供诸如免征地税、营业税等政策优惠，政府资助的比例超过60%，其中很大一部分是通过政府购买服务的方式来实现的。但是，政府在购买养老服务这一模式中的角色应该转型，应从忙于具体事务的“划桨者”向营造宏观环境的“掌舵者”转变。

（三）充分发挥社会组织的能动作用

社会组织的能动作用起着承接政府连接公众的角色。比如，荷兰的AWBZ老年照料基金计划，就是政府购买公共服务的典范。AWBZ老年照料基金管理委员会是一个为老年人社会福利服务进行补贴资助的，自主运作、自我管理的中介机构，政府出资，民间运作，监管考核。该项计划设立各项评价指标，通过公开招标的方式，选择合适的社会组织作为养老服务的承接方。实践证明，这一政府基金运作模式效果良好。

四　对河南政府支持养老业的立法建议

养老事业是重要的民生领域，政府财政投入却存在诸多问题。同时，养老产业是一个新兴行业，也是一个微利行业，如果离开法律法规的规范，没有政府的大力支持，将会偏离正常的轨道，或者发展缓慢。鉴于国家层面法律制度的不完善和河南省的实际需要，建议加强以下几个方面的地方立法。

（一）完善政府采购养老服务的相关规定

建议尽快出台《河南省政府采购管理条例》，设定专章对政府购买养老服务进行规范，相关的条款至少包括购买范围、购买方式、购买程序、信息公开、监督评估等，切实增强可操作性。需要注意的是，养老服务的采购不同于《政府采购法》中提到的普通服务采购，而是公共服务采购，具有复杂性和长期性。要注意对《河南省政府购买养老服务实施办法（试行）》的吸收借鉴，注意与《河南省老年人权益保障条例》衔接，对相关保障条款进行落实。

（二）立法确认因地制宜的购买原则

当前政府购买养老服务主要使用三种方法：以社工服务项目或岗位方式购买，以服务券方式购买和以补贴养老服务机构方式购买。这三种方式在使用过程中各有利弊，且单纯使用一种方法，难以解决所有问题，因此，许多地方需要根据实际情况，交叉使用三种方式。但从使用效果来看，仍有许多不足之处，需要研究提升，以发挥财政资金购买服务的最大效益。比较而言，可能服务券的方式更符合市场化的大方向，也更能够彰显对养老保障对象的尊重。

（三）立法明确新建社区配套托老所

应在地方立法中明确规定，像配套建幼儿园一样配套建设社区托老所。与出生率的增长相比，老龄化是更为严重更为迫切的问题，但是，习惯的更新、政策的转变、法律的规制，均需要社会的呼吁去推动，需要学者的研究作为决策的参考，更需要决策者的问题意识、担当精神和前瞻眼光。对于这一设想已经有相关人士在呼吁，也已经有比较权威的文件试图引导，但是还没有进入立法的轨道。建议地方立法借鉴保障性住房的供地模式，在地块出让时实行打包，即在普通地块供应时，必须按一定比例配建养老项目。不过应充分考虑实施中的难点问题，吸取要求开发商配套建设学校的教训，科学设置法律条文的自洽性，对违法行为能够及时制止和有效纠正。

（四）立法确保第三方评估机构的独立性

第三方专业评估机构的工作，是服务也是监督，其独立性尤为重要，需独立于政府部门，以保障其评估的客观性、真实性，不被权力和利益绑架。在对政府购买社区养老服务的监督中，不仅要有政府部门监督和服务对象的反馈监督，更要重视第三方监督机构的监督。应建立独立的第三方评估机构，由专家参与，评估人员要经过严格遴选，实行任职回避。为保证第三方评估机构的独立性，其人事调配权应赋予自身的人事部门，不能由政府掌管。应推动形成以专业机构为主，行业协会、养老服务机构、媒体、服务对象及其家属等多元评估主体共同参与的评估制度，尤其需要制度化地重视服务对象及其家属的意见。

（五）立法协同支持医养结合落到实处

目前，医养结合的最大问题就是政策衔接不畅，养老机构往往享受不到与社区卫生服务机构相应的财政支持，而医疗机构的养老护理床位也难以享受到政策优惠。调查发现，民办养老院的院医岗位，因为待遇低、工作繁重而留不住人，频繁更换院医带来了服务混乱。比如，2018 年某区养老院的院医辞职走人时卷走了老人的贵重药品，养老院又拒不承认，酿成纠纷。又比如，河南某市民办养老集团，在市区先后建设了四个养老院，一直在积极地与当地医院协商合作，但是当地医院一直不感兴趣，到 2019 年 3 月底还没有进展。医养结合涉及多个政府部门，这些部门的资源、支付体系怎样融合，都需要政府做好统筹，明确权责，优化协同力度。医保结算需大范围铺开，医保支持不仅要针对医院展开，也要增强对养老机构的支持力度。应参照 2015 年 11 月国务院办公厅《关于推进医疗卫生与养老服务相结合的指导意见》，对现有的政策进行系统性、协同性整合，并提升为地方立法。

参考文献

张维：《社区养老服务模式要讲求精准化》，《法制日报》2019 年 3 月 19 日。

卢松：《河南下发通知：盘活闲置房　办成养老院》，《河南日报》2017 年 6 月 17 日。

《国办发文，老年人以后能享受这些福利了!》，河南日报网，https：//www.henandaily.cn/content/sh/2017/0617/50762.html。

郑莹、高源：《政府购买社区养老服务的法律规制》，《光明日报》2017 年 5 月 16 日。

郑莹、高源:《政府购买社区养老服务的法学审视》,《辽宁大学学报》(哲学社会科学版)2017年第5期。

李冉、陆继勇:《武汉市政府购买社区养老服务:困境与对策》,《天津商务职业学院学报》2018年第1期。

厚朴养老产业研究中心编著《中国养老产业政策大全》,《内部交流》2019年1月。

B.16
社会主义核心价值观融入金融立法的思考与建议*

李宏伟**

摘　要： 党的十八大提出的核心价值观具有深刻的科学内涵和实践价值。社会主义核心价值观的重要内容如何融入法治建设当中去，尤其是如何融入金融立法的技术方面、内容方面等，这就需要在加强顶层设计的同时，注重立法原则的创新和完善，用社会主义核心价值观统摄河南金融领域立法工作。

关键词： 社会主义核心价值观　金融立法　立法体系

2018年5月，中共中央印发了《社会主义核心价值观融入法治建设立法修法规划》。《规划》强调："要以习近平新时代中国特色社会主义思想为指导，坚持全面依法治国，坚持社会主义核心价值体系，着力把社会主义核心价值观融入法律法规的立改废释全过程，确保各项立法导向更加鲜明、要求更加明确、措施更加有力，力争经过5到10年时间，推动社会主义核心价值观全面融入中国特色社会主义法律体系。"

金融是经济的血液，是国民经济的命脉。近年来，我国出台了不少有关金融方面的法律、法规和规章等，这些法规的出台有力地支撑和保障了我国金融市场的发展。但是，随着改革开放的不断深入发展，市场经济对于金融

* 本文系河南省社会科学院2019年度哲学社会科学创新工程试点项目"河南创新完善法治化营商环境研究（19A16）"阶段性成果。

** 李宏伟，河南省社会科学院法学研究所副所长，副研究员。

产品以及金融工具的职能和作用的需求越来越高，尤其是人民群众对金融服务的存在感、获得感、幸福感的要求越来越强烈。这就对金融立法以及金融立法效果提出了更高的标准要求。

一　社会主义核心价值观的基本内涵

一般而言，一个社会、一个国家的整体价值观除了物质经济基础这个决定条件之外，还会受到历史文化、生产力状况等的影响。

（一）社会主义核心价值观的内容

党的十八大确立了社会主义核心价值观的主要内容，“富强、民主、文明、和谐、自由、平等、公正、法治、爱国、敬业、诚信、友善”。简简单单24字，却内涵丰富，意义深远，它集中反映了最广大人民的普遍愿望，体现了社会主义意识形态的本质要求，凝结着社会主义先进文化的精髓。作为国家层面的价值目标，“富强、民主、文明、和谐”可谓中华民族百年来孜孜以求的目标；“自由、平等、公正、法治”是社会层面的价值取向，也是法治本身应有之义；作为公民层面的价值准则，“爱国、敬业、诚信、友善”集成了中华民族传统美德的精华。可以说，社会主义核心价值观，是社会主义先进文化建设的重要内容，整体显示出我们的文化自觉和文化自信。

（二）社会主义核心价值观的内涵

社会主义核心价值观是社会主义核心价值体系的内核，是社会主义核心价值体系的高度凝练和集中表达。习近平总书记指出：“人类社会发展的历史表明，对一个民族、一个国家来说，最持久、最深层次的力量是全社会共同认可的核心价值观。”在国家层面，价值观的内容和要求包括富强、民主、文明、和谐四个方面；在社会法治层面，其内容和要求包括自由、平等、公正、法治四个方面；在公民个人层面，其内容和要求包括爱国、敬

业、诚信、友善四个方面。这三个层面互相融为一个整体，作为整体，深刻回答了我们到底要建设什么样的国家、建设什么样的社会、培育什么样的公民这几个重大问题。其实质是社会主义精神文明建设的具体要求和目标，是社会主义精神文明建设要达到的理想状态。要达到这些要求和状态，仅仅依靠道德的教化和宣传是远远不够的。随着国家和社会的发展，新的、更高层次的表达便应运而生。必须让中国特色社会主义和中国梦深入人心，社会主义核心价值观和中华优秀传统文化广泛弘扬，群众性精神文明创建活动扎实开展。①

富强、民主、文明、和谐是我国社会主义现代化国家的建设目标，富强即国富民强，人民富裕国家强大，是社会主义现代化国家经济建设的应然状态，是社会主义现代化国家的强国之本；是中华民族的千年夙愿和中国共产党人的奋斗目标，是社会进步的物质经济基础，其实质和核心是人民当家做主。② 民主是社会主义现代化国家的治国之本，文明是现代化国家的发展目标，和谐是现代化国家的一种发展状态。这四个方面分别从经济建设、政治建设、文化建设、社会建设这四大建设层次来确定我们的奋斗目标。③

自由、平等、公正、法治是社会主义社会在社会法治层面的内容与要求，是我们社会主义现代化国家的基本价值取向。人的自由全面发展是马克思主义的最高价值追求，也是小康社会发展的题中应有之意。平等是指法律面前人人平等，是社会主义社会的制度之基，是以人为本原则的基本要求。在社会主义社会只有分工不同，没有高低贵贱之分。公正即社会公平和正义，是社会稳定的根基，是社会健康发展和平稳前行的动力和保障。党的十八大强调公平正义是中国特色社会主义社会的内在要求，提出要建立以权利公平、机会公平、规则公平为主要内容的社会公平保障体系，努力营造公平

---

① 习近平：《决胜全面建成小康社会　夺取新时代中国特色社会主义伟大胜利——在中国共产党第十九次全国代表大会上的报告》，2017 年 10 月 18 日。

② 王燕文：《社会主义核心价值观研究丛书：总论》，江苏人民出版社，2015，第 224 页。

③ 王燕文：《社会主义核心价值观研究丛书：总论》，江苏人民出版社，2015，第 224 ~ 230 页。

的社会环境，保障人民平等参与、平等发展的权利。[①] 法治是社会主义社会治国理政的基本方式，法治要求将法律作为治理社会和国家的主要工具，发挥社会调节器的功能，强调社会治理规则的普适性、稳定性与权威性，任何人都不得凌驾于法律之上。

爱国、敬业、诚信、友善是公民个人层面的内容与要求，是个人行为的基本道德准则，是社会主义核心价值观的坚固基石。爱国是公民基本道德准则的价值支柱。[②] 黑格尔曾指出："爱国主义是这样一种情感：在日复一日的生活中经受着任何情况下的考验——从而也产生了随时愿意付出不寻常的努力的精神。"[③] 爱国要求人们以振兴中华为己任，促进民族团结、维护祖国统一、自觉报效祖国。敬业是公民的一种基本能力、基本态度、基本习惯和基本精神。敬业精神能满足公民个人的各种需要，关系着用人单位的生存和发展，具有伟大而崇高的社会价值。[④] 诚信即诚实守信，是为己为人的基本交往规范，也是公民道德的基本规范，是市场经济的内在要求，是法治建设的坚定基石。[⑤] 友善是个人的优秀品质，是人际关系的调和剂，是和谐社会的润滑剂，是实现生态和谐的基础。友善是中华民族的优良传统，心怀善念，克己立人；尊重理解，有容乃大；协调合作，达人达己。[⑥]

二　社会主义核心价值观融入金融领域立法的重要意义

社会主义核心价值观入法入规，是全面依法治国和社会主义核心价值观

① 王燕文：《社会主义核心价值观研究丛书：总论》，江苏人民出版社，2015，第236页。

② 王燕文：《社会主义核心价值观研究丛书：总论》，江苏人民出版社，2015，第238～239页。

③ 〔美〕莫蒂默·艾德勒、查尔斯·范多伦：《西方思想宝库》，周汉林译，中国广播电视出版社，1991，第250页。

④ 刘丹编著《社会主义核心价值观·关键词：敬业》，中国人民大学出版社，2015。

⑤ 刘翔、薛刚编著《社会主义核心价值观·关键词：诚信》，中国人民大学出版社，2015。

⑥ 李荣、冯芸编著《社会主义核心价值观·关键词：友善》，中国人民大学出版社，2015。

建设的必然要求。从人类社会的历史进程来看，社会主义核心价值体系融入立法不仅必要而且正当。然而，随着社会的发展与进步，法律与道德、伦理、宗教等其他社会规范之间的分离已成常态。基于社会主义核心价值观融入立法的现实必要性和理性考量，科学的路径选择可以从“价值软法化”和“道德法律化”两个层面入手，将社会主义核心价值观或转化为自觉遵守的软法规定，或落实为具有法律强制意味的硬性规范。①

（一）有利于金融立法体系的完善

我国的市场经济起步于20世纪90年代初，相对于发达资本主义国家，市场经济经历时间短，发展亦相对滞后。在改革的过程中，还存在许多不完善的地方，尤其是在立法方面。面对来自国内和国外的不期而遇的各种挑战与风险，面对正在向世界开放的我国金融市场及由此而带来的世界金融对我国金融市场的冲击，建立健全相关的法律制度，形成一套完整的法律体系，对我国金融乃至整个经济都具有非常重要的现实意义。②

改革开放以来，我国在推进金融体制改革、加强金融监管的同时，也十分重视金融法制建设，现已逐步建立和完善了金融法律体系。1986年，《银行管理暂行条例》出台，对金融监管做了最初的法律界定。1995年，《中国人民银行法》《商业银行法》《票据法》《保险法》四部金融法律的相继出台，标志着我国金融法律框架的初步形成。③

《中国人民银行法》第一次以法律的形式，确立了“中国人民银行”是中央银行的法律地位。《中国人民银行法》的颁布实施，为金融法律体系框架的建立奠定了基石，成为金融法律体系框架的核心，是金融法制建设的一个重要里程碑。《商业银行法》和《保险法》分别对金融领域内占主导地位的两大类金融机构的设立、变更、终止、经营原则做出了规定；《票据法》则对经营活动中的票据类型和票据行为进行了规范。这三部法律的颁布实

① 蒋传光：《关于推动社会主义核心价值观入法入规的思考》，《学习与探索》2017年第8期。

② 孙虹：《完善我国金融立法刍议》，《河北金融》2010年第2期。

③ 孙虹：《完善我国金融立法刍议》，《河北金融》2010年第2期。

施，为规范金融机构的经营行为，维护金融秩序的稳定，提供了强有力的法律依据。但是我国目前地方金融立法体系还不完善，仅有部分地区有地方性法规作为金融立法的支持，大多数省级人民政府出台有规范性文件，效力层级太低。

爱国、敬业、诚信、友善是公民基本道德规范，把社会主义核心价值观的这种理念贯穿于金融立法过程，比如制定《社会信用法》，可以弥补目前我国没有相关法律的尴尬局面，支撑金融信用环境的打造和优化。

（二）有利于金融立法原则的健全

《中国人民银行法》规定了国家所有原则；《商业银行法》规定了安全性、流动性、效益型原则，公平竞争原则、自愿原则、平等原则和诚实信用原则；这些原则都很好地体现了社会主义核心价值观的理念和价值取向，为我国金融市场的稳定及发展作出了贡献。随着“一带一路”构建倡议的提出与实施，我国企业包括商业银行以及各类金融机构不免都要与国外企业或者国外金融机构打交道、谈交易、做买卖，这就要求我们金融部门在走出去和引进来的过程中，务必都要坚守“一个中国”原则，维护国家主权和国家荣誉。除了自由、平等、公正、法治这些价值理念必须坚守之外，爱国、敬业、诚信、友善这些核心价值观同样需要坚持和应用发展。将爱国、敬业、诚信、友善的价值观融入具体的法律规范之中，体现在立法目的和立法本意之中，进而形成一以贯之的行为准则和行动指南，为国家、为世界经济社会的发展尤其是世界金融市场的稳定与发展多作贡献，比如要坚持普惠金融原则、服务实体经济为主原则等。

（三）有利于金融立法技术的提高

立法是执政者借用法律将生活工作当中的常识常情常理上升为国家法律的一种活动，立法技术是立法工作活动的前提和基础，在立法中起到关键作用。立法水平反映着一个国家文明的程度，立法技术则是立法行为的核心要素之一。比如金融犯罪立法，在我国采用的是统一的成文法典的形式，这种形式能够比较好地体现中央集权的特征，体现整体国家的权威性。但是，国外就有所不同，比如在德国一些刑事犯罪的罪名则规定在《信用业法》《保险法》《证券交易法》等附属刑法和单行法里面。英、美、法等国家在这方面表现得更为突出，比如美国的《内幕交易制裁法》《禁止洗钱法法令》等单行刑法规定了大量的金融犯罪。①

我国的金融立法技术还不是很完善，立法技术在充分体现自由、平等、公正、法治的同时，更要体现富强、民主、文明、和谐的国家整体发展理念和价值取向。富强是中华民族的美好愿望和百年期盼，是社会主义的本质要求，其中，实现共同富裕是社会主义的最大优越性。② 民主是社会主义的核心政治价值。③ 文明是社会进步的重要标志。和谐是社会发展的价值目标，是社会制度的价值理念基础，是重要的社会人文机制规范。④ 所以，富强、民主、文明、和谐等社会主义核心价值观在立法技术上的体现是金融立法成功的关键。

（四）有利于金融立法内容的创新

金融立法的内容包括立法依据、立法目的和宗旨、法律概念、指导方针或原则、适用对象、政策支持、职责分工、实施方式、社会参与、人才建设、研究教育、考核评价以及特别保障规定等。法律往往滞后于社会实践，一般情况下是先有问题后有法律，这是由事物发展规律所决定的。但是法律还必须具有一定的时效性，不能早也不能太晚，否则就会阻碍社会经济的改革发展。

无论是何种立法包括金融立法，必须充分体现富强、民主、文明、和谐的国家整体价值观、利益观、安全观，必须充分体现自由、平等、公正、法

① 魏仲礼：《我国金融犯罪的立法技术评析》，《中国刑事法杂志》2010 年第 9 期。

② 倪霞等编著《社会主义核心价值观·关键词：富强》，中国人民大学出版社，2015。

③ 刘旺洪主编《社会主义核心价值观研究丛书：民主》，江苏人民出版社，2015。

④ 章伟文、黄义华、蒋胜英编著《社会主义核心价值观·关键词：和谐》，中国人民大学出版社，2015。

治的社会经济发展的客观需求和人民群众的生活和精神向往，必须充分体现爱国、敬业、诚信、友善的个人追求以及作为人类发展的最基本的生活和工作需求。在立改废释的过程中强调社会主义核心价值观，充分践行社会主义核心价值观，不断创新已经落后的习惯做法、理念等，方能使我们的立法时刻发挥经济社会发展的保障作用，真正成为我国经济尤其是金融市场改革发展的稳定器。

三 目前金融立法之不足

全面依法治国是党中央“四个全面”的重要内容之一，也是全面深化改革的重要保障。改革开放以来，金融行业的发展，对经济发展的贡献不言而喻。而金融立法则是对金融业发展的法律规制，金融立法的完善同时也是提高立法水平的重要体现。然而现阶段，我国金融立法存在诸如害怕越权立法而不敢立法，立法层级低，立法内容不完善、立法缺位等问题。[①] 金融改革需要依法治“金”，规范监管；需要营建市场主体，政企分开；需要稳扎稳打，服务全局。而与金融改革密切相关的银行、证券等金融机构在自身的法律建设方面同样存在着亟待完善的方面。

（一）金融立法权限不明确

一方面，现行法律对于金融方面的“基本制度”与非基本制度的“地方事务”表述不清。按照《立法法》关于中央和地方金融事权的划分，地方层面在金融立法方面没有明确的界限，时常害怕越权立法，仅仅对中央金融立法的具体化和配套措施进行立法，而没有针对地方问题的地方专门性立法。另一方面，地方金融立法与上位法“不抵触”的界限模糊。《地方组织法》第 6 条、《宪法》第 100 条与《立法法》第 72 条都规定制定地方性法

① 张启燕：《地方金融立法制度研究》，中国论文网，https：//www. xzbu. com/8/view - 10015385. htm。

规需以“不抵触”为前提。[①] 但是上述条文对于“不抵触”的内涵和边界却未有提及。地方在金融立法过程中难以把握“不抵触”的界限。

（二）金融立法缺乏体系设计

金融立法未形成统一的体系。“我国金融立法仍然处于起步阶段，尚未形成完整的法律体系。”目前，我国金融立法体系还不完善，仅有部分地区有地方性法规作为金融立法的支持，大多为规范性文件，效力层级低。

（三）金融立法内容不完善

地方有关金融活动、金融组织、金融业监管协调的立法等均未完善。金融活动的更新变迭迅速，即使从程序较为简单、实施较为便利的政策文件来讲，地方政府也无从应对日新月异的金融行情，更不用说制定金融规范了。

（四）金融立法技术水平不均衡

内陆省份、西部地区金融业发展缓慢，其地方金融立法工作滞后，专门性的金融法规很少。相比之下，温州、上海、深圳等东南沿海地区的金融立法走在了全国前列，然而，即便是这些地方的金融立法也是比较落后的，我国地方金融立法发展整体水平与发达国家相比仍有一定差距，我国的地方立法技术水平有待提升。

四　社会主义核心价值观融入金融立法的对策建议

完善金融立法、强化金融监管是当前金融工作的重要任务。[②] 党的十八

---

① 张启燕：《地方金融立法制度研究》，中国论文网，https：//www. xzbu. com/8/view－10015385. htm。

② 吴晓灵：《完善金融立法与强化金融监管》，《经济导刊》2017 年第 10 期。

大以来，以习近平同志为核心的党中央坚持依法治国和以德治国相结合，高度重视、大力推动把社会主义核心价值观融入法治建设工作。[①]

（一）把爱国、敬业、和谐等理念作为金融立法原则的内容

立法原则是立法活动的行为准则，为立法活动的方向确定坐标。把爱国、敬业、和谐等理念作为金融立法原则的内容将有助于增强金融立法的普惠性和指导性，对立法活动过程中划归立法权限、确定法律规范的内容、确定监管主体和监管职责都有着重要意义和价值。具体而言，要加快完善体现权利公平、机会公平、规则公平的金融法律制度，切实保障公民权利。要进一步完善河南金融市场法律制度，推进形成平等交换、公平竞争、保护产权、维护契约、有效监管的市场体制。要加强河南金融信用体系建设，完善规范政务诚信、公民诚信、科研诚信等的法律法规。

（二）用社会主义核心价值观统摄河南金融领域立法工作

将社会主义核心价值观的精神融入河南金融法律原则和具体法律规范当中，是推进社会主义核心价值观入法入规的关键所在。法律法规具有鲜明的价值导向，积极推进河南省关系群众切身利益的金融领域立法，注重将具有道德属性的软性约束转化为具有刚性约束力的法律规定，可使法律法规更好地彰显河南的价值目标和价值导向以及中原人民的价值准则，实现法律发挥与道德建设的良性互动，真正落实依法治省的要求。破除地方害怕越权立法而不敢立法的思想桎梏，让地方敢于创新，敢于立法。“金融立法权主要赋予省人民代表大会制定符合地方小微金融机构发展的法律，明确地方金融管理部门管理地方金融的职责权限。”具体而言，地方层面应当围绕金融市场体系建设、金融改革发展先行先试和营造金融发展环境进行制度设计，着重就金融市场体系、区域布局和基础设施、金融人

---

① 习近平：《决胜全面建成小康社会　夺取新时代中国特色社会主义伟大胜利——在中国共产党第十九次全国代表大会上的报告》，2017 年 10 月 18 日。

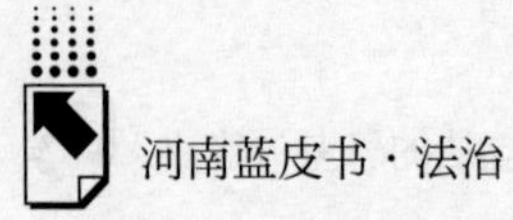

才环境、金融创新环境、信用环境、金融风险防范和法治环境建设等做出规定。

（三）加强顶层设计，把社会主义核心价值观融入金融立法

以习近平新时代中国特色社会主义思想为指导，坚持全面依法治国，坚持社会主义核心价值体系，着力把社会主义核心价值观融入法律法规的立改废释全过程，确保各项立法导向更加鲜明、要求更加明确、措施更加有力。[①]

良法是善治的前提。把社会主义核心价值观融入规范性文件的审查和清理，是一项重要工作，是保障基层规范性文件具备“良法善治”品质的关键。在审查和清理时，各级政府需要建立严格的规范性文件备案审查制度和合法性审查制度。要按照社会主义核心价值观的要求纠正规范性文件中存在的问题。同时，需要加强把社会主义核心价值观融入金融领域的“民主立法”。也就是在老百姓关注的金融领域建立和完善有关法规，主要是在保障和改善实体经济、中小微企业等方面“贷款难、贷款贵”的问题。努力解决有钱的越能贷来钱，没钱的越是贷不来钱的尴尬局面，真正实现金融的普惠性。

参考文献

吴晓灵：《完善金融立法与强化金融监管》，《经济导刊》2017 年第 10 期。

魏仲礼：《我国金融犯罪的立法技术评析》，《中国刑事法》2010 年第 9 期。

倪霞等编著《社会主义核心价值观·关键词：富强》，中国人民大学出版社，2015。

章伟文、黄义华、蒋胜英编著《社会主义核心价值观·关键词：和谐》，中国人民大学出版社，2015。

习近平：《决胜全面建成小康社会　夺取新时代中国特色社会主义伟大胜利——在

① 中共中央：《社会主义核心价值观融入法治建设立法修法规划》，2018 年 5 月。

中国共产党第十九次全国代表大会上的报告》，2017 年 10 月 18 日。

刘丹编著《社会主义核心价值观 · 关键词：敬业》，中国人民大学出版社，2015。

刘翔、薛刚编著《社会主义核心价值观 · 关键词：诚信》，中国人民大学出版社，2015。

李荣、冯芸编著《社会主义核心价值观 · 关键词：友善》，中国人民大学出版社，2015。

蒋传光：《关于推动社会主义核心价值观入法入规的思考》，《学习与探索》2017 年第 8 期。

王燕文：《社会主义核心价值观研究丛书：总论》，江苏人民出版社，2015。

胡锦涛：《坚定不移沿着中国特色社会主义道路前进　为全面建成小康社会而奋斗——在中国共产党第十八次全国代表大会上的报告》，2012 年 11 月 8 日。

刘旺洪主编《社会主义核心价值观研究丛书：民主》，江苏人民出版社，2015。

张林海、李宏伟主编《河南全面推进依法治省研究》，社会科学文献出版社，2016。

立法创新篇

Legislative Innovation

B.17
我国省级党委制定党内法规问题研究

吴云才*

摘　要： 省级党委是党内法规的制定主体之一。鉴于我国一元化的领导体制和党内法规的高度政治性，省级党委在制定党内法规的过程中，第一，需要充分认识党内法规的重要作用；第二，需要明确党内法规的制定权限和效力等级；第三，需要协调好党内法规与国家法律、法规的关系；第四，需要协调好党内法规与地方性法规和地方行政规章的关系；第五，需要不断完善本省党内法规体系；第六，需要不断增强本省党内法规的实效性和应用性。只有做到这六个方面，省级党委才能制定出合法合规贴合实际管用有效的党内法规，从而对本省党的建设发挥积极作用。

* 吴云才，南阳理工学院教授，南阳理工学院党内法规研究中心执行主任。

关键词： 省级党委　党内法规　立法　党建

《中国共产党党内法规制定条例》规定："党内法规是党的中央组织以及中央纪律检查委员会、中央各部门和省、自治区、直辖市党委制定的规范党组织的工作、活动和党员行为的党内规章制度的总称。党章是最根本的党内法规，是制定其他党内法规的基础和依据。"省、自治区、直辖市级党委（以下简称省级党委）是党内法规制定的主体之一，在本省、自治区、直辖市区域享有党内法规制定权。省级党委在制定党内法规的过程中，为了保证所制定的党内法规的有效性、执行性和可操作性，应当注意如下几个问题。

一　应充分认识党内法规的重要作用

党内法规是管党治党的重要依据，是社会主义法治体系的重要组成部分。党的十八届四中全会提出要"形成完善的党内法规体系""加强党内法规制度建设"的战略任务之后，党内法规在党内和全社会日益成为一种备受关注的社会规范，党内法规在党建工作中的地位和作用越来越重要。省级党委要做好党内法规建设工作，首先需要充分认识党内法规的重要作用。

（一）党内法规对加强党的建设具有重要作用

在党的发展历程中，党内法规大致可分为三个阶段：萌芽形成阶段（1921～1949年）、曲折发展阶段（1949～1978年）、全面发展阶段（1978年至今）。[①] 党内法规在每个历史阶段，都对加强党的建设发挥了重要作用。

1. 萌芽形成阶段（1921～1949年）

在这一阶段，党通过一系列党内法规基本确立了党的纲领和基本制度。先后制定了党的第一个纲领、第一个党章，并对党章进行了多次修改完善；

① 李忠：《党内法规建设研究》，中国社会科学出版社，2015，第31～79页。

通过一系列党内法规，确定了党的领导制度、组织制度、纪律制度、决策制度、巡视制度、报告制度、宣传制度等一整套基本制度，为党的建设向制度化、规范化方向发展奠定了坚实的基础，为党在革命时期执行和落实方针政策路线，完成战略任务，提供了强有力的制度支持。

2. 曲折发展阶段（1949～1978年）

在新中国成立初期，制定了一些党内法规，确立了党的一元化领导地位，完善了党的组织制度，初步建立了党内监督制度。在“文革”期间，党内法规建设也遭到严重破坏，党的九大通过的党章做出了一些错误的规定，破坏了党的民主集中制和集体领导原则，给党的建设带来了严重危害。十大通过的党章，不但继续保持了九大党章许多错误观点和主张，而且还在某些方面有所发展，使党的建设遭到严重挫折。这一历史教训从反面证明了党内法规对于党建的重要作用。党的十一大通过的党章，尽管恢复和增加了一些正确的内容，但由于受到特殊历史条件的限制，“文革”的理论方针和九大、十大党章的一些错误提法仍然被坚持，所以十一大党章是一部既有积极作用又有严重缺陷的党章。党内法规的正确制定和严格执行可以保证党的建设顺利推进，如果党内法规遭到破坏，甚至制定错误的党内法规，对党的建设会造成釜底抽薪式的破坏，会动摇党的执政基础。

3. 全面发展阶段（1978年至今）

在这一阶段，党内法规建设日益走上正轨，先后制定出台了大量党内法规，确立了一系列党内基本制度和工作机制，特别是着重加强了纪检监察制度和党内监督机制，高度重视反腐倡廉工作。党内法规制度体系不断完善，党内法规建设日趋成熟，对党建的指导、规范和引领作用更加突显。

正反两方面的经验教训告诉我们，党内法规是保证我党取得革命和建设胜利的重要条件之一，是我党建设制度化、规范化的基础。在新的历史时期，党面临的新挑战层出不穷，为了迎接挑战，加强自身建设，党中央在2016年2月发出了在全体党员中开展“学党章党规、学系列讲话，做合格党员”活动的通知，这充分说明，中央越来越重视党内法规对加强党建的重要作用。因此，省级党委作为执政一方的主体，必须把党内法规建设放在党建工作的首位，必须在思想上充分认识党内法规的重要作用，在实践中高度重视党内法规的重要作用，才能科学制定党内法规、严格执行党内法规、自觉遵守党内法规。

（二）党内法规在从严治党中的重要作用

1. 党章是立党之本

党章即党的章程，是一个政党为实现党的纲领、开展正式活动、对党内事务和基本制度进行系统规定的根本法规，是党的各级组织和全体党员必须遵守的基本准则和规定，在党内法规体系中具有最高效力。世界上任何一个政党都需要有自己的章程，以表明自己的政治主张、价值目标和政治策略，确定自己的组织架构、决策机制，为党员明确奋斗方向，规定党员的权利义务和纪律等。

中国共产党的党章规定了党的性质、宗旨、路线、纲领、指导思想和奋斗目标，确认了在党的领导下实现的革命、建设、改革成果，规定了党的领导体制、组织原则和各项基本制度，是全党集体意志和共同理想的体现，是全党一切活动的基本依据和总遵循，在党内生活中具有举足轻重的地位和作用。中国共产党自 1921 年诞生至十九大先后制定、修正过十九次党章，每当有新的思想理论产生，或者有新的涉及全党的重要要求，都要对党章进行修订。

党章是全体党员都必须严格遵守的党内根本大法，在党内法规体系中具有最高效力，对党的工作和党内法规起着统领的作用，其他任何党内法规和规范性文件必须与之保持一致。

2. 党内法规是从严治党的重要工具

截至 2017 年 12 月 31 日，我党有 8956. 4 万名党员。随着我国社会经济事业的发展，党员成分日益复杂，包括工人、农民、企事业单位工作人员、民办非企业单位工作人员、专业技术人员、党政机关工作人员、学生和其他职业人员等。全国有 3200 多个地方党委，430 多万个基层党组织。这样一个大党在拥有 13 亿多人的大国长期执政，肩负着带领全国各族人民实现中华民族伟大复兴的神圣使命，面临着国外、国内各方面的严峻考验。如何长期保证党的纯洁性、先进性、廉洁性，使其能够始终受到全体人民的拥护和支持，是一个重大的现实课题。只有以严密的党内法规作为强有力的保障，全面从严治党、从严管党，才能实现党执政的长治久安。因为党内法规是全国或某省全体党员意志的集体反映，一旦制定出来之后，就是一种稳定的关于党内组织生活和党员行为的规范，无论对党组织还是党员都具有普遍的约束力和强制力，能够保证各级党组织和全体党员依规行事，依规用权，依规处理各种关系，形成稳定有序的党内关系，避免出现滥用权力、以权谋私的现象。有利于增强全党的凝聚力、向心力和战斗力，维护党中央的集中统一领导。

二　明确党内法规的制定权限和效力等级

中共中央印发的《关于加强党内法规制度建设的意见》指出，要注意维护党内法规制度体系的完整统一，部门和地方党内法规制度要与中央法规制度协调一致，防止本位主义、分散主义，防止上有政策、下有对策。省级党委必须严格按照《中国共产党党内法规制定条例》的规定，在权限范围内制定党内法规，同时应该按照规定妥善处理本省党内法规与中央和其他省份党内法规的关系，确定党内法规科学合理的效力等级。

（一）党内法规的制定权限

《中国共产党党内法规制定条例》规定："党内法规的制定主体包括：党的中央组织、中央纪律检查委员会、中央各部门和省、自治区、直辖市党委；党内法规是规范党组织的工作、活动和党员行为的党内规章制度的总称；党章是最根本的党内法规，是制定其他党内法规的基础和依据。"省级党委是条例明确规定的党内法规制定主体之一，省级党委在制定党内法规时要在以下几个方面把握制定权限。

一是制定主体必须适合。只有省级党委才能制定本省的党内法规，省级党委的组成部门或者其他党组织无权制定。

二是省级党委在制定党内法规的过程中，应就其职权范围内的有关事项制定党内法规，不能越权、越位。比如，《河南省党务公开实施细则（试行）》第三条规定：“本细则适用于全省各级党组织，各级党的纪律检查机关、工作机关以及其他党的组织。”党务公开是中共河南省委的职权范围，它有权制定这个党内法规。中共河南省委只在河南省行使权力，所以此法规就不能规定适用于其他省的党组织和党员。

三是对于上位党内法规中已经规定的内容，要注意保持一致，只需进行补充和细化即可；对于规定不清或者没有规定的内容，可以针对本地情况在上位党内法规范围内进行创新性立法。

四是应该贯彻落实执行中央级党内法规。凡是中央的重要党内法规，省级党委一定要制定相应的实施细则，结合本省实际进行贯彻落实，这样才能保证党内法规体系的统一性和中央党内法规的权威性。比如，中共河南省委关于印发《贯彻〈中国共产党巡视工作条例〉实施办法》的通知就规定：“为深入贯彻 2017 年 7 月修改的《中国共产党巡视工作条例》，省委对 2016 年 5 月 24 日印发的《关于贯彻〈中国共产党巡视工作条例〉的实施办法（试行）》做了修改。现将修改后的《贯彻〈中国共产党巡视工作条例〉实施办法》印发给你们，请结合实际认真贯彻落实。”

五是省级党委制定党内法规只能是限于规范党组织的工作、活动和党员行为的领域。如果超出这个领域而制定的文件，不能成为党内法规，只能称为党内规范性文件或党委文件等。比如，《中共河南省委关于深入学习贯彻党的十九大精神，决胜全面建成小康社会，开启新时代河南全面建设社会主义现代化新征程的意见》就不是党内法规，只能是河南省委的一份文件。

（二）党内法规的效力等级

根据《中国共产党党内法规制定条例》的规定，党内法规的效力等级是这样的：党章 > 中央党内法规 > 中央纪律检查委员会、中央各部门制定的党内法规 > 省、自治区、直辖市党委制定的党内法规。

判定党内法规的效力等级，还有两项重要的标准：一是特别规定的效力高于一般规定。所谓特别规定，是指根据某种特殊情况和需要而制定的调整某种特殊党内关系的规范。所谓一般规定，是指为了调整某类党内关系而制定的规范。同一效力等级的两个或多个党内法规，在使用时期、对象、事项、地域等方面，有特别规定的，特别规定的效力高于适用范围广泛的一般规定。具体来说，就是适用于特定时期的党内法规高于适用于平时的党内法规；适用于特定组织和党员群体的党内法规高于适用于各级党组织和全体党员的党内法规，适用于特定地域的党内法规高于适用于一般地域的党内法规。比如，《中国共产党纪律处分条例》第十八条规定："根据案件的特殊情况，由中央纪委决定或者经省（部）级纪委（不含副省级市纪委）决定并呈报中央纪委批准，对违纪党员也可以在本条例规定的处分幅度以外减轻处分。"第十九条规定："对于党员违犯党纪应当给予警告或者严重警告处分，但是具有本条例第十七条规定的情形之一或者本条例分则中另有规定的，可以给予批评教育、责令检查、诫勉或者组织处理，免予党纪处分。对违纪党员免予处分，应当作出书面结论。"

二是新规定的效力高于旧规定。新的党内法规发布后，旧的党内法规被废止，新法规自然适用；新的党内法规发布后，旧的党内法规并未被废止，在两部党内法规涉及的内容相同或者相似的情况下，适用新的党内法规；修改后的党内法规高于修改前的党内法规。例如，《中国共产党巡视工作条例》第四十二条规定："本条例自2015年8月3日起施行，2009年7月2日中共中央印发的《中国共产党巡视工作条例（试行）》同时废止。"中共河南省委制定的《贯彻〈中国共产党问责条例〉实施办法》第二十二条规定："本办法自发布之日起施行。此前省委发布的有关问责规定，凡与本办法不一致的，按照本办法执行。"

因此，省级党委在制定党内法规的过程中，第一，要注意在内容上不得与党章和中央、中央纪委、中央各部门制定的党内法规相抵触，否则无效。第二，要注意上位党内法规的特别规定和修订情况，以确定其适用效力。

三 协调好党内法规与国家法律、法规的关系

中国共产党是在中国长期执政的唯一执政党，党的领导是中国特色社会主义的最本质特征。《中共中央关于全面推进依法治国若干重大问题的决定》指出："党的领导和社会主义法治是一致的，社会主义法治必须坚持党的领导，党的领导必须依靠社会主义法治。"付子堂教授认为，党内法规与国家法律的关系存在着价值取向的一致性、规范对象的相融性、功能发挥的互补性、文化倡导的层级性、制度建设的衔接性。[①] 坚持"宪法为上、党章为本""注重党内法规同国家法律的衔接和协调"，已经不仅是一个单纯的法学理论命题，而且也是已经开启的政治实践道路。[②]

但是，在实践过程中，党内法规与国家法律还是存在冲突的情况的。比如《中国共产党纪律检查机关案件检查工作条例》第二十八条第（六）项、第（七）项规定的暂予扣留、封存等限制财产权的强制措施与《行政强制法》等法律的规定就有一定的冲突。《纪律处分条例》中的某些规定也与国家有关法律规定存在冲突的地方。中央也已经意识到了这些情况，因此，在《中共中央关于全面推进依法治国若干重大问题的决定》中特别强调了"注重党内法规同国家法律的衔接和协调"问题。

省级党委在制定党内法规的过程中，不仅要注意与高位阶党内法规的关系，也要注意与国家法律、法规的关系。在中国，尽管党是领导一切的，但是，国家法律、法规也是在党的领导下通过严格的法定程序制定出来的，其适用对象是包括党员在内的全体公民，具有国家强制力，因此，党内法规需要与国家法律、法规的精神和价值观保持一致。

① 付子堂：《党内法规与国家法律的关系》，《中共中央党校学报》2015 年第 6 期。
② 付子堂：《党内法规与国家法律的关系》，《中共中央党校学报》2015 年第 6 期。

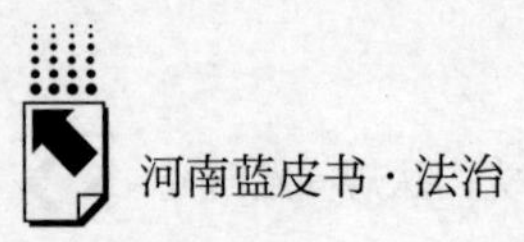

四 协调好党内法规与地方性法规和地方政府规章的关系

《中华人民共和国立法法》第72条规定：省、自治区、直辖市的人民代表大会及其常务委员会根据本行政区域的具体情况和实际需要，在不同宪法、法律、行政法规相抵触的前提下，可以制定地方性法规。地方行政规章是省、自治区、直辖市的人民政府和省、自治区的人民政府所在地的市以及设区市的人民政府根据宪法、法律和行政法规等制定和发布的规范性文件。地方性法规和地方政府规章都是中国特色社会主义法律体系的组成部分，是对法律、行政法规的必要补充。二者的适用范围和对象与省级党内法规有交叉和重合的地方。

地方性法规、地方行政规章和地方党内法规在适用的领域和对象上各有侧重又相互交叉，它们的价值取向是一致的，都是从不同层面和角度规范当地的社会关系和党内关系。因此，省级党委在制定党内法规时要注意与地方性法规和地方政府规章的协调一致，避免出现冲突矛盾。这样才能使三者形成合力，共同为党的建设和地方经济社会发展保驾护航。

五 不断完善河南党内法规体系

中国共产党在长期的革命斗争实践中以及革命胜利后的执政过程中制定了一系列党内法规，对于革命胜利和执政稳定发挥了重要作用。党的十八大以来，中央采取了一系列有力措施，进一步修订完善了党章；重新修订了《中国共产党党内法规制定条例》；出台了《中央党内法规制定五年规划纲要》；清理了一大批党内法规，使党内法规体系更加合理；对一批党内法规进行修订，删除或修改了其中与国家法律相冲突的内容，使党内法规制定工作取得了长足的进步，党内法规体系不断完善。

各省党委在中央的统一部署下，也对本省的党内法规进行了清理和修订完善。但是，在党内法规体系化建设方面还存在着一些不足之处，比如，对市、县级党委制定的规范性文件的备案审查制度执行得还不够严格；对上级党内法规的贯彻落实上还不够细致和切合实际，仅满足于简单转发，或者开会宣讲，缺乏严密的配套措施和实施细则；省级党委结合本地实际主动制定原创党内法规不多，基本上都是对上级党内法规的配套；缺乏制定党内法规的长期规划；等等。

针对上述问题，省级党委应该做好以下几项工作：第一，制定本省党内法规长期规划，至少在五年以上，做好党内法规制定工作的顶层设计，保证在一定时期内党内法规制定工作能够服务于党的建设需要。第二，严格制定党内规范性文件的审查备案制度。对于市、县党委制定的规范性文件要在制定前进行指导，制定后进行审查，实施前进行备案，从而保证全省上下党内法规体系的统一性和系统性，避免出现文件打架现象。第三，对省委各部门制定的规范性文件也要进行审查备案。第四，省委党内法规部门定期整理汇编本省的党内法规和党内规范性文件，根据密级在一定范围内进行公布，使党内法规和规范性文件能够及时得到推广应用。第五，定期组织专家对本省党内法规和规范性文件进行清理和审查，发现有不合时宜、与上级党内法规或国家法律法规相冲突的情况，及时进行处理，要么废止，要么修订，要么删改，保证党内法规的时效性。

六　不断增强河南党内法规的实效性和应用性

我国的党内法规数量很大，内容庞杂，修订完善不及时，而且大多数党内法规的规定都比较原则、笼统、宏观，部分党内法规的规定还比较模糊，所以党内法规普遍存在实效性和应用性比较差的情况。很多党内法规在制定出来之后，很少在现实生活中得到应用。

目前，我国总共有 3843 部党内法规，其中中央党内法规只有 195 部，其余大部分是中纪委、中央各部门制定的党内法规和地方性党内法规。省级党委制定的党内法规被称为地方性党内法规，这类党内法规数量众多，内容丰富，是我国党内法规体系的重要组成部分。地方性党内法规定位于地方性、特色性和配套性，由于贴近基层、贴近普通党员，所以应该高度重视其实效性和应用性。

为了增强地方性党内法规的实效性和应用性，省级党委应该做到以下几个方面：一是要在贯彻落实上位党内法规的基础上充分考虑本地的特殊情况。党内法规与国家法律相比，政治性要求非常高，地方创制的空间相对较小，必须首先服从中央的硬性约束和要求。但是，这并不是说就否定省级党委的主动性和创造性，省级党委还是要在中央的框架内，结合当地实际情况灵活制定实施细则或者地方性党内法规，从而增强地方性党内法规的针对性、操作性和有效性。例如，中共河南省委制定的《贯彻〈中国共产党问责条例〉实施办法》第十七条规定："全省党的问责工作在省委统一领导下实施。有管理权限的党委（党组）、纪委（纪检组）和党的工作部门应当相互通报情况，避免对同一问题重复问责。"河南省委在问责的领导和实施方式上进行了具体明确的规定。二是不盲目追求与上级党内法规的雷同。地方性党内法规与上级党内法规保持一致的关键在于精神、价值和理念等方面，而不是形式上的照抄照搬。如果只是简单地模仿、照抄，忽视本地的实际情况，就容易导致中央党内法规在执行过程中出现水土不服，这样的地方性党内法规也起不到应有的作用。三是要有一定的创新性。地方性党内法规除了补充和细化上级党内法规之外，也要结合本地实际情况，找准立法空白点，积极探索先行先试，突出地方特色，解决实际问题，从而提高地方性党内法规的实效性和应用性。

参考文献

李忠：《党内法规建设研究》，中国社会科学出版社，2015。

殷啸虎：《中国共产党党内法规通论》，北京大学出版社，2016。

李军：《中国共产党党内法规研究》，天津人民出版社，2016。

B.18
河南创新立法机制、推进高质量立法的实践探索

李大可　苏 杭*

摘　要： 2018年，河南政府立法坚持以习近平新时代中国特色社会主义思想和党的十九大精神为引领，坚持科学立法、民主立法、依法立法，创新、推广“1543”立法工作机制，促进立法工作法治化、规范化、民主化、科学化，以立法高质量推动和保障经济社会发展高质量。

关键词： 河南　机制创新　高质量立法　政府立法

党的十八大以来，河南省政府立法工作认真贯彻落实以习近平同志为核心的党中央要求，推动政府立法工作在实践中深化、在创新中突破、在发展中完善，政府立法范围逐步扩大，立法质量稳步提升，与国家法律法规相衔接、与国家和河南大政方针相配套的地方性法规、规章体系进一步健全，立法对高质量发展的推动作用进一步显现。

一　始终坚持党的领导，立法成果体现和贯彻党的意志

立法是重要的政治活动，必须旗帜鲜明讲政治，河南省政府立法工作始

* 李大可，河南省司法厅经济法规处处长；苏杭，河南省司法厅经济法规处科员。

终坚持党对立法工作的绝对领导，树牢“四个意识”，坚定“四个自信”，坚决做到“两个维护”，从制度上、法律上保证党的路线方针政策的贯彻落实。按照党领导立法工作的要求，河南省政府年度立法计划、重点立法项目和重要立法事项均以河南省政府党组的名义提请河南省委常委会审议，把党的领导贯穿到立项、起草、审查、审议、出台等立法工作全过程。对河南省委就《河南省〈大中型水利水电工程建设征地补偿和移民安置条例〉实施办法（草案）》《河南省大气污染防治条例（草案）》和《河南省节约能源条例（修订草案）》等重点立法项目提出的论证意见，立法审查部门会同有关部门共同进行认真研究、讨论和吸收，确保政府立法充分体现党的主张、反映人民意志，牢牢把握正确的政治方向。

二　创新立法工作制度，提高立法科学化水平

习近平总书记提出，加快建设社会主义法治国家要坚持立法先行，越是强调法治，越是要提高立法质量。河南省政府立法坚持在实践中不断思考和总结规律，积极探索、创新“一个意见、五项制度、四合审查、三会一评”的“1543”立法工作机制，立法质量稳步提升。

“1”即“一个意见”，是指《河南省人民政府办公厅关于加强政府立法工作的意见》，该意见对深入推进科学立法、提高政府立法质量进行了全面部署。“5”即“五项制度”，分别是指《河南省政府规章立项工作办法》《河南省政府立法起草工作规定》《河南省政府立法审查工作规定》《河南省政府立法征求意见规定》《河南省政府规章立法后评估办法》五项制度，五项制度可以保证政府立法规范化、制度化水平得到进一步提升。“4”即“四合”审查机制，指的是“合政、合法、合公、合德”。合政性即审查立法内容与党和国家的路线方针政策是否符合，与重大改革决策和精神是否一致。合法性审查主要看立法内容与宪法、法律、行政法规和其他上位法的规定是否存在抵触。合公性审查即审查立法内容是否体现公平竞争和对民营经济的平等保护。合德性审查主要看立法内容与社会主义核心价值观是否一

致。“3”就是实行“三会一评”工作制度，“三会”即对所有立法项目都要组织起草部门、有关单位和专家召开立法审查会、论证会、协调会三个会议，同时要对立法内容进行社会稳定风险、廉洁性风险评估。立法审查建立在充分调研的基础上，会同起草部门召开审查会，通过邀请业内专家举行立法论证会，会后认真研究并充分吸收消化各方意见，对难点、焦点和重点问题进行有针对性的深入论证。接着是根据综合立法审查和论证的各方意见，对立法项目进行修改完善，然后组织相关单位召开立法协调会，对大家的意见进行协调，把相关矛盾和问题在立法项目提交省政府审议之前统一解决。“三会”之间存在内在逻辑联系，又具有灵活性，可以根据立法工作实际灵活组合，也可逐次召开，“一评”则是贯彻廉洁立法的相关要求，防范社会不稳定因素，确保立法立得住、行得通、真管用。

三　围绕中心工作，加强重点领域立法

近年来，河南政府立法工作坚决贯彻落实习近平总书记调研指导河南工作时的重要讲话精神，围绕“三大攻坚战”、打好“四张牌”，持续推进“四个着力”等中心工作，运用“1543”立法工作机制，充分发挥立法的引领和保障作用。2016～2018年，共审查省政府规章草案22件，地方性法规草案18件，到湖北、江苏、山东、陕西、山西、北京、广东等11个省（直辖市）进行立法调研，学习借鉴外地立法经验，召开立法座谈会、立法审查会、立法论证会、立法协调会共150余次。通过政府立法，为省委、省政府自贸区建设、污染防治、保障民生、基础设施补短板等重点工作提供良好的法治保障，实现立法和改革决策相衔接，以高质量立法服务高质量发展。

（一）紧紧围绕自贸区战略加快自贸区立法

中国（河南）自由贸易试验区是党中央、国务院做出的重大决策，为全面有效推进自贸试验区建设，河南在较短的时间内提请省政府出台《中国（河南）自由贸易试验区管理试行办法》，并以省政府办公厅文件形式印

发了《关于开展涉及自贸试验区规章规范性文件清理工作的通知》，组织开展自贸区规章规范性文件清理工作，破除自贸区发展的政策障碍。同时，根据《司法部办公厅关于委托开展“法治建设服务国家自贸区建设”调研工作的通知》的有关要求，及时周密部署调研工作，对法治服务自贸区建设基本情况、存在的问题及意见和建议进行了系统调研，形成了《关于“法治建设服务国家自贸试验区建设”的调研报告》并上报司法部。

（二）紧紧围绕生态文明建设加强污染防治立法

为更好地满足人民群众对清新空气、清澈水质、清洁环境等生态产品的需求，2017 年起草审查《河南省大气污染防治条例》《河南省节约能源条例》，现已经人大审议通过并施行。2018 年起草审查《河南省水污染防治条例》，省政府已经提请省人大审议。下一步将进一步加强在土壤、生态补偿等生态领域立法工作，进一步推进生态文明建设促进经济高质量发展。

（三）紧紧围绕群众利益加强民生立法

为进一步解决人民群众最关心、最直接、最现实的问题，让群众享受更多的发展红利，进一步加强民生领域政府立法，2016 年提请省政府审议出台《河南省实施〈自然灾害救助条例〉办法》，2017 年提请省政府审议出台《河南省集中供热管理试行办法》《河南省无障碍环境建设管理办法》，通过省政府向省人大提请《河南省职业培训条例》《河南省老年人权益保护条例》，2018 年提请省政府出台《河南省〈女职工劳动保护特别规定〉实施办法》，向省人大提请《河南省价格条例》，从立法层面规范有关行业秩序，保障人民群众各项合法权益，提升了群众的幸福感，下一步将继续加强城市供水、残疾人权益保护方面的立法。

（四）紧紧围绕补短板加强基础设施立法

为进一步推进经济结构战略性调整，提升发展质量，结合脱贫攻坚、乡村振兴和城市安全发展等国家和省重点战略，2017 年提请省政府审议出台

《河南省实施〈中华人民共和国石油天然气管道保护法〉办法》《河南省黄河河道管理办法》。2018 年，提请省政府审议《河南省市政基础设施工程质量监督管理办法》《河南省〈大中型水利水电工程建设征地补偿和移民安置条例〉实施办法》，在上述立法中，对保障城市高质量发展、维护基础设施工程建设顺利进行、提高贫困移民生活水平等进行了规定。下一步将继续加强基础设施、园林绿化、应急救援等领域立法工作。

（五）紧紧围绕提升社会治理能力加强相关领域立法

为进一步加强和创新社会治理，提高社会治理法治化水平，2016 年提请省政府审议出台《河南省税收保障办法》，2017 年提请省政府审议出台《河南省行政执法证件管理办法》，通过省政府向省人大提请并审议通过《河南省奖励和保护见义勇为人员条例》，2018 年提请省政府审议出台《河南省行政执法过错责任追究办法》，通过省政府向省人大提请《河南省安全生产条例》《河南省促进科技成果转化条例》，上述立法项目在强化执法监督、防范化解风险、弘扬社会主义核心价值观、鼓励创新等方面起到了良好的法治引领和推动作用。另外，为深入推进“放管服”改革，转变政府职能，确保各项改革措施有效落实，2018 年对现行有效的 131 部省政府规章进行了清理，省政府以政府令形式颁布了《河南省人民政府关于废止和修改部分省政府规章的决定》，对涉及放管服改革的 12 部省政府规章予以废止，对 12 部省政府规章的部分条款进行了修改。

（六）紧紧围绕“一带一路”建设加强现代综合交通枢纽立法

为建立健全适合内陆多式联运的标准规范和服务规则，把河南打造成为服务于“一带一路”建设的现代综合交通枢纽和多式联运国际物流中心，围绕河南自贸试验区交通枢纽中心和现代物流中心建设，梳理出了国家法律、行政法规、部委规章、国务院和部委规范性文件与发展多式联运和现代物流不相适应的规定，共梳理相关法规、规章和规范性文件 219 项，提出立改废释意见 69 条，并以省政府名义向有关方面提出了建议。

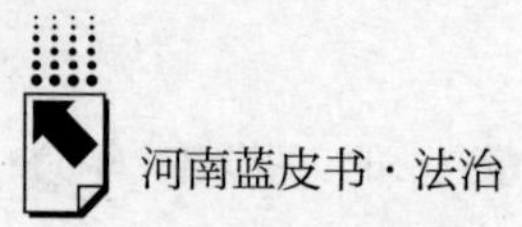

四　拓宽公众参与机制，推进开门立法和民主立法

在立法工作中进一步完善政府立法的公众参与机制，进一步创新公布法规草案的方式，引导公众参与讨论提出意见，特别是主动适应网络化、信息化社会的特点，提高驾驭新兴媒介的能力。通过建立健全公开征求意见、专家咨询论证、立法听证、立法协调等制度，切实提高立法质量。比如，《河南省集中供热管理试行办法》涉及群众切身利益，依法及时举行立法听证会，并在省政府网站及省级主要媒体发布公告，征集热用户代表，严格按程序召开了热用户、热经营企业和相关专家参加的听证会，广泛听取各方意见。在《河南省〈大中型水利水电工程建设征地补偿和移民安置条例〉实施办法》立法审查中，到洛阳前坪、信阳出山店两个在建大型水库以及荥阳市高村乡李山村（丹江口移民村）实地调研，召开立法座谈会，听取项目法人、相关区县政府和移民群众的意见，并采纳了其中合理而又可行的意见和建议。

2018 年，为充分听取民意，探索建立基层立法联系点制度，分别在安阳市和信阳市建立了 6 个基层立法联系点试点单位，每部规章、法规草案均向试点单位发送正式的征求意见函，征求基层意见。目前来看，基层立法联系点对反映基层民意具有重要作用，成为加强与人民群众密切联系的联络点，突出地方特色立法工作的创新点，宣传政府立法的传播点。

2019 年，河南政府立法将继续以习近平新时代中国特色社会主义思想和党的十九大精神为引领，按照全面推进依法治省的决策部署，坚持科学立法、民主立法、依法立法，通过总结提升、推广“1543”立法工作机制，进一步促进立法工作法治化、规范化、民主化、科学化，通过立法高质量推动和保障发展高质量，为中原更加出彩作出更大贡献！

B.19
郑州市创新政府立法机制、提升政府立法质量研究

张江涛　李文德　赵慧英*

摘　要： 郑州市政府立法工作在实践中不断转变政府立法思路和理念，创新工作方式，健全政府立法工作机制，积累了一些好的经验和做法，推动了郑州市立法质量的不断提高。同时，郑州市政府立法工作也存在一些不容忽视的短板和问题，亟待完善和解决。提出了进一步提升郑州市政府立法质量的对策和建议：转变政府立法理念，加强政府立法专门队伍建设，探索政府立法新模式，建立健全政府立法社会风险防范制度。

关键词： 郑州市　政府立法　机制创新　立法质量

郑州市作为省会城市，始终坚持民主立法、科学立法、依法立法，不断创新、健全完善政府立法工作机制，着力提升政府立法质量，推进法治政府建设不断迈向新的台阶。

一　2018年郑州市政府立法硕果累累

2018 年，郑州市常住人口突破千万，地区生产总值突破万亿元，迈入

* 张江涛，郑州市司法局局长；李文德，郑州市司法局党委副书记；赵慧英，郑州市司法局法规处副处长。

GDP 万亿俱乐部，取得不俗成绩。政府立法工作紧紧围绕市委、市政府中心工作，围绕重点领域、民生领域，充分发挥社会治理法治化功能，圆满完成各项立法任务，硕果累累。

（一）地方性法规方面

2018 年，郑州市制定出台了《郑州市文明行为促进条例》，推动实现依法治国与以德治国相结合；修订了《郑州市政府投资项目管理条例》，对政府投资项目审批、监管、服务等流程进行优化和再造，为郑州市投融资体制改革保驾护航；根据国务院“放管服”改革、生态环保等方面清理要求，组织对郑州市现行有效地方性法规进行清理，对《郑州市大气污染防治条例》《郑州市城市园林绿化条例》《郑州市城市市容和环境卫生管理条例》等 10 部地方性法规进行了部分条款修改，促进共创共建整洁优美、生态宜居的美丽家园。

（二）政府规章方面

2018 年，郑州市出台了 6 部政府规章。一是认真贯彻落实中共中央、国务院深入推进城市执法体制改革有关要求，制定出台了《郑州市城市管理综合执法办法》（市政府令第 228 号），将与群众生产生活密切相关、执法频率高、多头执法扰民问题突出、专业技术要求适宜、与城市管理密切相关且需要集中行使行政处罚权的领域，即城乡规划、城乡建设、住房保障和房地产管理、城市管理的全部行政处罚权和环保、工商、交通管理、水务、食品药品等领域的部分行政处罚权，以及与上述行政处罚权相关的行政强制措施进行集中，由城市管理综合执法部门统一行使，为提高城市管理执法和服务水平，改善城市秩序、促进城市和谐、提升城市品质保驾护航。二是对现行有效政府规章进行全面清理，颁布《郑州市人民政府关于修改部分政府规章的决定》（市政府令第 229 号），对 18 部政府规章进行部分修订，颁布《郑州市人民政府关于废止部分政府规章的决定》（市政府令第 230 号），对 15 部政府规章予以废止，实现立改废并举。三是积极研究与探索，制定了《郑州高新技术产业开发区暂行规定》（市政府令第231号），填补了郑州市开发区管理立法空白，为高新区依法推进国家自主创新示范区建设，实现创新驱动发展战略、政策先行先试和体制机制创新等提供有力的法治保障，并为郑州市其他特殊区域依法行政、依法治区提供可复制可推广经验。四是制定出台《郑州市建筑装饰装修管理办法》（市政府令第232号），对随着经济社会快速发展的建筑装修装饰行业加以规范，对各类装修装饰市场主体及其行为加强管理，促进装修装饰市场健康良性发展，保障装饰装修工程质量，维护公共安全和公众利益，提高新型城镇化建设质量，共同为社会公众营造安全、美丽、舒适的居住和办公环境。五是全面修订出台《郑州市城乡建设档案管理办法》（市政府令第233号），推动城建档案工作发展和服务模式转变，促进城建档案工作与大数据发展、智慧城市建设齐头并进，实现城建档案信息共享共用，提高综合利用效益，高效、优质地服务城市建设和发展。

二　党的十八大以来郑州市政府立法特点

目前郑州市现行有效地方性法规66部，现行有效政府规章103部。其中，自2012年党的十八大以来，郑州市共制定地方性法规11部，修订或者部分修改地方性法规14部，废止地方性法规2部；制定政府规章29部，修订或者部分修改政府规章27部，废止政府规章28部。党的十八大以来，郑州政府立法工作注重简政放权、放管结合、优化服务，注重民生问题，注重运用“互联网+”思维，注重包括社会信用在内的多种社会治理方式的综合运用，体现出以下几个具体特点。

（一）注重行政审批制度改革的贯彻落实

行政审批制度改革是全面深化改革、行政体制改革和简政放权的重要组成部分，是法治政府建设的重要内容。郑州积极响应、坚决贯彻国家、省有关部署和要求，坚持立法先行，通过地方性法规、政府规章进行简政放权，取消下放相应审批事项，明确行政机关的职能及其合法性，将改革纳入法治轨道，用法治思维和法治方式推动改革，保证国家、省行政审批制度改革的深入开展，保障改革政策的权威性。立法审查中，对一些部门将审批事项“打包”或“拆分”，或改头换面为“核准”“备案”“指标”“提供证明”等现象坚决说“不”，从根源上杜绝取消下放的行政审批事项“死灰复燃”。

（二）注重提升公共服务便民化

郑州市强化服务意识，将依法治权与便民服务理念作为审查起草地方性法规和政府规章的基本指导思想，全方位发挥政府立法的服务作用，做到立法为民、服务百姓，推进法治政府建设与服务型政府建设相结合。要求加快推进政务服务与互联网相结合，健全网上政务服务，实现政务服务平台化、协同化、标准化、精准化和便捷化。在《郑州高新技术开发区管理暂行规定》中，要求高新区管委会和有关派驻机构在综合政务服务场所提供一站式服务，集中办理行政审批事项及服务事项，前台综合受理，后台分类审批，统一窗口出件，一次办妥，实现办事不出高新区，优化营商环境。在《郑州市城市供水管理办法》中，要求城市公共供水企业建立供水服务信息系统，合理设置经营服务网点，公示业务受理范围、办事程序、服务承诺和投诉电话，提供便民快捷服务，同时要求城市公共供水企业建立健全服务考核评价体系，对供水服务质量进行自我评价，并由城市供水行政主管部门自行或委托第三方开展城市供水服务质量监管评价，对水质、水压、供水服务、设施维护、应急处理等进行考核评价，不断提升公共服务水平。

（三）注重监管方式和执法理念的转变

郑州市坚持法无授权不可为、法定职责必须为，突出市场化导向、民本位价值取向，不代替、不干预应由市场机制调节、社会自我管理、企业自主经营等事务，把监管重点放在群众反映强烈、对经济社会发展可能造成严重危害的领域。以法治思维为引领，改变传统的事前管控模式，改变政府包揽、单纯依靠行政强制手段进行监管的方式，综合运用多种治理方式，如信息公示、信息共享、信用约束等手段，发挥社会组织的自律作用，加强社会监督，突出社会共治，强化事中事后监管。将“双随机、一公开”的监管模式写入《郑州高新技术开发区管理暂行规定》，将协作化监管、社会化监管、联合惩戒机制等写入《郑州市城市管理综合执法办法》，将应当受到罚款处罚的违法行为人可以以自愿参加与文明行为促进工作相关的社会服务折抵罚款写入《郑州市文明促进条例》，在法治轨道上推动监管与执法，维护和实现广大人民群众的根本利益。

（四）注重利用现代信息技术实现政府信息资源共享

信息化时代要善于运用“互联网 +”思维，发挥大数据在信息共享、社会治理中的作用。郑州市专门制定《郑州市政府信息资源共享管理规定》，强化数据归集和应用，规范和促进部门之间、层级之间信息资源开放共享、互联互通，打破政府部门间信息壁垒和信息孤岛。要求凡行政机关可以通过共享方式获取政府信息的，不得重复采集，以降低行政成本，提高行政效能，减少群众负累。在《郑州高新技术开发区管理暂行规定》中，要求加快建设高新区统一的信息服务平台，实现省市互通、部门互通，一次采集、一库管理、多方使用、即调即用，实现线上线下功能互补融合发展。在《郑州市装修装饰管理办法》中强调“城乡建设行政主管部门、房地产行政管理部门及其他有关行政主管部门，应当共享建筑装修装饰工程信息、监督检查信息、装修装饰企业信息，一方采集，多方使用，不得要求行政管理相对人重复提供”。

（五）注重社会领域立法，注重保障和改善民生

郑州市坚持以民为本、立法为民，聚焦群众生命财产安全，聚焦人民群众的日常居住、工作、生活等民生领域，制定《郑州市劳动用工条例》《郑州市社会急救医疗条例》《郑州市轨道交通条例》等地方性法规，制定《郑州市房屋安全管理办法》《郑州市电梯安全管理办法》《郑州市社会消防宣传教育规定》《郑州市供热与用热管理办法》《郑州市城市供水管理办法》

《郑州市建筑装修装饰管理办法》等政府规章，全方位保障群众在工作、生活各方面的安全、便捷，提升群众生活质量，提升获得感、幸福感和安全感。

（六）注重环境保护，推动实现经济发展与生态环境互促共进

2018年，郑州市全面修订《郑州市大气污染防治条例》，禁止发展高能耗、高污染和高环境风险的产业项目，支持发展科技含量高、资源消耗低、环境污染少的产业项目。制定《郑州市湿地保护条例》《郑州市城市园林绿化条例》，全面修订《郑州市城市市容和环境卫生管理条例》，从不同角度规范和促进郑州市生态环境保护。出台《郑州市机动车排气污染防治管理办法》《郑州市禁止燃放烟花爆竹规定》，降低、减少污染源，出台《郑州市餐厨废弃物管理办法》，规范推进餐厨废弃物无害化处理和资源化利用，并在《郑州高新技术开发区管理暂行规定》中建立最严格的生态环境保护、资源节约利用、自然资源资产离任审计、生态损害赔偿和责任追究等制度，提高资源节约和环境准入标准，推动循环化改造和资源循环利用，推进清洁生产，引导产业结构向低碳、循环、集约方向发展。

（七）注重社会信用体系建设

社会信用体系是社会主义市场经济体制和社会治理体制的重要组成部分，构建“守信激励、失信惩戒”机制对促进社会善治、降低社会成员间交易成本、提高社会道德水平等，具有非常重要的现实意义。郑州市制定《郑州市企业信用信息管理办法》，通过行政资源建立起基本的信用信息收集共享机制，推动郑州市信用体系建设，并在其他领域立法中进一步提出具体要求，加以规范，不断完善郑州市社会信用体系建设。如在《郑州市文明行为促进条例》中规定：“本市建立统一的公共信用信息平台，推行以组织机构代码、居民身份证号码为识别基准的社会信用代码制度，制定统一的信用信息采集和分类管理标准，录入受到表彰的文明行为信息和受到处罚的不文明行为信息，并实现信用信息数据共享。”在《郑州市劳动用工条例》

中规定："市、县（市）、区人民政府应当建立健全劳动用工诚信评价体系。劳动用工诚信评价体系包括用人单位规章制度建立、招工备案、劳动合同签订、工资支付、社会保险费缴纳、未成年工和女职工特殊劳动保护、劳动争议、违法行为举报投诉等内容。劳动用工诚信评价体系纳入同级人民政府社会信用信息系统。"在《郑州市建筑市场管理条例》中规定："市城乡建设行政主管部门建立建筑市场信用信息系统，纳入全市社会信用信息平台，实现信用信息互联共享。城乡建设行政主管部门和其他有关部门应当及时完整地记载建筑市场活动中各单位、执业人员的信用信息，并向社会公布。""建筑市场信用信息应当按照规定用于市场准入、资质资格管理、招标投标、保证金缴纳、创优评先等差别化管理。政府投资和国有资金占主导地位的建设工程，应当将信用信息作为选择勘察、设计、施工、工程监理、工程质量检测、招标代理、造价咨询等有关单位的依据。"在《郑州高新技术开发区管理暂行规定》中规定："管委会及其职能机构应当加强政务诚信建设，坚持依法行政、政务公开、勤政高效、守信践诺、失信惩戒，提升诚信履职意识和诚信行政水平。建立健全市场主体信用信息体系，实行守信激励和失信惩戒机制。在行政许可、政府采购、招标投标、劳动就业、社会保障、科研管理、申请政府资金支持等领域，率先使用信用信息。"

（八）注重清理工作常态化，建立"立改废"长效机制

为保证法制统一，依法推进简政放权、放管结合、优化服务改革，根据全面深化改革和经济社会发展需要，以及上位法的制定、修改、废止情况，郑州市及时开展地方性法规、政府规章清理工作。2014 年、2015 年、2017 年、2018 年、2019 年初均组织开展了全面或者专项清理工作，修订或者部分修改地方性法规 14 部，废止 2 部；修订或者部分修改政府规章 27 部，废止 28 部。其中，2018 年按照国家、省、市工作部署，分别组织开展了知识产权保护、排除限制竞争政策措施、军民融合发展、涉及自贸试验区建设发展、证明事项清理等多项专项清理工作，并根据国家、省、市机构改革中相关部门职责整合情况，在年底再次部署专项清理工作，2019 年将再度修改、

废止一批政府规章。通过清理工作常态化、“立改废”长效机制，展开法治与改革之两翼，实现立法主动与改革相适应，立法决策与改革决策相统一、相衔接，固化改革成果，为改革保驾护航，破除影响改革发展的体制性障碍，同时用改革完善法治，使法治永葆生机。

三　郑州市政府立法工作中的主要经验和做法

郑州市政府立法工作在实践中不断转变政府立法思路和理念，创新工作方式，健全政府立法工作机制，积累了一些好的经验和做法，推动了郑州市立法质量的不断提高。

（一）始终自觉坚持党对立法工作的领导

始终坚持党的领导是做好政府立法的政治保证。在推进政府立法工作中，始终坚持以习近平新时代中国特色社会主义思想为指导，全面深入贯彻党的十九大精神，树牢“四个意识”，坚定“四个自信”，坚决做到“两个维护”，紧紧围绕全市发展改革大局，围绕市委、市政府中心工作，坚定而迅速推动市委、市政府各项重大决策和重点工作部署的贯彻落实。自觉将坚持党领导立法贯彻到郑州市政府立法工作的各方面，每年编制立法计划均向市委报告，经市委批准后组织实施；每一件立法项目制定过程中均书面呈送市委常委征求意见；立法中遇到重大问题及时报告市委，涉及全局性的重要立法项目在政府常务会研究通过后提请市委会议研究。通过始终坚持党对立法工作的领导，及时将市委各项主张和决策部署通过法定程序转化为国家意志，转化为符合人民群众根本利益的共同意志，转化为广大人民的自觉行动。

（二）始终受到领导的重视与支持

一是市领导高度重视与支持。市委、市政府领导对政府立法工作一向高度重视，亲自关注督促，并给予许多肯定和支持。对立法工作中遇到的重大复杂疑难问题，多次做出具体批示，并亲自主持协调研究解决方案。二是起草部门领导重视与支持。多数起草部门比较重视立法工作，主要领导或者分管领导亲自参与起草，比如《郑州市文明行为促进条例》《郑州高新技术产业开发区规定》《郑州市城市管理综合执法办法》制定过程中，市文明办、高新区管委会、市城管局主要领导多次亲自参加立法讨论，研究论证主要制度，确保了立法项目顺利推进。

（三）始终坚持严格把控立项关、立法审查关

郑州市司法局始终坚持充分发挥政府立法主导作用。在组织编制年度政府立法计划中，统筹全局，综合考虑轻重缓急、立法条件成熟与否、起草基础工作扎实与否等因素，全面分析职能部门管理体制机制是否理顺、相关国家技术标准是否明确、配套机构人员是否到位、重大财政资金是否到位、硬件终端设施是否落地等因素，严把立项关。对属于国家（省、市）战略落实、市委市政府中心工作、事关民生的大事要事等立法项目，优先予以立项。

在立法审查方面，坚持“不抵触、有特色、可操作”的立法原则，以合法性为根本，以如何更有利于维护社会秩序和公共利益为目标，克服部门利益，兼顾合理性和可操作性。对于缺乏明确上位法依据、损害社会公众利益或者不符合社会发展趋势的立法请求，坚决依法纠正。比如在审查城市供水、供热、污染物检测等有关制度中，对涉嫌垄断、妨碍市场公平竞争原则的条款，坚决予以纠正，最大化维护市场规律和公共利益。

（四）始终保证起草部门积极履责

郑州市大部分职能部门在申报年度立法计划建议项目时，能够充分研究论证申报项目的立法必要性、可行性、拟解决的主要问题和拟设立的主要制度，积极准备申报材料。项目列入年度立法计划后，不少起草部门前期积极发挥立法主体作用，后期积极主动配合。如《郑州市地方志管理规定》《郑州市建筑装修装饰管理办法》，在起草阶段，起草部门明确责任领导，抽调

法律专业及相关业务骨干组建起草小组，认真落实立法项目的“人员、任务、时间、经费、责任”等保障措施；在公开征求意见、专家论证和审查修改阶段中，起草小组人员能够认真研究论证，积极建言献策，遇到重大问题或分歧时，起草部门主要领导能够主动协调等，确保了立法项目推进顺畅、高效。

（五）始终坚持多种起草模式同时发挥优势

对纯属规范行政系统内部职能的，由市司法行政部门直接起草，如《郑州市规范性文件管理规定》《郑州市依法行政监督实施办法》；对行政业务专业化程度高、思路措施具体清晰的，由政府部门自行起草，如《郑州市户外广告和招牌设置管理条例》《郑州市政府信息资源共享管理办法》；对涉及领域宽、涉及政府部门较多的，由市司法行政机关会同有关政府部门联合起草，如《郑州市城市管理综合执法办法》，同时涉及市城市管理、房地产、城乡建设、城乡规划、环保、交通、水务及食品药品监管等诸多部门；对立法难度高、综合性强的项目，由市司法行政机关会同起草责任单位，同时邀请专家、学者、律师共同参与，进行联合起草，充分发挥各方优势，如《郑州高新技术产业开发区暂行规定》。

（六）始终保证立法工作机制不断健全完善

始终坚持科学立法、民主立法、依法立法，坚持开门立法，不断健全完善立法工作机制，规范立法工作程序。立法项目的立项、审查、论证、征求意见、立法协调、集体研究、提请审议等，始终严格遵守《立法法》、国务院《规章制定程序条例》以及《郑州市制定政府规章和拟定地方性法规草案程序规定》有关规定。在立法征求意见和专家论证方面，除通过网络和主流媒体等传统途径广泛征求社会意见外，还书面呈报市委常委以上和市政府副秘书长以上市领导征求意见，拟定地方性法规草案时，还呈报市人大常委会秘书长以上领导及对口工作委员会、市政协秘书长以上领导及对口委员会、市中级人民法院、市人民检察院进行征求意见。此外郑州市专门组建了市政府法律专家咨询团和28个政府立法基层联系点，配套制定了工作规则，将专家论证和立法基层联系点意见征集作为政府立法的必经程序，充分发挥专家的立法智囊作用和基层联系点联系群众的纽带作用，汇民意、聚民声、集民智，集众力铸良法，提升立法质量。自政府法律专家咨询团成立以来，郑州市政府法制办组织召开专家论证会累计50余次，收到专家论证意见建议2600多条，在提高政府立法质量方面发挥了重要作用，有效帮助解决了政府立法中的专业性难题。基层联系点建立以来，汇集不同利益群体意见和建议100余条，理性表达基层问题和群众呼声，让更多群众成为立法参与者，使政府立法工作更加接地气，更具有社会效果。

四　郑州市政府立法中存在的突出问题

除了上述好的经验和做法外，郑州市政府立法工作中也存在一些不容忽视的短板和问题，亟待完善和解决。

（一）部门领导重视不够

一些部门的领导对政府立法的重要性认识不到位，习惯于遇事临时找市领导批示、协调，或者出会议纪要、红头文件等方式处理问题，缺乏以建章立制来规范、引领全局工作的法治意识，缺乏遇事找法、办事依法、解决问题靠法的法治思维和法治理念。对应当立法的事项不懂得求助于立法，或者虽然也提出了立法建议，但仅当作一般性工作对待，主要领导和分管领导不关注、不参与、不推动，缺乏站位，缺乏顶层制度设计，造成一些重要领域无法可依。

（二）统筹谋划不够

政府立法部门由于自身局限性，对社会各领域实际工作的把握做不到足够全面、深入，而一些实务部门缺乏法律专业人员，运用法治思维和法治方式推动解决问题的能力还不高，对实践中的问题缺乏认真梳理和分析，从而

致使立法工作通盘考虑不够、长远考虑不够，缺乏长远规划和精准年度计划。经常有部门在每年10月征集年度立法计划建议项目时无动于衷，过后发现紧急需要才临时向市政府打报告，要求增加计划外项目，甚至要求加塞，要求一两个月内必须出台，违反国家立法程序，违反求真务实的立法规律，破坏立法计划的严肃性。

（三）征求各方面意见不够

每一个立法项目从申报立项到出台要经过若干程序和环节，每一步都需要深入广泛征求意见，起草部门内部的各处室、各二级机构、领导班子成员、整个系统内，各市直部门，县（市）、区政府及其有关部门，社会公众，专家论证等，需要集思广益、精益求精。但一些部门在起草过程中征求意见不充分、不全面，各方面情况掌握不够，问题挖掘不深入，针对性不强，基础工作不扎实。

（四）基层参与立法不够

现行立法体制中政府立法起草工作主要是由市直部门负责，致使一些起草部门在起草阶段容易忽视征求县（市）、区意见，而一些县（市）、区在被征求意见时经常认为政府立法与自身关系不大，常常反馈“无意见”简单了事。近几年随着行政审批事项的取消、下放、调整，许多行政执法事项下沉到了县（市）、区，但由于承接机构、编制、人员缺乏等因素，在“放”得彻底、“管”得透明、“服”得到位方面做得还不够，产生一些新情况新问题，立法尤其需要更加深入征求县（市）、区的意见和建议，增强可行性和可操作性。虽然现行立法体制在一定程度上限制了县（市）、区参与立法的深度和广度，但政府立法工作者在立法实践中应当紧跟形势，尽力克服这种弊端，通过实地走访、座谈会、调查问卷等形式，为县（市）、区参与立法工作创造更多条件和途径。县（市）、区也要改变认识误区，积极参与立法，主动提出建设性意见和建议，为顶层制度设计建言献策，使制度设计更具有可操作性，更能解决实际问题。

（五）送审稿质量不高

一些起草部门报送的送审稿质量较差，有的是闭门造车，思路不清，缺乏制度设计，可行性和可操作性差；有的是盲目照抄照搬上位法、各种政策文件，追求“大而全、小而全”，忽视解决问题的实际需求；有的是临时东拼西凑，移花接木，敷衍塞责，应付差事。这些问题都严重影响科学立法、民主立法、依法立法，影响郑州市立法质量的提高。

五　进一步提升郑州市政府高质量立法的对策和建议

（一）转变政府立法理念

党的十九大提出“中国特色社会主义进入了新时代”，习近平总书记在中央全面依法治国委员会第二次会议上强调“做好改革发展稳定各项工作离不开法治，改革开放越深入越要强调法治”，“法治是最好的营商环境”，“要以立法高质量发展保障和促进经济持续健康发展”。全面依法治国新形势对政府立法工作提出了更高、更新的要求。传统的立法理念需要与时俱进，很多墨守成规的做法需要改进。比如自贸区、航空港区、国家自主创新示范区等特殊区域的法律主体问题、行政执法事项落地问题等，需要开阔思路，创新机制，研究制定一些真正管用、能解决实际问题的法规规章；比如在处理改革与修法的关系上，要敢于打破保守的政府立法思维模式，进一步解放思想，创新举措，在不违法的前提下勇于探索，敢于担当，跟进形势，助推改革。

（二）加强政府立法专门队伍建设

政府立法是专业性、综合性较强的工作，需要专业强、业务精且工作经验和社会阅历丰富的骨干人员作支撑。目前政府立法队伍立法专业知识不够扎实，有些部门的法制机构工作人员流动过频。考虑到政府立法工作的特殊性，建议全省范围内实行政府立法轮训制度，可采取片区轮流承办的方式，将立法业务培训制度化、常态化，并经常性地组织开展政府立法经验交流活动，有效提高全省政府立法队伍的法律素养和立法能力。此外，研究探索政府立法岗位按照专业技术类公务员实行特殊管理，提高其岗位待遇，在政府立法中完善“留住人才”机制，稳定政府立法队伍。

（三）探索政府立法新模式

尽管郑州市采取了多种起草模式并举的措施，但更多项目还是由部门起草。近两年一些部门也尝试采取了委托起草方式，也陆续呈现出一些问题，比如委托费用多少不一，受委托机构的选择标准不清晰，缺乏具体规范的操作程序和质量评定标准，委托方将自己置身事外作袖手旁观状，稿子内容与实际工作脱节严重，照抄照搬上位法和文件政策过多等。政府立法专业性很强，但又需要服务于社会管理不同的行业和领域。各行业管理部门承担着分工较细的社会管理职责，精通所从事领域的规则、程序、规律，掌握存在的问题、原因及解决的途径等，对具体行政管理业务最有发言权，具有较强的针对性和可操作性，且能够提供人力、物力、经费保障，在起草工作中的作用不容低估、无法替代，但也同时存在立法技术知识欠缺，法律素养普遍不够高，部门利益倾向严重，不善于用法言法语精准表达立法本意，起草质量普遍不高等缺陷与不足。专家的法律理论素养高，分析问题、解决问题的法律思维成熟，具有前瞻性，对提高立法质量很有帮助，但其局限性在于某种程度上会脱离工作实际，可操作性不强。而政府立法部门掌握立法技术和更为全面的法律知识，对政府管理问题比较敏感，善于运用法律制度和规则处理行政事务，有利于法制内部协调统一，且地位中立超脱，能够尽可能减少部门利益倾向，有利于统一认识，减少立法争议，可以为后续审议顺利打下良好的基础，但同样也存在不够熟悉其他领域具体行政业务、容易脱离工作实际、可行性不够强的局限性。因此，探索立法新模式、拓宽起草渠道、改进起草模式，不能简单地以一种模式取代另一种模式。由政府立法部门和专家力量提前介入行业管理部门的起草过程，将三方力量结合起来，各自扬长避短，优势互补，既能保证起草质量，又能提高工作效率，“三结合”不失为提高立法起草质量行之有效的办法。但实践工作情况复杂，需要具体问题具体分析，确定每个具体立法项目的适合方式。这方面需要国家、省给予设区市地方立法更多的指导和帮助。

（四）建立健全政府立法社会风险防范制度

随着网络媒体的快速发展，社会各界对政府立法的关注度、敏感度不断提高，政府立法工作中的风险点也随之增多，比如甘肃祁连山国家级自然保护区事件，因此需要对立法项目开展事前评估和事后评估。事前评估主要评估立法必要性、立法价值、解决措施的风险以及轻重缓急程度等方面。郑州市在政府立法中开展了多次社会稳定风险性评估和制度廉洁性评估工作，如非机动车立法、网约车立法等涉及社会公众切身利益的项目，通过事前评估，确定风险级别及立法进程，提前采取各种风险预防管控措施，最大程度保护人民群众合法权益，维护社会良好秩序。事后评估是对立法项目颁布实施后的情况进行跟踪，对制度设计、程序规定、立法盲点、贯彻落实情况是否达到预期、社会公众接受程度等进行后续了解和掌握。事后评估对及时发现问题、做好立改废释动态管理、建立科学的法制体系具有重大意义。目前立法工作事前评估和事后评估工作普遍缺失，有些地方包括郑州市，即使开展了此项工作，也存在评估标准不统一、程序不规范、结论不权威等情况，建议国家或省制定出台评估相关规定，明确评估程序与标准，完善政府立法风险防范措施，完善立改废释机制。

在中国特色社会主义进入新时代这一新的历史起点，依法治国、全面从严治党在党和国家工作全局中的地位更加突出、作用更加重大，我们比以往任何时候都更加需要运用法治思维和法治方式深化改革、推动发展、化解矛盾、维护稳定。政府法制工作者肩负重任，要善于思考、勤于研究、敢于作为、勇于担当，不断提升法律素养，提升制度设计能力，制定良法、促进善治，营造良好法治环境，以立法高质量促进经济高质量发展，为郑州建设内陆地区开放门户，积极融入全球经济体系，巩固提升“一带一路”核心节点城市地位，为郑州建设国家中心城市提供坚强有力的法制保障。

Abstract

In 2018, under the guidance of the legal road of socialism with Chinese characteristics, the construction of the rule of law in Henan adhered to "people oriented" and made great efforts, so achieved remarkable results. In terms of legislation, in order to meet the people's aspiration for a better life, a series of high-quality legislation is closer to the people's hearts; In law enforcement, Henan will never be soft on the evil forces and strive to create a healthy living environment for the people; In the judicial field, we will strictly fulfill our fair trial responsibilities and make the people feel more fair and just. Legal propaganda has achieved good legal and social results, and legal research has further flourished. Good law is important for legal construction. President Xi Jinping stressed that good laws should be adopted to promote development and ensure good governance. This not only requires us to improve the quality of legislation, but also guides us to fully understand the important role of good law. To this end, the theme of the "Henan Rule of Law Development Report (2019)" was identified as "rule of law in Henan province and scientific legislation", take this to summarize the advanced practices and beneficial experience of Henan's scientific legislation in 2018, improve Henan's understanding of the need for a good law in the new era, and give full play to the role of local legislation in promoting economic and social development.

The "Henan Legal Development Report (2019)" is divided into five parts, namely, the general report, legislative implementation, legislative supervision, legislative guarantee, legislative innovation. The general report 1, with the theme of" Development of the Rule of Law in Henan Province: Achievements and prospects (2019)" studied the status of the legal development in Henan, of which it elaborated on the achievements and existing problems in the past year. From scientific legislation, strict law enforcement, fair administration of justice, and the law compliance of the whole people, the paper put forward some suggestions to solve the main problems, and made a forecast of the trend and key points of the construction of the law in Henan in 2019. Because of the continuous increase in the social attention to this book, "Henan's top ten law hot spots" is listed as a general report 2 this year for the first time. We hope it will provide readers with a broader perspective on the rule of law. The legislative implementation includes a total of seven reports, which mainly take in-depth analysis on "ecological legislation"," Online food safety legislation"," local legislation in district cities". Legislative supervision includes a total of three reports, which mainly include a detailed analysis of "local financial supervision from the perspective of legislation" and "legislative norms for administrative penalties." In legislative guarantee, a total of four reports were included, mainly discussing issues such as "Financial Holding Company Legislation", "Government Support for Pension Industry Legislation", and "Socialist Core Values Integration into Legislation". Legislative innovation, a total of three reports were included, mainly introduced the experience and inspiration of "China's provincial party committees formulating inner-party regulations," "Henan's innovative legislative mechanism," and "Zhengzhou's innovative legislative mechanism." Although each part of the reports has its own focus, it all embodies Xi Jinping's important idea that "the rule of law should be for the benefit of the people", and highlights the value orientation of "people-centered".

In 2019, we will celebrate the 70th anniversary of the founding of New China. At this new historical point, the construction of the rule of law in Henan will be consistent with the times, stick to the value orientation of "people-centered", and firmly grasp the pursuit of social equity and justice as the value of the rule of law. We should strive to make the people feel fair and just in every legal system, in every law enforcement decision and in every judicial case. Adhere to good law to ensure good governance, escort Henan more brilliant!

Keywords: Henan; Legal Construction; Ruling Province by Law; Scientific Legislation

Contents

I General Report

Abstract: In 2018, under the guidance of the legal road of socialism with Chinese characteristics, the construction of the rule of law in Henan adhered to "people oriented" and made great efforts, so achieved remarkable results. In terms of legislation, in order to meet the people's aspiration for a better life, a series of high-quality legislation is closer to the people's hearts; In law enforcement, Henan will never be soft on the evil forces and strive to create a healthy living environment for the people; In the judicial field, we will strictly fulfill our fair trial responsibilities and make the people feel more fair and just. Legal propaganda has achieved good legal and social results, and legal research has further flourished. In 2019, Henan's rule of law construction undertake a more glorious mission and responsibility. It will be improved and expanded in terms of scientific legislation, strict law enforcement, fair justice, and full compliance with the law. In order to allow the people to have more sense of the rule of law, everyone will work hard and face difficulties.

Keywords: Rule of Law in Henan; Legal Construction; Scientific Legislation

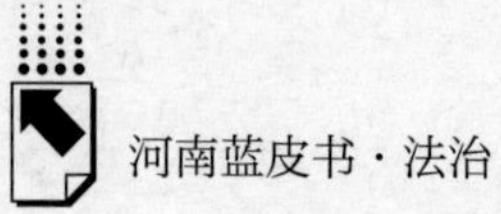

Abstract: Since the Nineteenth National Congress of the Communist Party of China, adhering to the rule of law in an all-round way has become one of the basic strategies. Henan's work in all fields and links has been pushed forward in an orderly manner on the track of the rule of law. At present, it is in the period of strategic opportunity and prominent contradictions. We need to correctly treat and solve some deep-seated contradictions and problems in the process of development, and find out the weak links in the construction of the rule of law in the whole province. In this paper, the hot spots of the rule of law in Henan Province in 2018 were selected, and 10 hot spots of the rule of law which were concerned and discussed by the people were selected. These ten hot spots of the rule of law involve judicial reform, supervision system reform, legal supervision of network car appointment, humanized law enforcement, malignant criminal cases, ecological environmental protection of the rule of law, non-motor vehicle legal governance and so on, which are closely related to the production and life of the common people. Through the analysis and interpretation of these ten hot spots of rule of law, we can promote the spirit of rule of law, highlight fairness and justice, and promote the comprehensive rule of law in the province.

Keywords: Ruling Province by Law; Rule of Law Hotspots; Rule by Law in Henan

Ⅱ Legislative Implementation

Abstract: Forestry is a fundamental issue of sustainable economic and social development. Forestry ecological security affects national ecological security. In 2018, Henan achieved the acceleration of land greening and the construction of forests in Henan. At the same time, there are still problems such as lack of thinking about "protection priority", and " according to local conditions", public participation and the forestry legal team need to be strengthened . Legislation is the premise of good governance. Forestry ecological security management needs the support and protection of legislation. In 2019, Henan forestry ecological security needs to strengthen legislative protection at multiple levels.

Keywords: Forestry Ecological Security; Legislative Protection; the Construction of Forests in Henan

Abstract: In recent years, with the development of the Internet +, e-commerce has shown a rapid burst of growth. The food take-out industry based on e-commerce platforms has become increasingly prosperous. The number of users of e-commerce platforms and the frequency of platform use have increased year by year. Online food orders, offline food delivery, food and beverage broke the traditional geographical and space-time restrictions, which also raised difficulties for food safety protection. Faced with the new problem of food safety in e-commerce platforms, we have some of National legislations to guide the regulation of food safety in e-commerce platforms. In Henan province, the local legislation on the safety of e-commerce takeaway food is not quick enough and the achievements are still very few. Some local laws and regulations suitable for local implementation need to be promulgated, so as to regulate and guide the e-commerce takeaway food market in Henan province more precisely.

Keywords: Henan; E-commerce; Food safety; Legislation

B. 5 On Technology Innovation and Intellectual Property Protection of Henan Enterprises *Li Haodong* / 050

Abstract: In order to implement the central policy and the spirit of Xi Jinping's important speech, Henan Provincial Party Committee and the Provincial Government emphasized in the government work conference to increase enterprise technological innovation, promote the creation of independent intellectual property rights and achieved good results in practice, but still face the laws, regulations and policy systems of enterprise technology innovation are not perfect, and the design of enterprise system has certain defects. The relatively conservative legal and cultural environment, the market main body status of enterprises is not fully established, the intellectual property research and development talents are insufficient, and enterprises carry out technological innovation and R&D financing. The channels are not smooth, there is a lack of innovative interactive and cooperative environment, lack of legal support and other issues. In response to these problems, the proposal of corporate technology innovation intellectual property legislation protection is proposed.

Keywords: Henan; Enterprise Technological Innovation; Intellectual Property; Legislative Protection

Abstract: The revised "Legislation Law" in 2015 gives the district-based city the power of local legislative power, stipulating that it can formulate local regulations within the scope of legislative powers according to local specific conditions. After obtaining local legislative power, the city of the district promoted the transformation of local rule of law and local governance through legislative activities, but there are still many problems in the process of formulating local regulations. Take Henan Province as an example, through the local regulations formulated by the 17 districts that have obtained local legislative power, analyze the legislative progress and characteristics of the cities in the districts, and then explore the local regulations of the districts. The existing problems finally put forward suggestions for improvement from legislative powers, legislative features, legislative approval mechanisms, local legislative organizations and public participation.

Keywords: Henan; District Cities; Local Legislation; Local Regulations; Legislative Powers

Abstract: With the deepening of China's financial reform, the acceleration of financial innovation and the adjustment of financial supervision system, many provisions of the *measures for banning illegal financial institutions and illegal financial*

business activities cannot meet the requirements of current financial practices on the legal system and need to be revised. In combination with the current financial regulation practice, we should start from the problems to be solved in the revision, drawing on international and domestic experience, and putting forward the concept of functional supervision, it is suggested to redefine the illegal financial institutions and financial business activities, clarify the main body of the ban, straighten out the ban procedures, clarify legal responsibilities and reconstruct the coordination mechanism of the ban.

Keywords: Illegal Financial Institutions; Illegal Financial Activities; Functional Regulation

B. 8 Transformation of Civil Legislation In the Era of Intelligent Internet

Abstract: The social form in the intelligent Internet era is a smart society. The real world is integrated with the virtual space. Digital and information technology compresses the space-time distance. People and objects are holographically presented and highly perceived. The society is highly interconnected and highly intelligent. The new member status structure of the smart society is emerging, social relations are reshaped, social functional structure changes, and social risks are superimposed. Therefore, the current civil law system is changing comprehensively and profoundly, which cannot be responded in the present legislation. In this regard, we should establish the concept of governance, the idea of unified co-governance and data thinking, strengthen the data capacity building of legislators, implement legislative values such as substantive equality, data justice and algorithmic justice, and follow the legislative principles which include combination of democratic legislation and scientific legislation, equal attention to technical neutrality and technical ethics, moderately advanced, prudent, modest and necessary legislation. "Single person" is the legislative standard of civil subject; special law is mainly adopted, which mixes public law and private law, mandatory norms and random norms; legislative mode is experimental and frame.

Keywords: Intelligent Internet; Smart Society; Transform of Civil Law; Experimental Legislation; Frame Legislation

Abstract: In order to realize the preventive strategy of medical dispute, we must establish the mechanism of identifying the authenticity of medical record. In practice, we should give full play to the convenient advantages of people's mediation in medical disputes, take into account fairness, and make great efforts to bring into play the professional advantages of mediation organizations, and get rid of the dependence on medical responsibility appraisal. The interpretation of medical injury in our country improves the procedure of connecting civil lawsuit with judicial appraisal, and the legislation on medical appraisal in the regulations on prevention and treatment is conducive to the formation of a benign operating mechanism of diversified competition, and enhances the scientific and neutral nature of appraisal. In the future, China's relevant legislation should focus on the construction of judicial appraiser system, as soon as possible to formulate a unified standards and procedures for authentication.

Keywords: Doctor-patient Disputes; Medical Record Authenticity Recognition; People's Mediation; Medical Liability Assessment

Ⅲ Legislative Supervision

B. 10 Construction of the Coordination Mechanism of Local Financial Supervision under the Perspective of Legislation

Wu Yunfeng / 116

Abstract: At present, various localities are in the process of promulgating the "Regulations on Local Financial Supervision", the central government have financial management rights , it is necessary to compact local financial risk disposal responsibility, and strengthen the central government's accountability and guidance to local financial institutions. These need to build a local financial regulatory coordination mechanism that meets many of the above requirements. This paper starts with the function of the local financial supervision and coordination mechanism, basing on the experience of foreign countries, carefully analyzes the factors involved in the coordination mechanism and puts forward suggestions.

Keywords: Financial Regulation; Regulatory Responsibilities; Overall Regulatory Coordination; Regulatory Accountability

B. 11 Study on the Administrative Punishment of Local Legislation in Henan Province

Qi Xuerui / 125

Abstract: Administrative penalty is based on the administrative penalty law which promulgated and implemented in 1996. After more than 20 years of vicissitudes of life, the legislation has obviously lagged behind. Under the framework of the upper law and the background of the legislative power shift, local legislation should be amended in several places.

Keywords: Henan; Administrative Penalty; Local Legislation; Legislative Modification

Abstract: The law enforcement inspection of Henan People's Congress has been carried out in many aspects, such as feeding back social hot spots, undertaking the entrustment of National People's Congress and operating in multilevel system, it has achieved initial results. However, the current law enforcement inspection is still insufficient in public participation, the means and methods need to be improved, and the problem rectification and effective improvement need to be further strengthened. In the future, our province should focus around people's need of rule of law, build the matching participation platform, open channels for opinions collection, apply public opinion polling methods, to ensure the law enforcement inspection embody democratic orientation and accurately grasp people's demands. we should accelerate the standardization of law enforcement inspection, promote the establishment of rules and regulations in relevant fields, and achieve the complete installment of authorities and responsibilities, ways and means, as well as design and operation. Aiming at the problem rectification after law enforcement inspection, we should focus on fully using statuary powers, constantly explore new supervision and accountability methods of law enforcement inspection in light of reality, so as to promote the actual effect of law enforcement inspection.

Keywords: Henan Provincial People's Congress; Law Enforcement Inspection; Ruling Province by Law

Ⅳ Legislative Guarantee

B. 13 Current Situation and Legislative Proposal of Financial Holding Company in China *Cheng Xiangbiao* / 147

Abstract: Financial holding companies is a special market subject, we must establish special regulatory rules to promote it development. This paper puts forward legislative suggestions from four aspects in light of the current situation of supervision and relevant legislative experience of financial holding companies in China.

Keywords: Financial Market; Financial Holding Company; Supervision; Legislation

B. 14 Exploration and Improvement about System Innovation of the Clean Government Talk Discipline Committee of University in Henan Province

—*Take the Nanyang Institute of Technology as an Example*

Ji Mingwu / 158

Abstract: The system of honest talk is an innovation to administer the Party strictly in an all-round way. which plays an important role in the prevention and control of corruption in universities in Henan province. The system of honest talk have institutional advantages, such as easier acceptance of the interviewees, easy to find problems in time, and closer relations between the Discipline Commission and Party members. In order to improve the system of honest talk in the future, we should focus on standardizing the procedure and content of honest talk and deepening the reform of "dual leadership" of discipline commissions in Colleges and universities.

Keywords: Henan; Discipline Commission of Universities; the System of Honest Talk; System Innovation

Abstract: At present, Henan has entered an aging society. The central government has issued a series of normative documents such as the planning of old-age services and the government's purchase of old-age services. However, due to the lack of legislation and the low rank of the system, there are still many problems in the government's support for old-age care. It is suggested that the legislation and implementation of the Henan government's support for old-age care should be more perfect, and the main role of the government and the supporting role of the old-age care service should be played.

Keywords: Henan; Government Support; Legislation on Old-age Care; Aging Society

Abstract: the core values proposed at the 18th CPC national congress have profound scientific connotation and practical value. How to integrate the important content of socialist core values into the construction of the rule of law, especially how to integrate the technical aspects and content of financial legislation, etc. , it is necessary to strengthen the top-level design, pay attention to the innovation and improvement of legislative principles, and use the socialist core values to control the legislative work in the financial field of henan province.

Keywords: Socialist Core Values; Financial Legislation; Legislative System

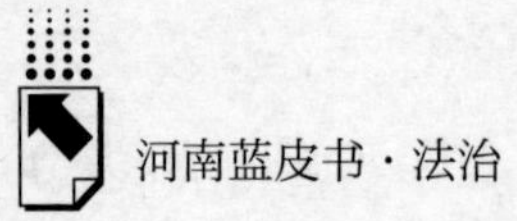

Ⅴ Legislative Innovation

B. 17 Study on China's Provincial Party Committee's Formulation of Inner-Party Regulations

Wu Yuncai / 192

Abstract: Provincial party committees are one of the main bodies for the formulation of inner-party regulations. In view of the unitary leadership system and the high political nature of party rules and regulations in China, provincial party committees need to fully understand the important role of party rules and regulations in the process of formulating party rules and regulations. Secondly, it is necessary to make clear the limits of authority and the level of effectiveness of inner-party regulations. Third, it is necessary to coordinate the relationship between party regulations and state laws and regulations. Fourth, it is necessary to coordinate the relationship between inner-party regulations and local regulations and local administrative rules; Fifth, we need to constantly improve the provincial inner-party legal system; Sixth, it is necessary to constantly enhance the effectiveness and applicability of the provincial inner-party regulations. Only in these six aspects can the provincial party committee work out the legal, compliance, practical and effective inner-party laws and regulations, so as to play a positive role in the construction of the provincial party.

Keywords: Provincial Party Committees; the Party's Rules and Regulations; Legislation; the Party's Construction

B. 18 Practical Exploration about New Innovation of Legislation Mechanism to Promote High Quality of Legislation in Henan Province

Li Dake, *Su Hang* / 203

Abstract: In 2018, the Henan government's legislation insisted on the guiding principle of Xi Jinping's thought of socialism with Chinese characteristics in the new era and the spirit of the Party's 19th National Congress, adhered to scientific legislation, democratic legislation, and legislation according to law, and innovated and promoted the "1543" legislative work mechanism. All this promote the rule of law, standardization, democratization and science of legislation so as to promote and guarantee the high quality of economic and social development.

Keywords: Henan; Innovative Mechanism; High Quality of Legislation; Government Legislation

Abstract: In practice, Zhengzhou municipal government constantly changes ideas and concepts of the legislative work, innovates the working methods, improves the legislative work mechanism of the government, accumulates some good experiences and practices, and promotes the continuous improvement of the legislative quality of Zhengzhou City. At the same time, the legislative work of Zhengzhou municipal government also has some shortcomings and problems that can not be ignored, which need to be improved and solved.

Keywords: Zhengzhou City; Government Legislation; Mechanism Innovation; Legislation Quality

❖ 皮书起源 ❖

“皮书”起源于十七、十八世纪的英国，主要指官方或社会组织正式发表的重要文件或报告，多以“白皮书”命名。在中国，“皮书”这一概念被社会广泛接受，并被成功运作、发展成为一种全新的出版形态，则源于中国社会科学院社会科学文献出版社。

❖ 皮书定义 ❖

皮书是对中国与世界发展状况和热点问题进行年度监测，以专业的角度、专家的视野和实证研究方法，针对某一领域或区域现状与发展态势展开分析和预测，具备原创性、实证性、专业性、连续性、前沿性、时效性等特点的公开出版物，由一系列权威研究报告组成。

❖ 皮书作者 ❖

皮书系列的作者以中国社会科学院、著名高校、地方社会科学院的研究人员为主，多为国内一流研究机构的权威专家学者，他们的看法和观点代表了学界对中国与世界的现实和未来最高水平的解读与分析。

❖ 皮书荣誉 ❖

皮书系列已成为社会科学文献出版社的著名图书品牌和中国社会科学院的知名学术品牌。2016年，皮书系列正式列入“十三五”国家重点出版规划项目；2013~2019年，重点皮书列入中国社会科学院承担的国家哲学社会科学创新工程项目；2019年，64种院外皮书使用“中国社会科学院创新工程学术出版项目”标识。

S 基本子库
UB DATABASE

中国社会发展数据库（下设 12 个子库）

全面整合国内外中国社会发展研究成果，汇聚独家统计数据、深度分析报告，涉及社会、人口、政治、教育、法律等 12 个领域，为了解中国社会发展动态、跟踪社会核心热点、分析社会发展趋势提供一站式资源搜索和数据分析与挖掘服务。

中国经济发展数据库（下设 12 个子库）

基于“皮书系列”中涉及中国经济发展的研究资料构建，内容涵盖宏观经济、农业经济、工业经济、产业经济等 12 个重点经济领域，为实时掌控经济运行态势、把握经济发展规律、洞察经济形势、进行经济决策提供参考和依据。

中国行业发展数据库（下设 17 个子库）

以中国国民经济行业分类为依据，覆盖金融业、旅游、医疗卫生、交通运输、能源矿产等 100 多个行业，跟踪分析国民经济相关行业市场运行状况和政策导向，汇集行业发展前沿资讯，为投资、从业及各种经济决策提供理论基础和实践指导。

中国区域发展数据库（下设 6 个子库）

对中国特定区域内的经济、社会、文化等领域现状与发展情况进行深度分析和预测，研究层级至县及县以下行政区，涉及地区、区域经济体、城市、农村等不同维度。为地方经济社会宏观态势研究、发展经验研究、案例分析提供数据服务。

中国文化传媒数据库（下设 18 个子库）

汇聚文化传媒领域专家观点、热点资讯，梳理国内外中国文化发展相关学术研究成果、一手统计数据，涵盖文化产业、新闻传播、电影娱乐、文学艺术、群众文化等 18 个重点研究领域。为文化传媒研究提供相关数据、研究报告和综合分析服务。

世界经济与国际关系数据库（下设 6 个子库）

立足“皮书系列”世界经济、国际关系相关学术资源，整合世界经济、国际政治、世界文化与科技、全球性问题、国际组织与国际法、区域研究 6 大领域研究成果，为世界经济与国际关系研究提供全方位数据分析，为决策和形势研判提供参考。

法律声明